Victòria Alsina / Jenny Brumme /
Cecilio Garriga / Carsten Sinner (eds.):
Traducción y estandarización

Victòria Alsina / Jenny Brumme /
Cecilio Garriga / Carsten Sinner (eds.):

TRADUCCIÓN Y ESTANDARIZACIÓN: LA INCIDENCIA DE LA TRADUCCIÓN EN LA HISTORIA DE LOS LENGUAJES ESPECIALIZADOS

IBEROAMERICANA • VERVUERT • 2004

Bibliographic information published by Die Deutsche Bibliothek
Die Deutsche Bibliothek lists this publication in the Deutsche Nationalbibliografie; detailed bibliographic data are available on the Internet at http://dnb.ddb.de

Amor de Dios, 1 – E-28014 Madrid
Tel.: +34 91 429 35 22
Fax: +34 91 429 53 97
info@iberoamericanalibros.com
www.ibero-americana.net

Wielandstr. 40 – D-60318 Frankfurt am Main
Tel.: +49 69 597 46 17
Fax: +49 69 597 87 43
info@iberoamericanalibros.com
www.ibero-americana.net

ISBN 84-8489-164-X (Iberoamericana)
ISBN 3-86527-162-6 (Vervuert)

Depósito legal: B-51.118-2004

Diseño de la portada: Michael Ackermann
Fotografía: Alberto García Mur: Hospital de Sant Pau, Barcelona
Impresión: Cargraphics

The paper on which this book is printed meets the requirements of ISO 9706

Impreso en España

ÍNDICE

INTRODUCCIÓN

Los días de 15 y 16 de mayo de 2003, en la Facultat de Traducció i Interpretació de la Universitat Pompeu Fabra (Barcelona), celebramos, ya por tercera vez, el *Coloquio internacional sobre la historia de los lenguajes iberorrománicos de especialidad.*[1] En esta edición contamos con la colaboración de tres entidades más, el Departamento de Filología Española de la Universitat Autònoma de Barcelona, el Institut für Romanistik de la Humboldt-Universität de Berlín y el Departament de Traducció i Filologia de la Facultat de Traducció i Interpretació de la Universitat Pompeu Fabra.

Siguiendo la línea de los coloquios anteriores, los organizadores hemos apostado, desde el principio, por una serie de encuentros científicos que tuvieran como vínculo una temática común y se distinguieran entre sí por abordar, en las distintas reuniones, un tema bien delimitado dentro del marco preestablecido, a saber, el estudio del desarrollo diacrónico de los lenguajes especializados. De esta forma, el I Coloquio de 1997 se ocupó de los *siglos XVII–XIX*, época clave en la revolución de las ciencias y técnicas y en la formación de las lenguas modernas (cf. Brumme 1998). Para el II Coloquio, celebrado en 1999, se propuso como tema específico *la divulgación de la ciencia* (cf. Brumme 2001), debido al creciente impacto que tienen las ciencias en la vida cotidiana desde que los países más desarrollados experimentaron la revolución científico-técnica.

El tema de esta edición del Coloquio se deriva del interés que presenta la traducción como actividad que permite transmitir los saberes y nuevos conocimientos adquiridos en determinados ámbitos de la actividad humana y que constituye un puente entre distintas comunidades lingüísticas y, muchas veces, entre distintas visiones del mundo y los saberes especializados. Tal fue el papel de la traducción en la Corte de Alfonso X y durante el Siglo de las Luces, para citar sólo los ejemplos más famosos. La mayoría de las veces, la traducción llega a ejercer, además, un papel normalizador en la historia de las lenguas, puesto que se transmiten y adaptan palabras anteriormente desconocidas, se moldea el material lingüístico existente según modelos ajenos y se forman tipos textuales específicos bajo la influencia de otras culturas. Éste es, por tanto, el

[1] La edición de las Actas ha sido subvencionada por el Ministerio de Ciencia y Tecnología, Acción Especial BFF2001-5307-E del Plan Nacional de Investigación Científica, Desarrollo e Innovación Tecnológica 2000–2003.

aspecto que nos interesaba tratar en el III Coloquio: *la incorporación de lo ajeno a lo propio a través de la traducción* y, por ello, hemos propuesto estudiar el *papel de la traducción en la historia de la estandarización de los lenguajes especializados*.

Durante los últimos años, el interés por los lenguajes de especialidad y las terminologías ha ido aumentando progresivamente. En muchos países se han creado comisiones e institutos que se ocupan del análisis y la elaboración de terminologías y de la fijación de los textos de especialidad, elementos que contribuyen a hacer que las respectivas lenguas funcionen y se adapten a las nuevas necesidades de comunicación. De esta manera se ha demostrado que la codificación en los lenguajes de la ciencia y la técnica es una tarea importante, imprescindible y difícil. Los efectos que tiene en la sociedad y, sobre todo, entre los especialistas, o a veces la falta de resultados buscados, muestran que casi no se conocen los mecanismos de implantación de normas en este campo, ni los procedimientos de constitución de normas propias en cada ámbito de especialidad, que a menudo son las que finalmente se aceptan sin que los organismos de control de la lengua puedan intervenir.[2]

A pesar de que es obviamente más importante continuar elaborando los instrumentos lingüísticos actuales y continuar estudiando las posibilidades de un tratamiento informatizado y automático, no se puede dejar de lado el análisis de la constitución histórica de los lenguajes de especialidad. Por un lado, este estudio ayuda a descubrir los mecanismos de implantación y de formación. Por otro, las soluciones y los caminos encontrados pueden guiar la labor práctica actual porque enseñan modos y vías de adaptación, e indican la convergencia y la divergencia en el desarrollo de las lenguas.

Partiendo de estas reflexiones, se desprenden los siguientes objetivos que hemos pretendido alcanzar o abordar con la organización del III Coloquio sobre el *papel de la traducción en la historia de la estandarización de los lenguajes especializados*:

- Revisar la situación actual de la investigación en los lenguajes de especialidad, en general, y en las lenguas iberorrománicas, en particular.
- Presentar un primer panorama de la investigación en la historia de la traducción científico-técnica y su papel estandarizador en la historia de las lenguas, mostrar lagunas y resultados, establecer objetivos prioritarios.

---

2 V. los estudios reunidos en el volumen de Diaz Fouces / García González / Costa Carrera (2002).

- Fomentar la investigación diacrónica como instrumento para descubrir y dominar los mecanismos de implantación de decisiones normativas y como estudio previo a cualquier tipo de elaboración normativa actual.
- Promover el interés por la traducción especializada y los problemas con los que los traductores se han enfrentado a lo largo de la historia de esta actividad.
- Detectar aquellas soluciones y caminos históricos que puedan servir para armonizar los problemas actuales en el campo de la comunicación especializada.

Si a partir de estos objetivos analizamos los resultados obtenidos, nos podemos felicitar de que una vez más hayamos podido organizar un encuentro de un alto nivel científico y con un tema bien delimitado que se diferencia significativamente de la dispersión que a menudo se hace patente en la organización de eventos y congresos de este tipo. Las conferencias y comunicaciones presentadas en el Coloquio, seleccionadas por el comité científico compuesto por Paz Battaner (Universitat Pompeu Fabra), Jenny Brumme (Universitat Pompeu Fabra), José Chabás (Universitat Pompeu Fabra), Cecilio Garriga (Universitat Autònoma de Barcelona), Bertha Gutiérrez (Universidad de Salamanca) y Carsten Sinner (Humboldt-Universität de Berlín), destacan por una gran coherencia dentro de la variedad que presentan. Les une el interés por los lenguajes especializados cuyo desarrollo han estudiado con la ayuda de un concepto amplio de la traducción que no se limita a criticar los textos resultantes de esta actividad, sino que tiene en cuenta el objetivo de una traducción, los destinatarios, el trasfondo cultural, social, histórico, etc. y también los resultados que tiene para una lengua histórica en concreto, es decir, para el catalán, español y portugués.[3] En este sentido, se ha visto que la traducción tiene un papel importantísimo en la mediación intercultural e interlingüística y que forma la base de muchos de los procesos de transformación del discurso especializado y de ampliación del léxico, ofreciéndole al especialista los recursos necesarios para transmitir y denominar sus conocimientos y descubrimientos.

No es de extrañar, pues, que sean dos los elementos que vinculan la mayoría de los estudios presentados. En primer lugar, destaca el estudio de la terminología empleada por el especialista y su incorporación en los diccionarios

---

[3] Lamentablemente no hemos podido contar, una vez más, con una contribución sobre el gallego pese a nuestros esfuerzos para conseguirlo.

y las enciclopedias generales y de especialidad. Y, en segundo lugar, sobresale, una vez más, el papel que ha tenido el francés, junto con otras lenguas como el italiano, alemán o inglés que hoy ocupa un lugar imperante en el panorama del discurso especializado, en el desarrollo de las lenguas iberorrománicas, bien como fuente directa, bien como lengua mediadora de otras lenguas. Fue la voluntad de los organizadores que dos destacados especialistas se hicieran cargo del tema y que expusieran como conferenciantes invitados las líneas rectoras para la labor colectiva durante los días de celebración del Coloquio. Así podemos contar con el estudio de los procesos de préstamo léxico que acompañan la configuración del lenguaje técnico y los aparatos técnicos en el siglo XIX que Juan Gutiérrez presenta, estudio pormenorizado y de admirable documentación. Si este trabajo está dedicado a la lengua castellana, Dieter Messner, reconocido lexicógrafo y profundo conocedor del portugués, retrocede un siglo para dar cuenta de la incorporación de los neologismos científicos procedentes, en la mayoría de las ocasiones, de fuentes francesas, en los diccionarios portugueses. Resultan de gran interés las comparaciones que el profesor Messner realiza entre las principales obras lexicográficas francesas, españolas y portuguesas de aquella época.

Al igual que las dos conferencias, buena parte de las comunicaciones se dedican al análisis de la relación entre el original francés y su traducción a una lengua iberorrománica. Destaca la participación del grupo que bajo la dirección de Cecilio Garriga se ha perfilado como uno de los más activos en la investigación histórica del léxico científico y técnico en el ámbito hispanófono. Cecilio Garriga propone, sobre una amplia base de tratados franceses y españoles en química moderna, una nueva lectura del impacto que ha tenido el *Curso de química general* de San Cristóbal y Garriga y Buach, publicado entre 1804 y 1805 en París, y los efectos que ello supone para la estandarización del léxico químico a principios del siglo XIX. Los términos químicos son igualmente objeto del estudio que presenta Sandra Iglesia Martín al determinar el papel de la traducción en la elaboración del *Diccionario Nacional* (1846–1847) de Ramón Joaquín Domínguez a partir del *Dictionnaire National* de Bescherelle (1845). Francisca Bajo Santiago, en cambio, analiza las soluciones que ofrece Sanchez Salvador para los términos enológicos en la traducción (1803) de *L'art de faire le vin* (1800) de Cadet-de-Vaux.

Asimismo, pero en el ámbito del lenguaje político-filosófico, Jenny Brumme y Victòria Alsina se ocupan de un texto famoso, el *Contrat social* (1762) de Rousseau y sus dos traducciones al catalán que datan de la segunda década del siglo XX y de 1993, respectivamente. Con la ayuda de una relación de las traducciones que se han efectuado a las distintas lenguas iberorrománicas a partir del siglo XIX, logran precisar la influencia del castellano en las soluciones ofrecidas en catalán y determinar la divergencia entre los modelos de lenguaje que usan los dos traductores para verter el original francés al catalán.

En otro ámbito científico se fijan Paz Battaner y Laura Borràs, quienes se centran en obras enciclopédicas y diccionarios especializados de la Historia Natural. El saber naturalista experimenta, a partir del siglo XVIII, una transformación radical que ha sido estudiada desde sus vertientes ideológicas, especialmente desde las teorías explicativas de la evolución de las especies. El interés de las autoras se dirige, por el contrario, a profundizar en las cuestiones lingüísticas que las nuevas clasificaciones de las especies botánicas y zoológicas plantearon en el momento de su recepción en España mediante traducciones y adaptaciones al amparo de la actividad editorial del siglo XIX.

El lenguaje moderno del psicoanálisis y su vinculación con la lengua común forma la base del enfoque socioterminológico que adopta Ana María Gentile para indagar en los procesos de incorporación de los conceptos clave de esta ciencia al lenguaje especializado español. Su examen de algunos ejemplos pertinentes da cuenta de la influencia que ejerce la terminología y la construcción de la frase en lengua francesa sobre el discurso del psicoanálisis en lengua castellana y las dificultades que resultan de ello para los especialistas y traductores especializados.

Siguiendo la línea lexicográfica que guía algunas de las contribuciones al Coloquio, Evelina Verdelho examina las fuentes y los campos de saber y de práctica humana que indican, desde el siglo XVIII, los distintos diccionarios académicos portugueses hasta culminar en el *Dicionário da Língua Portuguesa Contemporânea* (2001), publicado por la Academia das Ciências de Lisboa y la Fundação Calouste Gulbenkian. La autora se centra en las diversas actitudes adoptadas por los realizadores de estas obras lexicográficas en la formación y organización de su nomenclatura en relación con las voces de origen extranjero, con su traducción y su adaptación, y cuestiona el papel regulador que el diccionario mencionado puede ejercer en el uso de las terminologías científicas y técnicas.

En esta línea del efecto estandarizador de las traducciones sobre el lenguaje contemporáneo se sitúa la siguiente comunicación, que ofrece los resultados de un análisis realizado a lo largo de tres años a partir de un corpus de textos de crítica de arte en inglés y en castellano, originales y traducidos (la revista *Third*

Text más otras revistas bilingües o monolingües). Su autor, Ovidi Carbonell i Cortés, sostiene que la terminología empleada en el discurso artístico inglés esconde, bajo una aparente homogeneidad, los mismos problemas de sistematización que pueden encontrarse, en mayor o menor grado, en cualquier otra área de especialidad: inexactitud terminológica, impropiedad léxica, sinonimia, etc. La traducción al castellano refleja tales problemas y añade a ellos la cuestión sociolingüística de la aceptación de extranjerismos.

A diferencia de las aportaciones comentadas hasta ahora, las primeras cuatro comunicaciones retroceden mucho más en el tiempo y tratan problemas de otra índole. En los siglos de formación de las lenguas romances y los primeros de su uso en textos científicos, técnicos, sagrados y literarios, éstas se plasmaban en los moldes de las lenguas de más prestigio (árabe, hebreo, griego, latín) en las que se solían transmitir dichos contenidos. Traducir significaba, sobre todo, crear la terminología en las lenguas romances y fijarla, moldear la sintaxis para estos propósitos y elaborar los recursos que permitirían establecer la cohesión textual.

Las primeras dos de las cuatro comunicaciones exploran el ámbito de la astronomía. En la primera, José Chabás observa la creación de la terminología astronómica en el *Libro de las tablas alfonsíes*, escrito en Toledo por los astrónomos Ishaq ben Sîd y Yehudá ben Mošé ha-Kohén, al servicio del rey de Castilla y León, Alfonso X (1221–1284). Estos astrónomos alfonsíes fueron los primeros en escribir ciencia en castellano y tuvieron que afrontar la difícil tarea de crear una terminología totalmente inexistente en esa lengua. José Chabás compara su glosario de términos técnicos con los que aparecen en otras obras de carácter astronómico, traducidas o no, producidas en el escritorio real. A continuación, Marta Gómez Martínez se ocupa de algunas de las versiones en castellano de *Sphaera Mundi* de John of Holywood o Iohannes de Sacrobosco, manual utilizado en la inmensa mayoría de las universidades de la Europa occidental desde finales del siglo XII hasta el siglo XVII, que trata sobre los aspectos más elementales de cosmografía y astronomía. Puesto que estos textos no sólo suponían un primer acercamiento a los contenidos del mundo astronómico, sino también a su léxico, la autora estudia los recursos de los que se valen los traductores a lo largo del tiempo ante la tarea de trasladar el original latino al castellano.

De un punto de vista estrictamente traductológico parte Chelo Vargas Sierra para situar dentro de este marco teórico la escuela del traductor Hunayn b. Ishaq y su metodología, haciendo a la vez un análisis contrastivo con teorías y metodologías contemporáneas de la traducción. Para ello, aporta las reflexiones de diferentes autores sobre esta actividad traductora especializada que tuvo lugar en el siglo IX. Asimismo, la autora da cuenta del funcionamiento de esta escuela en su contexto histórico y cultural y de las dificultades a las que tuvieron que enfrentarse los traductores técnicos de la época al traducir entre lenguas y culturas que se distancian por su naturaleza, como es el caso del árabe y el griego.

La última de las cuatro comunicaciones citadas se dedica a un ámbito que se aparta un poco de los otros, la traducción bíblica, ya que obedece a cánones que se han estudiado detenidamente en la historia de la traducción, por ejemplo, la fidelidad absoluta al texto original. Sin embargo, no deja de ser traducción especializada a la que pocas personas iniciadas podían hacer frente. Andrés Enrique Arias ofrece un estudio de la *Biblia de Alba* (1422–1430), traducida por el rabino Moisés Arragel, un documento excepcional al ser la única Biblia romanceada medieval en que hay noticia del autor y las circunstancias en que se escribió. Arias muestra que Arragel cumplió con el encargo de entregar a su señor una traducción donde el hebreo concordara con la *Vulgata* y que, además de adoptar lecturas de la Vulgata, modificó el estilo para suavizar la rigidez del texto hebreo subyacente e introdujo cultismos, latinismos y calcos sintácticos del latín para satisfacer el gusto latinizante propio de la época.

Tras este breve recorrido por los estudios que aporta el presente volumen queda patente que la historia de los lenguajes especializados se ha de ver, no cabe duda de ello, en conjunto con la historia de la traducción. Fue, por tanto, acertada la decisión de dedicar el III Coloquio a investigar los vínculos que guardan ambos dominios entre ellos. La multitud de los problemas tratados y la diversidad de los temas, que hemos querido presentar en las Actas renunciando a un estricto orden cronológico, muestra que es necesario seguir trabajando en la superación de los límites de la propia especialidad. Es necesario llenar las lagunas que se han indicado, si bien queda más por hacer en unas lenguas que en otras, ya que, por ejemplo, el español cuenta con más estudios que el portugués, el catalán o el gallego. Hacen falta estudios, ediciones críticas, etc. de muchos textos científicos históricos para poder estudiar la historia del desarrollo de los lenguajes especializados. Sin embargo, esto no sólo significa llegar a entender las razones por las que un determinado término se ha creado, usado, impuesto o caído en desuso, sino que la comprensión histórica va mucho más lejos. Cierto es que "no hay terminología fuera de la historia" (Gambier 1987: 319), pero tampoco existe lengua alguna sin historia. Los lenguajes especializados que usamos hoy llevan estas marcas históricas profundamente grabadas en su sintaxis, sus giros, sus modelos textuales, la coherencia textual, las maneras de enfocar la explicación de los fenómenos, etc., aspectos que se deben al contexto cultural en el que crecieron y se formaron nuestras lenguas.

Este balance de la labor realizada durante el Coloquio obliga a fijar las próximas tareas. Los participantes han acordado seguir organizando estos encuentros científicos cada dos años. La Universitat d'Alacant se ha ofrecido a organizar el próximo Coloquio de 2005, seguido del V Coloquio que se celebrará en Salzburgo. Para más adelante contamos con la voluntad de la Universitat Rovira i Virgili de Tarragona y la Universidad de Salamanca. Además, disponemos ya de todo un catálogo de posibles temas como, por ejemplo, la metáfora en el lenguaje científico, los diccionarios históricos de especialidad o el desarrollo de nuevos géneros o tipos textuales en la historia de los lenguajes de especialidad.

Finalmente, quisiera dar las gracias a las personas e instituciones que han contribuido a la realización del *III Coloquio sobre el papel de la traducción en la historia de la estandarización de los lenguajes especializados*. Agradezco su apoyo a la Facultat de Traducció i Interpretació y al Departament de Traducció i Filologia, a Pilar Estelrich y a Toni Badia, pero también a las secretarias del Departamento, Susi Bolós y Núria Abad. Igualmente quiero dar las gracias al comité organizador compuesto por Victòria Alsina de la Universitat Pompeu Fabra, Cecilio Garriga del Departamento de Filología Española de la Universitat Autònoma de Barcelona, Carsten Sinner de la Humboldt-Universität de Berlín y Xavier Domènech, estudiante de traducción.

Espero que estos *Coloquios sobre la historia de los lenguajes iberorrománicos de especialidad* sigan despertando el interés que han suscitado hasta ahora y se consoliden como plataforma de intercambio en este ámbito que aún requiere muchos esfuerzos de lingüistas, historiadores de la lengua y de especialistas en la historia de las ciencias y la técnica.

Jenny Brumme

Bibliografía

Brumme, J. (ed.) (1998). *Actes del col·loqui La història dels llenguatges iberoromànics d'especialitat (segles XVII–XIX). Solucions per al present.* 15–17 de maig de 1997. Barcelona: Institut Universitari de Lingüística Aplicada, Universitat Pompeu Fabra.

—. (2001). *La historia de los lenguajes iberorrománicos de especialidad: la divulgación de la ciencia. Actas del II Coloquio Internacional.* Barcelona: Institut Universitari de Lingüística Aplicada. Universitat Pompeu Fabra; Madrid: Iberoamericana; Frankfurt am Main: Vervuert.

Diaz Fouces, O.; García González, M.; Costa Carreras, J. (eds.) (2002). *Traducció i dinàmica sociolingüística.* Barcelona: Llibres de l'Índex.

Gambier, Y. (1987). "Problèmes terminologiques des pluies acides: pour une socio-terminologie". *Meta* XXXII/3, 314–320.

CONFERENCIAS

Dieter Messner
Universidad de Salzburgo

LA TRADUCCIÓN DE TEXTOS FRANCESES DE ESPECIALIDAD A LAS LENGUAS IBERORROMÁNICAS EN EL SIGLO XVIII[1]

1. Introducción

La lengua castellana posee un elevado número de trabajos lexicológicos en que se analiza la formación de diversas lenguas de especialidad. Cabe mencionar, por ejemplo, las recientes investigaciones sobre la introducción y adaptación al español, durante el siglo XVIII, de las terminologías física y química, que provienen mayoritariamente del francés. Sabemos por los trabajos de diversos investigadores que algunos científicos españoles supieron bastante rápido de las nuevas publicaciones francesas, y, al parecer, hubo también en España unos editores que contaban con un número suficiente de lectores hispanohablantes para arriesgar la inversión de dinero en traducciones de los originales franceses. Como constata Moreno Villanueva:

> En 1747, tan sólo un año después de su edición francesa, Joseph Vázquez y Morales traduce el *Ensayo sobre la electricidad de los cuerpos*, de J. A. [Jean Antoine] Nollet (1995–1996: 76).

Otro ejemplo es el que señala Garriga Escribano:

> [...] en 1787 aparece el 'Méthode de nomenclature chimique', elaborado por Morveau, Lavoisier, Berthollet y Fourcroy, considerado como la carta fundacional de la química moderna [...] la traducción de esta obra divulgadora de las nuevas teorías [...] la realizó P. Gutiérrez Bueno sólo un año después que apareciera el original (1997: 33).

He mencionado la traducción de dos obras francesas, de Nollet sobre la electricidad, y de Lavoisier y sus colaboradores sobre la química, pero no son más que dos ejemplos; en otros estudios recogidos en este volumen se alude también a las traducciones de otros textos científicos franceses. Hay que insistir, además, en un aspecto lamentado por algunos investigadores: muchos de los

---

[1] Este trabajo forma parte del proyecto P14117-G03 del *Fonds zur Förderung der wissenschaftlichen Forschung, Wien* "Reciprocal Influences of Spanish and Portuguese dictionaries".

neologismos contenidos en las traducciones no se registran (o sólo con fecha muy posterior) en las obras pertinentes, como en el *Diccionario* de Corominas / Pascual, una de cuyas fuentes —al lado de varias ediciones del *DRAE*— es el *Diccionario castellano con las voces de ciencias y artes [...]* de Esteban Terreros y Pando, publicado entre 1786–1793, pero escrito ya mucho antes, en 1765.

Sin embargo, en este estudio me refiero no sólo a la lengua castellana, sino también a la portuguesa. Para no despertar muchas expectativas y para clarificar las relaciones verdaderas entre estas dos lenguas iberorrománicas en el caso de la recepción de las ciencias naturales durante el siglo XVIII, conviene fijarse en las palabras de Gutiérrez Cuadrado. En un estudio sobre "Lengua y ciencia en el siglo XIX español: el ejemplo de la química" escribe: "Si se comparan los trabajos con otros parecidos, especialmente con los de la lengua francesa, se notará un vacío" (2001: 181).

Y si Gutiérrez Cuadrado habla de un vacío para el español, habría que llamar desierto lo poco o nada que hay para la lengua portuguesa. La bibliografía románica (Holtus 1999) registra para el año 1997, bajo la rúbrica "Lenguas de especialidad", dieciséis estudios para el español, la mitad de ellos históricos; para el portugués registra seis estudios, ninguno de ellos de carácter diacrónico. Sirvan como reflejo de esta situación las palabras de Castro:

> Em relação ao português clássico, em especial dos séculos XVII e XVIII (para não falar do desconhecidíssimo século XIX), quem o quiser estudar tem de se resignar a fazer de cabouqueiro, desenterrando penosamente os seus documentos, [...] e, se ainda tiver coragem e tempo de vida, formulando hipóteses interpretativas que ficarão à espera de um debate crítico se outros investigadores se transviarem pelos mesmos terrenos (1996: 136).

La misma idea la expresa Maia:

> [...] o século XVIII, século de contornos importantíssimos sob o ponto de vista linguístico e, no entanto, quase nada estudado (2002: 39).

Pero la escasez de trabajos sobre el siglo XVIII portugués no se debe a que en Portugal no se conocieran los nuevos adelantos, sino a la ignorancia de los historiadores de la lengua portuguesa.

El famoso Marqués de Pombal (1699–1782), ministro plenipotenciario entre 1750 y 1777, no sólo es conocido por haber expulsado a los jesuitas, sino también por sus intentos de modernizar el país, también en el sector de las ciencias. Algo así ocurrió en España ya antes, como consecuencia de la llegada de los Borbones. Los restos de lo que fue el "Real Gabinete de Physica", creado primero en 1766 en Lisboa y después transferido a Coimbra, a la universidad reformada en 1772, todavía pueden ser vistos en esta ciudad: una colección de instrumentos construidos en Portugal y en Inglaterra. Una máquina eléctrica fabricada por Edward Nairne en Londres está descrita en el catálogo de la época en una especie de latín moderno: "Machina electrica prestantissima, in qua globus vitreus circa axes celerrime circumvehitur ope rotae dentatae a triplici cochlea in orbem acta [...]" (*Museu de Física da Universidade de Coimbra* s. p.).

Es de suponer que los alumnos portugueses del siglo XVIII no sólo denominaron los aparatos en latín sino también en portugués aunque las fuentes lingüísticas (no hay diccionario histórico del portugués ni un corpus diacrónico como el *CORDE* de la RAE) nos dan fechas bastante más tardías.

Por eso dedico mi estudio a esta otra lengua iberorrománica, al portugués, mucho menos estudiado que el castellano.

2. La difusión de los nuevos conocimientos

Claro que hubo problemas internos en Portugal en la difusión de los nuevos conocimientos: la obra más importante, la enciclopedia francesa (*Encyclopédie, ou dictionnaire raisonné des sciences, des arts et des métiers* 1752ss.), no se pudo leer sin permiso especial, como ocurrió también en España, donde fue prohibida en 1759. Pero al lado de la censura oficial, que no afectó a las ciencias naturales, parece que hubo reticencias personales, o tal vez miedo de los autores.

El autor de un diccionario bilingüe francés – portugués, de 1784, el "*Nouveau Dictionnaire François – Portugais*, composé par le capitaine Emmanuel de Sousa, augmenté & enrichi de tous les termes techniques, & propres des sciences, des arts, des métiers etc. sur la dernière édition de celui de M. l'Abbé François Alberti, & les Tables de l'Encyclopédie par Joachim José da Costa & Sa", no ve ningún problema en utilizarla como fuente, pues así lo declara *expressis verbis* en el subtítulo, a pesar de que está oficialmente prohibida. Sin embargo, él mismo se autocensura cortando las definiciones originales, como se demuestra en la definición de *phimosis*. Dice la *Encyclopédie*:

> Phimosis, s. m. (Chirurgie) c'est une maladie de la verge, dans laquelle le prépuce est collé & fortement resserré sur le gland, de maniere qu'on ne peut pas le tirer en arriére, pour découvrir le gland [...] (vol. 12, 1765: 516).

Por su parte, el abad François Alberti, en su diccionario francés – italiano, copiando la enciclopedia, escribe: “Phimosis, Maladie du prépuce, qui est si resserré, qu’il ne peut se renverser pour découvrir le gland”. Pero el autor portugués, en su adaptación del diccionario francés al portugués, da “Phimosis, Phimose, certa molestia do homem” (1784: 222).

Es en el *DRAE* de 1899 donde aparece por primera vez la forma española *fimosis*, documentada, según el *CORDE*, en un texto ya en 1881:

> Fimosis, (Del gr. [...]). f. Med. estrechez del orificio del prepucio, que impide la salida del balano (1899: 461).

Pero cien años antes, ya lo registra Terreros y Pando:

> Fimosis, enfermedad del prepucio, de modo, que la glande no se puede descubrir sin incision (vol. 2, 1787: 165).

El llamado *Dictionnaire de Trévoux* (1771) es la fuente de Terreros y Pando, quien lo menciona en el prólogo: “[...] el [diccionario] que llaman de Trévoux, que es excelente [...]” (1786: IX):

> Phimosis. s. m. Terme de Chrirugie, c’est una maladie du prépuce, qui arrive lors’il est tellement serré que le gland ne se peut découvrir sans incision (*Dictionnaire de Trévoux* 1771: 739).

Siguiendo, entonces, con la influencia de textos franceses en Portugal, resulta interesante mostrar la diferente recepción de estos dando a conocer los resultados de la búsqueda de las obras de los naturalistas franceses en los catálogos de las bibliotecas portuguesas.

En las bibliotecas de Lisboa y de Coimbra no aparece ninguno de los autores antes mencionados —ni Nollet, ni Lavoisier— traducidos al portugués en la misma época en que se realizaron las traducciones españolas; tampoco están las traducciones españolas contemporáneas, a pesar de que los gramáticos y lexicógrafos portugueses de la segunda mitad del siglo XVIII conocían muy bien los libros españoles, y por eso copiaban estos originales, por ejemplo el *DRAE* de 1780. En el diccionario que publicó en 1793 la Academia Portuguesa de Ciencias (*DLP* 1793), la definición de la palabra *álgebra* reproduce palabra por palabra la que aparece en el diccionario común de la Real Academia Española. El diccionario portugués de 1793 expone lo siguiente:

> Algebra, s. f. Mathem. Sciencia, que faz huma das partes da Mathematica. Considera a quantidade, e assim continua, como discreta, pelo modo mais geral e abstracto, que se

> póde considerar, servindose para reprensenta-la das letras do alphabeto, como signaes mais universaes. He voz Arabiga composta do articulo *al,* e da palavra *gebr*, que segundo Golio e outros Autores, significa reducção das partes ao todo, ou dos quebrados ao inteiro. Diccion. Castelh. [...] (*DLP*: 411).

En el *DRAE* de 1780 se lee:

> Álgebra, s. f. Parte de la Mathematica, que considera la cantidad, bien sea continua, ó discreta, del modo mas general que puede considerarse, sirviéndose para representarla de las letras del alfabeto, como signos mas universales. Es voz árabe compuesta del artículo *al*, y de la palabra *gebr*, que segun Golio, col. 452, y otros autores, significa reduccion de las partes al todo, ó de los quebrados al entero. [...] (*DRAE*: 50).

Parece, por tanto, que las obras francesas, tan importantes para la difusión de las nomenclaturas modernas, no se tradujeron al portugués con tanta celeridad como al español.

3. Vías de recepción de las obras francesas

Entonces, ¿cómo fue la recepción de los progresos científicos europeos en Portugal? ¿Y cómo se documentan en la lengua portuguesa?

3.1. Originales y traducciones al latín

La falta de una traducción portuguesa no significa que se desconociera el texto original francés. El que en aquella época se interesó por las ciencias naturales hablaba o podía leer la lengua francesa, es decir, tuvo acceso a las fuentes extranjeras impresas. En la actual biblioteca de la Academia de Ciencias de Lisboa, que proviene de un monasterio disuelto, el Convento de Nossa Senhora de Jesus, están casi todas las publicaciones francesas originales, también la enciclopedia.

La descripción de los instrumentos del "Real Gabinete de Physica" creado por el Marqués de Pombal se hizo en latín, y la colección se reunió sobre la base de lo que está escrito en un libro, *Physicae experimentales*, redactado ya algunos años antes por el holandés Pieter van Musschenbroek (1692–1761), del que hubo también una traducción francesa, *Cours de physique experimentale et mathematique*, publicado en París (Guyllin) en 1769. La obra de Musschenbroek es también una de las fuentes muchas veces citadas por Brisson, en su *Dictionnaire raisonné de physique* (Paris: Hôtel de Thou 1781), obra traducida al español en 1796 (cf. Garriga Escribano 1997).

Aunque no hay estudios que analicen los libros escolares en Portugal en la segunda mitad del siglo XVIII, sabemos que para el primer "Curso de Física

Experimental" creado en la Universidad de Coimbra en 1768, los alumnos usaron otro libro de Musschenbroek escrito en latín, que, por la fecha de publicación, ya estaba un poco anticuado:

> As materias programadas eram excessivas na sua quantidade, e muito dificilmente accessíveis, na sua qualidade a alunos tão jovens [...], e tudo isso agravado pela exposição feita nas aulas por professores estrangeiros que se expressariam na sua língua de origem, o italiano, ou talvez realmente o compêndio de Física utilizado, os *Elementa Physicae* [recte: Institutiones physicae. D. M.] *conscripta in usus academicos*, de Musschenbroek [...]. Mais felizes foram os pequenos estudantes no que respeita à Geometría. Esses puderam estudar o Euclides em tradução portuguesa, saída em Lisboa em 1768 [...] (Carvalho 1983: 217).

Para el segundo año de "Historia Natural" hubo en Coimbra una "edição latina de Lineo" (Carvalho 1983: 231). Me he referido también a la difusión de los nuevos conocimientos, y por eso parece significativo lo dicho en un relatorio hecho en 1777, cinco años después de la reforma universitaria de 1772 en Portugal: "nos cinco anos já decorridos [...] matricularam-se, no total, quatro estudantes" (Carvalho 1983: 232).

La situación del francés como lengua científica en Portugal alrededor de 1800 la describe también, no sin orgullo, Ferdinand Brunot:

> Il semble que notre influence qui s'exerçait principalement dans le domaine scientifique ait peu à peu grandi. Les professeurs et les étudiants se servaient pour les mathématiques des ouvrages de Lagrange, de Lacroix, de Monge, de Poisson et de Laplace; pour l'histoire naturelle de ceux de Buffon et de Cuvier; pour la physique de ceux de Brisson, de Biot et de Hauy; pour la chimie de ceux de Berthollet, Thénard, Gay-Lussac, Fourcroy, Chaptal, etc. Or les travaux de ces savants n'avaient été publiés qu'en français (1993: 306).

A juzgar por lo que dice Brunot, los conocimientos del francés debían de haber sido excelentes entre los sabios portugueses, pero es necesario estudiar este momento porque en la Universidad de Coimbra, en los años 70 del siglo XVIII, la primera generación de naturalistas fue constituida por italianos, y no por franceses. Es más conocida la posición del francés en España por el trabajo de Brigitte Lépinette:

> Au début du XVIIIe siècle le français n'a droit de cité en Espagne dans aucune institution scolaire (2000: 47).

> À la fin du siècle, ces auteurs [de grammaires] commencent á être majoritairement des professeurs titulaires dans des institutions [...] (2000: 98).

3.2. *Traducciones con fines pedagógicos y prensa periódica*

Para los especialistas no era necesario hacer traducciones; eran necesarias para los que difundieron los nuevos conocimientos en las academias, en los colegios militares, etc. Por ejemplo, existe un libro, *Elementos de Chimica* [...] *para uso do seu Curso de Chimica*, escrito por Vicente Coelho de Seabra (Coimbra 1788); y un *Tractado das affinidades chimicas* [...] que *para commodidade de seus discipulos* redactó Thomé Rodrigues Sobral (Coimbra 1797). También en el "Discurso preliminar" a la traducción española de Brisson (1796: III) está escrito que se destina al "uso de ella [traducción] como de un Curso metodico y elemental de Física *para aprender la Ciencia de la Naturaleza*". Por lo tanto, muchas traducciones se hicieron con fines pedagógicos.

Hay que tener en cuenta, además, que hubo también una difusión más popular, que se hizo por vía de periódicos, destinada al público interesado, los no especialistas. Así, el 1 de febrero de 1820, la *Gazeta de Lisboa* copia un artículo publicado ya nueve años antes, en 1811, en el *Moniteur* de París:

> O Monitor [...] offerece tambem ás vezes noticias preciosas sobre as Artes e Sciencias [...]. Lê-se, por exemplo, no de 30 de Abril de 1811 hum relatorio de Mrs Carnot, Monge, e Biot [...] sobre o Nautilo sub-marinho [...] este Barco ou Nautilo sub-marinho vogava debaixo da agua á vontade [...].

La palabra *submarino* tiene como primera fecha en los diccionarios modernos del portugués el año 1836.

Y en el mismo diario, el 9 de febrero de 1820, se hace la siguiente publicidad del primer número de un *Jornal Encyclopedico de Lisboa*:

> Os amantes das sciencias com gosto verão que este Jornal [...] se dedica em grande parte a noticiar os descobrimentos que se vão fazendo nos diversos ramos das Sciencias em geral: [...] a saber [...] Em Química: sobre o calor especifico dos corpos, por Mrs. Petit e Dulong, [Sobre as] Experiencias recentes de Mr. Thenard sobre Agua oxygenada, [Sobre] a Experiencia de Mr. Biot que pela expansão do oxygenio produzio brilhante luz, Em Fysica: Sobre as propriedades dos metaes, e sobre as forças electricas positivas e negativas , Sobre a illuminação pela luz electrica, por Mr. Meinecke.

Los autores —casi todos franceses— mencionados, en 1820, en el texto portugués (y nueve años antes en el periódico francés), estaban todavía vivos; la noticia no estaba, pues, totalmente anticuada. Este periódico es el continuador de otro, publicado a partir de 1779: "*Jornal enciclopedico* dedicado á Rainha N. Senhora e destinado para instrucção geral, com a noticia dos novos descobrimentos em todas as sciencias, e artes". En el prólogo (del primer número) se dice:

> Em Portugal não avia um Jornal, tendo sido em todos os outros paizes de muito proveito as producçoens deste genero: Os Nacionaes lamentavão esta falta, e os Estrangeiros a censuravão (1779: 1).

> Um Filosofo moderno he logo aquelle, que, tendo a sua razão por guia, a não sujeita á autoridade dos outros omens, nem mesmo à de Deus (1779: 4).

De Vicente Coelho de Seabra, una persona importante para el progreso de las ciencias naturales en Portugal al final del siglo XVIII (tradujo y publicó en 1801 la nomenclatura química de Lavoisier *et al.* (1787), 13 años después de la traducción española) se sabe que publicó artículos en varios periódicos, difundiendo así las obras francesas (Gouveia 1986: 342).

Es bien conocida la importancia de la prensa semanal o mensual en este aspecto, tal como se pone de relieve en muchos artículos publicados en las *Actas del II Coloquio Internacional sobre la historia de los lenguajes iberrománicos de especialidad* editados por J. Brumme (2001). Diversos estudios muestran lo difícil que era el camino de la divulgación en aquella época, y lo difícil que es, para los lingüistas actuales, reconstruir esta difusión.

La Academia portuguesa, por ejemplo, publicó en 1815 un estudio llamado "Memoria sobre os pesos e medidas portuguezas e sobre a introducção do systema metro-decimal impressa no tomo V das Memorias economicas". Desgraciadamente, para el portugués falta todavía un estudio exhaustivo como el de Gutiérrez Cuadrado y Peset para la lengua española: *Metro y kilo: el sistema métrico decimal en España* (1997).

El 10 de mayo de 1820, cinco años después de la primera publicación, en la *Gazeta de Lisboa* se anuncia una "Breve espozição do systema Metrico Decimal, vende-se na Impressão Regia". Sin embargo, durante ese año, la misma *Gazeta* sólo da medidas anteriores o extranjeras. En la descripción de una nueva máquina inventada en Gran Bretaña se lee, el 1 de febrero de 1820: "la máquina [...] eleva 15 pintes, perto de 16 canadas Portuguezas d'agua por minuto". Y un animal exótico se describe, el 17 de mayo de 1820, así: "Cabeça [...] que fora de enorme grandeza, pois esta parte tem 46 pollegadas de comprido, medida de Rhynland".

Parece, por tanto, que los traductores portugueses de los artículos copiados de periódicos extranjeros, algo usual en aquella época, no veían necesidad (o eran incapaces) de convertir las medidas extranjeras a las modernas.

La traducción española de la nomenclatura química de Lavoisier es de 1787, la portuguesa de 1801. Es conocido que en 1798 el director de la Facultad de Coimbra decretó que, dado que la traducción portuguesa de esta obra fundamental tardaba tanto, se adoptara un libro de Joseph Franz Jacquin (1766–1839), el *Lehrbuch der allgemeinen und medizinischen Chemie. Zum Gebrauche seiner Vorlesungen* (publicado en 1793 en Viena), en edición latina (*Elementa Chemiae Universae et Medicae, Praelectionibus Suis Accomodata*, 1807) y no un texto francés cualquiera (Costa 1986: 377), lo que me hace dudar de los conocimientos de francés por los alumnos de Coimbra. No he podido comprobar si el libro de Jacquin fue también usado en España.

4. Los diccionarios como fuentes

La investigación del siglo XVIII portugués progresó gracias a la conmemoración del nacimiento del Marqués de Pombal en 1699, pero entre los estudios que se realizaron para celebrar los 300 años del nacimiento del que fue el renovador ilustrado de Portugal, se ha escrito más sobre la expulsión de los jesuitas que sobre la modernización del país, también desde el punto de vista científico. Para los historiadores del léxico portugués sigue faltando todavía la base para investigar, es decir, la historia de las ciencias naturales. Una interesante contribución son dos volúmenes con el título *História e desenvolvimento da ciência em Portugal* (Academia das Ciências 1986), con breves capítulos sobre algunos naturalistas o sobre disciplinas.

Por eso, para conocer mejor la recepción de las nomenclaturas científicas en portugués, hay que recurrir a otras fuentes, los diccionarios, que, como comprobamos hablando de la lengua española, no son fidedignas. Garriga Escribano escribió: "La penetración del lenguaje científico en los diccionarios es uno de los temas más controvertidos de la lexicografía" (1996–1997: 75).

Sirva como ejemplo, más o menos fortuito, el término *electricidad*, documentado en español ya en 1747, según las investigaciones de Moreno Villanueva (1995–1996: 81). En el *DRAE* no aparece hasta 1803, en la cuarta edición:

> **Electricidad**, Materia sutilísima, y muy fluida, diversa de los demas fluidos por sus propiedades, y comunicable á todos los cuerpos á unos mas que otros: produce varios efectos y muy extraños, y uno de los mas conocidos es el de atraer, y repeler los cuerpos leves, y la propiedad de los cuerpos que tienen esta materia. Esta voz y sus derivados se ha introducido modernamente (1803: 332).

La quinta edición del *DRAE* de 1817 registra:

> **Electricidad**. Propiedad que tienen los cuerpos en ciertos estados y circunstancias de despedir chispas azuladas á manera de rayos, de excitar fuertes conmociones, de inflamar las sustancias combustibles, y de traer y repeler los cuerpos leves que se acercan (1817: 343).

Para comprobar este término en portugués hay que considerar un diccionario que desde 1789 hasta hoy se publica en Portugal bajo el nombre del que fue su primer redactor hasta la tercera edición en 1823: el *Moraes*.

Así, Antonio de Moraes Silva publicó en 1789 un "*Diccionario da Lingua Portugueza*, composto pelo Padre D. Rafael Bluteau, reformado, e accrescentado por Antonio de Moraes Silva". Moraes alude, en el título, al autor del *Vocabulario Portuguez e Latino* [...], de ocho volúmenes, más dos de suplemento, publicado entre 1712 y 1728 (y que probablemente es el diccionario portugués que se elogia en el prólogo del diccionario de la lengua castellana, llamado de Autoridades).

Moraes redujo a un formato más manejable la obra de Bluteau, como lo hicieron también los académicos de la RAE con el llamado diccionario común de 1780. Es, pues, interesante, y fácil, comparar estas dos obras lexicográficas contemporáneas del español y del portugués.

Moraes (1789: 464) da:

> **Electricidade**, s. f. propriedade dos corpos, que sendo esfregados atrahem a si os outros, e faiscão, ou lanção espadanas de fogo, tocados por conductores de metaes, ou pelos membros das pessoas electrisadas. **t. mod. adopt.**

Se observa que las microestructuras española y portuguesa difieren: la definición portuguesa es no sólo anterior sino que parece también más moderna.

Electricité, en el *Dictionnaire de Trévoux* (1771: 615) es definido como:

> Terme de Physique & d'Histoire Naturelle. Qualité des corps qui en attirent d'autres & les repoussent, comme fait l'ambre.

Otra vez, el texto francés puede ser el modelo de Terreros y Pando (vol. II, 1787: 11), que define la electricidad así:

> **Electricidad**, Termino de Fisica, y de la Historia Natural, cualidad ó virtud de algunos cuerpos, que atrahen, ó apartan a otros.

La enciclopedia francesa (vol. 5, 1755: 469) la define como:

Electricité, s. f. (Physique) Ce mot signifie en général, les effets d'une matière trés-fluide & très-subtile, différente par ses propriétés de toutes les autres fluides que nous connoissons [...].

Más semejantes son las definiciones del verbo correspondiente.

DRAE (1803: 332):

Electrizar, Comunicar la electricidad á algun cuerpo.

Moraes (1789: 464):

Electrisar, comunicar a virtude electrica a algum corpo. **mod. adopt.**

Parece que el lexicógrafo portugués recurre a una fuente distinta de la de sus colegas contemporáneos de la RAE.

Terreros y Pando (tomo II, 1787: 11):

Electrizar, voz de Filosofia, hacer eléctrico, comunicar la electricidad.

Si se consultan las dos fuentes lexicográficas francesas que, en mi opinión, más influencia ejercieron sobre la lexicografía iberorrománica, la enciclopedia francesa y el llamado *Dictionnaire de Trevoux*, se obtienen las siguientes informaciones:

Encyclopédie (vol. 5, 1755: 478):

électriser, c'est donner à un corps la vertu électrique.

Dictionnaire de Trevoux (1771: 616):

électriser, Terme de Physique, rendre électrique, communiquer l'électricité [...].

Se observa, por tanto, que algunas de las definiciones que dan los diccionarios portugueses son más modernas que las castellanas del *DRAE*.

5. Conclusiones

La situación del portugués, entonces, es algo diferente de la del español: las muchas traducciones de textos científicos escritos en francés hacen aparecer en español galicismos, que no se encuentran hasta mucho más tarde en los diccionarios españoles. Para el portugués se constata la existencia de menos traducciones y más tardías que las españolas; por esto, son algunos diccionarios los primeros en registrar los galicismos técnicos.

Hay que mencionar también que hubo una actitud bastante reservada de los lexicógrafos portugueses a indicar los textos científicos entre las fuentes bibliográficas.

No obstante, conviene ser prudente en relación a los diccionarios, ya que son normalmente la peor fuente para obtener fechas serias. Hasta que no se hayan realizado análisis exhaustivos de las lenguas de especialidad portuguesas, no se podrán obtener respuestas fiables.

Algunas indicaciones que se encuentran en periódicos portugueses sobre nuevos libros pueden desorientar: en la *Gazeta de Lisboa* del 7 de noviembre de 1750 —un periódico semejante a la *Gazeta de Madrid*—, se incluye el anuncio de una traducción de un libro de Jean Adrien Helvétius sobre "Enfermedades", pero no se encuentra ningún ejemplar en lengua portuguesa en las bibliotecas del país: probablemente es un anuncio de una nueva traducción francesa del libro escrito primero —y 50 años antes— en latín.

En otra publicación periódica, el *Mercurio Historico, Politico e Litterario de Lisboa*, en julio de 1797, se anuncia un libro "Discurso Medico, Tratado sobre la Colica de Madrid". Sólo la indicación del lugar y de la librería donde se vende el libro informa de que se trata de un libro español publicado en Madrid. Lo mismo ocurre en mayo de 1796, con el "Exame de alguns principios erroneos em Electricidade pelo professor Sigaud-Lafond", un libro francés publicado fuera del país, que se vende en París.

Se puede concluir, después de ver estos datos, que en Portugal se conocían los tratados científicos, pero no hubo traducciones. Consta que la adopción de las ciencias naturales en los dos países, España y Portugal, era diferente, sobre todo atendiendo a la cronología de las traducciones que, al parecer, en Portugal compitieron con los textos en latín. Pero las carencias en la investigación del portugués no permiten todavía sacar conclusiones definitivas sobre la recepción de las nuevas terminologías.

Bibliografía

Academia das Ciências. (ed.) (1986). *História e desenvolvimento da ciência em Portugal. I coloquio até ao século XX, Lisboa 15 a 19 de Abril de 1985 [organizado pela] Academia das Ciencias de Lisboa.* 2 vols. Lisboa: Academia das Ciências de Lisboa.

Academia portuguesa. (1815). *Memoria sobre os pesos e medidas portuguezas e sobre a introducção do systema metro-decimal impressa no tomo V das Memorias economicas.* Lisboa: Publicações da Academia.

Alberti, F. de Villeneuve (1777). *Nouveau Dictionnaire françois-italien* [...]. Nice: Remondin.

Bluteau = Bluteau, R. (1712–1721). *Vocabulário Portuguez e Latino.* [...]. Vols. 1–4, Coimbra: Collegio das Artes da Companhia de Jesu 1712–1713. Vols. 5–8, Lisboa: Na Officina de Pascoal da Sylva.

Brisson, M.-J. (1781). *Dictionnaire raisonné de Physique.* Paris: Hôtel de Thou.

—. (1796). *Diccionario universal de física.* [...]. Madrid: Imprenta de Don Benito Cano.

Brumme, J. (ed.) (2001). *La historia de los lenguajes iberorrománicos de especialidad: la divulgación de la ciencia. Actas del II Coloquio Internacional.* Barcelona: IULA/UPF; Frankfurt am Main: Vervuert; Madrid: Iberoamericana.

Brunot, F. (1993). *Histoire de la langue française.* Vol. XI, 2ème partie. Paris: Armand Colin.

Carvalho, R. de. (1983). "As Ciências exactas no tempo de Pombal". En (1983): *Como interpretar Pombal?* Lisboa: Broteria. 215–232.

Castro, I. (1996). "Para uma caracterização do português clássico". En Duarte, I. / Leiria, I. (eds.). (1996). *Congresso Internacional sobre o Portugués.* Vol. II. Lisboa: APL. 135–150.

CORDE = Corpus Diacrónico del Español. En http://www.rae.es

Costa, A. Amorim da. (1986). "A Química ao serviço da Comunidade". En (1986). *História e Desenvolvimento das Ciencias.* Vol. I. Lisboa: Academia Portuguesa das Sciências, 373–402.

Corominas, J.; Pascual, J. A. (1980–1991). *Diccionario Crítico Etimológico Castellano e Hispánico.* 6 vols. Madrid: Gredos.

Dictionnaire de Trévoux. (1771). = *Dictionnaire universel François et Latin.* Vulgairement appelé Dictionnaire de Trévoux, [...]. Nouvelle édition, tome sixième. Paris: Compagnie des Libraires Associés, 1771.

DLP = *Diccionario da Lingoa Portugueza* publicado pela Academia Real das Sciencias de Lisboa. Lisboa: Oficina da mesma Academia, 1793.

DRAE. (1780). = Real Academia Española. (1780). *Diccionario de la lengua castellana.* Madrid: J. Ibarra (Ed. facsímil. Madrid: Espasa-Calpe 1991).

DRAE. (1803). = Real Academia Española (1803). *Diccionario de la lengua castellana.* Madrid: Viuda de Ibarra.

DRAE. (1817). = Real Academia Española (1817). *Diccionario de la lengua castellana.* Madrid: Imprenta Real.

DRAE. (1899). = Real Academia Española (1899). *Diccionario de la lengua castellana.* Madrid: Hernandez y Companía.

Encyclopédie, ou dictionnaire raisonné des sciences, des arts et des métiers, par une Société de Gens de Lettres. (1752ss). Paris: Briasson, David, Le Breton, Durand.

Garriga Escribano, C. (1997). "La recepción de la Nueva Nomenclatura química en español". *Grenzgänge* 4. 33–48.

—. (1996–1997). "Penetración del léxico químico en el *DRAE*: la edición de 1817". *Revista de Lexicografía* III. 59–80.

Gazeta de Lisboa. Lisboa. 7 de noviembre de 1750.

Gazeta de Lisboa. Lisboa. 1 de febrero de 1820.

Gazeta de Lisboa. Lisboa. 10 de mayo de 1820.

Gazeta de Lisboa. Lisboa. 17 de mayo de 1820.

Gouveia, A. J. Andrade de. (1986). "Vicente de Seabra e a revolução química em Portugal". En Academia das Ciências (1986). *História e desenvolvimento da ciência em Portugal. I coloquio até ao século XX, Lisboa 15 a 19 de Abril de 1985 [organizado pela] Academia das Ciencias de Lisboa*. Vol. I. Lisboa: Academia das Ciências de Lisboa. 335–352.

Gutiérrez Cuadrado, J. (2001). "Lengua y ciencia en el siglo XIX español: el ejemplo de la química". En Bargalló, M.; Forgas, E.; Garriga, C.; Rubio, A.; Schnitzer, J. (ed.) (2001). *Las lenguas de especialidad y su didáctica*. Tarragona: Universitat Rovira i Virgili. 181–196.

Gutiérrez Cuadrado, J.; Peset, J. L. (1997). *Metro y Kilo: el sistema métrico decimal en España*. Madrid: Akal.

Holtus, G. (ed.) (1999). *Romanische Bibliographie 1997*. 3 vols. Tübingen: Niemeyer.

Jacquin, J. F. (1793). *Lehrbuch der allgemeinen und medizinischen Chemie. Zum Gebrauche seiner Vorlesungen*. Wien: Wappler.

—. (1807). *Elementa Chemiae Universae et Medicae, Praelectionibus Suis Accomodata*. Conimbricae: Typis Academicis.

Jornal enciclopedico dedicado á Rainha N. Senhora e destinado para instrucção geral, com a noticia dos novos descobrimentos em todas as sciencias, e artes (Lisboa). 1, 1779.

Lavoisier, A.-L.; Fourcroy, A.-F.; Berthollet, C.-L. / Guyton de Morveau, L.-B.; Hassenfratz, J.-H. (1787). *Méthode de nomenclature chimique, proposée par MM. de Morveau, Lavoisier, Bertholet et de Fourcroy*. Paris: Cuchet.

Lépinette, B. (2000). *L'enseignement du français en Espagne au XVIIIe siècle dans ses grammaires*. Münster: Nodus.

Maia, C. de Azevedo. (2002). "O tratamento das variedades do português nos gramáticos e ortografistas de Setecentos". En Thielemann, W. (ed.) (2002). *Século XVIII: século das Luzes, século de Pombal*. Frankfurt am Main: TFM. 33–50.

Mercurio Historico, Politico e Litterario de Lisboa. Lisboa, mayo de 1796.

Mercurio Historico, Politico e Litterario de Lisboa. Lisboa, julio de 1797.

Moraes = Moraes Silva, A. de. (1789). *Diccionario da Lingua Portugueza*, composto pelo Padre D. Rafael Bluteau, reformado, e accrescentado por Antonio de Moraes Silva, natural do Rio de Janeiro. Lisboa: Ferreira.

Morena Villanueva, J. A. (1995–1996). "La recepción del léxico de la electricidad en el *DRAE*: de *Autoridades* a 1884". *Revista de Lexicografía* II. 73–98.

Museu de Física da Universidade de Coimbra. Departamento de Física. Faculdade de Ciencias e Tecnologia. Universidade de Coimbra. En http://www1.fis.uc.pt/museu/index.htm

Musschenbroek, P. van. (1729). *Physicae experimentales* [...]. Lugduni Batavorum: Luchtmans.

—. (1762). *Cours de physique experimentale et mathematique*. Paris: Guillyn.

Sa, J. José da Costa. (1784). *Nouveau Dictionnaire François – Portugais*, composé par le capitaine Emmanuel de Sousa, augmenté & enrichi de tous les termes techniques, & propres des sciences, des arts, des métiers etc. sur la dernière édition de celui de M. l'Abbé François Alberti, & les Tables de l'Encyclopédie par [...] Lisboa: Borel.

Seabra, V. Coelho de. (1788). *Elementos de Chimica* [...] *para uso do seu Curso de Chimica*. Coimbra: Officina da Universidade.

Sobral, Thomé Rodrigues. (1797). *Tractado das affinidades chimicas* [...]. Coimbra: Imprensa da Universidade.

Terreros y Pando, E. (1786–1793). *Diccionario castellano con las voces de ciencias y artes* [...]. 3 vols. Madrid: Viuda de Ibarra, Hijos, y Cia. Vols. I (1786) y II (1787) (Ed. facsímil y presentación de M. Alvar Ezquerra. Madrid: Arco Libros, 1987).

Juan Gutiérrez Cuadrado
Universitat de Barcelona

LAS TRADUCCIONES FRANCESAS, MEDIADORAS ENTRE ESPAÑA Y EUROPA EN LA LENGUA TÉCNICA DEL SIGLO XIX[1]

1. Introducción

El título que encabeza este trabajo encierra diversas presuposiciones, pero me interesa fijarme, de momento, en las dos siguientes: que existía una lengua específica referida a la técnica; que las traducciones de numerosos textos franceses ayudaron a configurar la lengua de la técnica española en el siglo XIX. Analizar los rasgos específicos que modelan los discursos referidos a máquinas y aparatos encierra un extraordinario interés, pero nos alejaría excesivamente de nuestro tema. Acepto, como punto de partida, que existían ya a finales del siglo XVIII diversos modelos específicos de discursos técnicos. Para ello, me amparo en la autoridad de Gerda Haßler, autora que conoce bien el siglo ilustrado:

> En el siglo XVIII tiene lugar una revolución de la tecnología que alcanza un nivel que impide ser enseñado a través de gestos. La enseñanza de la tecnología exige un discurso en el cual concurran los medios lingüísticos y la representación pictural de la realidad. Es un proceso que da nacimiento a las escuelas de ingenieros y a las revistas técnicas. Las consecuencias de dicho proceso pueden ya observarse en la Enciclopedia Francesa, que contiene ilustraciones explicativas de las máquinas y los procedimientos descritos (Haßler 1998: 71).

En mi exposición intentaré mostrar cómo una parte del léxico español referido a las máquinas se fijó desde finales del siglo XVIII y en el siglo XIX con el apoyo, influjo o tutela (términos que deberíamos poder diferenciar nítidamente en este caso) de la lengua francesa, y cómo deberíamos caracterizar el hecho de que la lengua francesa funcionara como intermediaria entre la lengua de la ciencia y el español en aquellos tiempos. La intermediación lingüística del francés desde la ilustración, tal como podemos percibirla, es un proceso complejo que no se agota reuniendo una lista de préstamos terminológicos. Se apoya en diversos factores históricos muchas veces estudiados (Sellés / Peset / Lafuente 1988, por

[1] Este trabajo forma parte del proyecto de investigación *Catálogo de neologismos del léxico científico y técnico del siglo XIX* (BFF2001-2478), financiado por el MCYT.

ejemplo), que ahora sólo podemos enumerar: a) las estrechas relaciones políticas mantenidas con Francia en el siglo XVIII desde la llegada de los Borbones al trono peninsular; b) el influjo de los científicos franceses en los científicos ilustrados españoles, formados con maestros franceses en Francia, o colaboradores con especialistas y profesores franceses que habían venido a España; c) la difusión de los libros franceses en España; d) por último, el prestigio internacional de Francia que dominaba la escena internacional, como reconoce sin lugar a dudas Capmany (1825).[2] A pesar de estos hechos generales, bien sabidos, y de algunos otros que podrían aducirse, únicamente podríamos demostrar el influjo de la lengua francesa en este caso si pudiéramos señalar que, efectivamente, los científicos no sólo bebieron las ideas francesas, sino que introdujeron o imitaron en español términos lingüísticos concretos franceses. Teniendo en cuenta los numerosos ejemplos de autores del siglo XVIII y principios del siglo XIX que critican el galicismo, y que el préstamo francés en el español no es algo reciente sino de larga tradición, ya desde la Edad Media, lo que me parece de cierto interés es descubrir si en el momento histórico que estamos estudiando se pueden sorprender algunos rasgos novedosos en las relaciones entre el francés y el español, pues sería poco útil sustituir los análisis concretos por generalizaciones. A diferencia de siglos anteriores, la lengua francesa se convierte, a medida que avanza el siglo XVIII, en puerta obligada para cualquier europeo que quiera acercarse a la ciencia y, en el caso de los españoles, frecuentemente funciona como intermediaria obligada entre la lengua tradicional de la ciencia (el latín) y el español moderno, entre otras lenguas modernas y el español, o, sencillamente, como proveedora directa de terminología. Las repercusiones lingüísticas del influjo francés en la lengua de la técnica española son más complejas de lo que suele señalarse. Por ello, me gustaría matizar algunas afirmaciones que son ciertas, pero, quizá, inexactas. Empezaré en el siglo ilustrado, pues se sabe que gran parte de lo que sucede en el siglo XIX se alumbra en los cambios que tuvieron lugar en el siglo XVIII.

[2] "Sin embargo, desde que el idioma francés se ha hecho en este siglo intérprete de los conocimientos humanos, esto es, de las verdades y errores antiguos y modernos, debemos confesar que la Francia ha hecho sabia su lengua, consagrándola al idioma de las ciencias. El geómetra, el astrónomo, el físico, el crítico, el filósofo no hablan ya el lenguaje del vulgo, con el cual se esplicaban todo cien años atrás. Tienen otro vocabulario, tan distante del usual como el de Newton lo es del de Ptolomeo" (Capmany 1825: 15).

2. Ciencia, discursos y terminología en el siglo XVIII

A lo largo del siglo XVIII se asiste a la reorganización de los diversos discursos científicos tradicionales. La lengua de la ciencia en el siglo ilustrado está marcada por algunos procesos que habían empezado en siglos anteriores pero que acaban de consumarse en el siglo XVIII o, incluso, en el XIX. Me parece obligado, como punto de partida, mencionar que la sustitución del latín por las lenguas vulgares era irreversible y general en Europa, a pesar de los diferentes ritmos de desarrollo del proceso. Los ilustrados siguen escribiendo en latín, pero cada vez menos, pues les resulta mucho más fácil y cómodo escribir en lengua vulgar (Waquet 1998: 310–311). El ilustrado alemán Michaelis, por ejemplo, que acepta que en la universidad se enseñe en latín, rechaza decididamente la utilización de la lengua sabia en las clases de historia natural y botánica (Michaelis 1762: 45–56). En España el uso del latín —de calidad deficiente— se limita al mundo universitario y a las materias más especulativas (teología, leyes, artes, cánones). Así relata el italiano Norberto Caimo a mediados del siglo XVIII la opinión que le merecen los latines de Salamanca, la gloriosa universidad de la Corona de Castilla:

> He sido invitado una mañana a una ceremonia en la que debían dar el birrete de doctor a un fraile cisterciense [...] después de lo cual [el saludo] recitó una disertación sobre Nabucodonosor en la que se trataba de saber si realmente se había convertido en bestia. [...] Los mismos de su país que son razonables no pueden evitar el censurar los defectos al escribir o al hablar en latín [...pero el problema no está en la latinidad], porque, después de todo, no se trataría más que de una lengua y de una manera de expresarse y se podría ser muy sabio sin poseerlas; pero el gran daño está en la manera de pensar (García Simón 1999: 186).

En el siglo XVIII español el uso del latín desaparece prácticamente del ámbito de los nuevos discursos técnicos, nacidos frecuentemente en campos ajenos a la universidad. La consolidación de la ciencia moderna en instituciones científicas que a menudo se dirigen a un público diferente del tradicional universitario relega el uso del latín a disciplinas tradicionales:

> En la España borbónica funcionaban dos instituciones científicas paralelas. En la Universidad habitaban la teología, el derecho, la filosofía. Eran los instrumentos de control político e ideológico para teorizar sobre el origen divino de la monarquía, para justificar las regalías o para lustrar el trono con las buenas letras. En las academias y colegios extrauniversitarios de cirugía, marina, artillería, etc. se formaban los técnicos y científicos que necesitaba la corona para afianzarse entre las naciones. Por esta red, directamente al servicio del rey, corrían los informes sobre tierras y productos americanos, los proyectos sobre fortificaciones, los estudios de minería, los planos de

ingeniería... Con este tipo de instituciones se relacionaban hombres como los hermanos Elhuyar, Jorge Juan, Antonio Guimbernat, Pedro Virgili, Bails, Aréjula, Císcar, Mutis y otros muchos (Gutiérrez Cuadrado 1989: 1209–1210).

En las propias aulas universitarias la lengua vulgar se impone en ámbitos experimentales (cirugía, derecho patrio, etc.) y se ve como necesaria para que accedan a los conocimientos los artesanos que no saben latín. Mayans, por ejemplo, pensaba que las matemáticas debían explicarse en castellano para que pudieran acudir a clase oficiales de artes mecánicas, ingenieros prácticos y honrados comerciantes (Peset / Peset 1975: 128).

En segundo lugar, debe recordarse que las lenguas modernas ganan peso en la sociedad española del siglo XVIII. No sólo el francés (por las especiales circunstancias históricas a las que ya he aludido) sino también el inglés gana terreno, como demuestran, por ejemplo, los planes de estudio de Jovellanos (Martínez Alcalde 1992: 283–284),[3] las traducciones y, por supuesto, el uso, según se comprueba en los catálogos de algunas bibliotecas.[4]

En tercer lugar, no puede perderse de vista qué clases de discursos científicos podían encontrar los españoles del siglo XVIII. Si dejamos de lado los complejos discursos médicos, con su propia tradición, y todo lo relacionado con los discursos de la historia natural, en los que pueden encontrarse tanto descripciones geográficas como clasificaciones de plantas y animales, quedan tres clases importantes que nos interesan especialmente: el discurso de la química; el de la física, teórica y experimental; el de las máquinas.

2.1. El discurso de la química

Como ha señalado Mary Jo Nye, a finales del siglo XVIII la física no era la reina de las ciencias. Al contrario, al definir Lavoisier la química y subrayar la frontera con la física, la química se convertía en el centro del universo científico:

> The stronger demarcation between physics and chemistry raised the prestige of the already constituted chemical discipline, which was directed toward discovering the composition, changes in composition, and properties of bodies. According to chemists, physics was concerned with the laws of mechanics underlying matter in motion, and the Lavoisier school of chemists now took physics to be prefatory, but not central, to their own disciplinary domain (Jo Nye 1993: 39).

---

3 Puede consultarse en esta autora una útil bibliografía sobre esta cuestión.

4 Jorge Juan disponía de libros en español y latín, pero, además, tenía buena cantidad de libros ingleses y muchos más franceses (Navarro Mallebrera / Navarro Escolano 1987: 14–15).

La química anterior a Lavoisier ya había avanzado considerablemente desde finales del siglo XVII y era una disciplina bien centrada en sus problemas concretos y definida en sus planteamientos generales (teorías de la afinidad y el flogisto, fundamentalmente), como recuerda Jo Nye recogiendo la opinión de algunos historiadores de la ciencia (Jo Nye 1993: 34–35). Merece la pena también consultar para este período a García Belmar y Bertomeu Sánchez, quienes engarzan muy bien la tradición y la novedad en el cambio terminológico de la química dieciochesca (García Belmar / Bertomeu Sánchez 1999: 59–88). Muchos textos dieciochescos anteriores a Lavoisier se habían difundido en España. Si se consulta, por ejemplo, la biblioteca de la Universidad de Barcelona, donde se conserva una buena parte de los libros que estaban en la ciudad en el siglo XVIII, se puede comprobar cómo no escaseaban los textos de química de Macquer, Sthal, Priestley, Lemery, etc. (www.bib.ub.es). Es natural que en España se difundiera pronto la nueva química, pues había sido aprendida de los franceses. A la nomenclatura de Lavoisier se dedicaron pronto varios textos traducidos o adaptados del francés. La nueva nomenclatura cambiaba términos tradicionales y, sobre todo, señalaba las reglas para las nuevas denominaciones. La regularización de amplias zonas terminológicas en la lengua de la química exigió esfuerzos para imponerla, extenderla y divulgarla (Sala 2001). Por ello, tuvieron los ilustrados que adaptar la terminología francesa, bien utilizando el calco lingüístico, bien el préstamo. Seguir en los textos españoles la estela de la revolución terminológica química no es difícil: los nuevos términos químicos se destacan claramente en el discurso químico (Garriga 1996, 1997, 1998a, 1989b y Garriga *et al.* 2001). No puede chocar que el Diccionario Académico acepte ya en 1803 términos como *oxígeno* o *gas* y que en 1817 incluya *hidrógeno* y *ázoe,* por ejemplo (Garriga 1996–1997).

2.2. El discurso de la física teórica y experimental

El desarrollo de la terminología física, en cambio, fue muy diferente del de la química. Entre la física escolástica y la moderna, ambas en latín, las diferencias terminológicas eran mínimas, aunque existía una notable distancia conceptual. Además, la moderna exigía, sobre todo, su matematización (Ten 1990: 354–355). Aquí está la clave de los comentarios de muchos autores dieciochescos (Musschenbroek o Benito Bails, por ejemplo) que se sienten obligados a advertir a los lectores que no interpreten ciertos pasajes desde la óptica escolástica (Gutiérrez Cuadrado 2003: 24–28). Y todo ello, a pesar de que Newton (Newton 1724 *praefatio auctoris ad lectorem*) y sus discípulos habían trazado con claridad las fronteras entre la física moderna y la escolástica; pero las resistencias al cambio eran mucho mayores en la física que en la química.

La física moderna, difundida muchas veces bajo la denominación de experimental, podía escribirse en latín (Newton, Musschenbroek, etc.), pero frecuentemente se expresaba en vulgar. La fama de Nollet o de la Enciclopedia ligaba definitivamente la física experimental y las lenguas vulgares frente a la física escolástica y especulativa latina. Este emparejamiento probablemente no era cierto a principios del siglo XVIII, pero se acercaba mucho a la realidad a medida que pasaban los años, porque la mayor parte de los textos de *física experimental* se traducían del francés. En cambio, aunque los textos españoles de física teórica estaban muy influidos por los franceses, en muchos casos los préstamos parecen tomados de las lenguas sabias y no del francés. Sin embargo, esta apreciación debe desecharse, pues casi todos los términos son préstamos semánticos del francés, que pasan inadvertidos disfrazados de latinismos formales. O dicho de otro modo, nos encontramos ante préstamos latinos que el francés, como intermediario, transmite al español (Gutiérrez Cuadrado 2003: 24–25).

2.3. El discurso de las máquinas

El discurso técnico tradicional español sobre las máquinas —que había existido en el caso de barcos, arquitectura, ingenios hidráulicos o militares— se estanca en el tránsito del siglo XVII al siglo XVIII. Hacia 1670 un autor como Caramuel precisaba con su característico desparpajo al hablar de la arquitectura militar:

> Han escrito y escriben de esta materia, holandeses, franceses y italianos. Y como todos han procedido y proceden por ángulos ponen cánones dificultosos, que exceden la capacidad, y dotrina de los ingenieros prácticos (Caramuel 1678, vol. II: 69).

Unos años después Tosca —utilizo la edición de Mayans— al referirse a las cuestiones mecánicas distingue todavía entre los aspectos teóricos y los prácticos:

> [La mecánica trata del artificio de las máquinas, que en griego significaba invención ingeniosa]. Y esta es la causa porque sus máquinas se llaman ingenios y sus arquitectos ingenieros o ingeniarios. Yo le doy el nombre de maquinaria, para que le tenga diferente del que en nuestro vulgar idioma tienen las artes que no son liberales. Y assí digo que la maquinaria es una arte que enseña la fábrica de tales máquinas, que pueda con ellas cualquiera fuerza levantar y mover cualquiera peso (Tosca 1757, vol. III: 266).

El ilustre matemático pertenece a la escuela de novatores valencianos que no tuvo continuidad con las convulsiones dinásticas. Los redactores del Diccionario de Autoridades, que ejemplificaron a menudo términos facultativos con citas de Tosca, muestran que miran al siglo XVII. Sin embargo, después de Newton y del desarrollo de la matemática sublime, se extiende en Europa una física teórica y experimental —desgajada de las especulaciones filosóficas tradicionales— que influye en los nuevos discursos sobre las máquinas, como podemos comprobar en algunos ejemplos. El italiano Cesare Scaletta exalta en el proemio de su obra las máquinas, y afirma que de la física y las matemáticas "ne nasce una scienza, che mecanica o macchinaria vien detta" (Scaletta 1745: 1); ataca a los escolásticos y contrapone con orgullo el trabajo de los ingenieros a las tareas de la física especulativa escolástica:

> Che giova ad essi l'andar cercando se la materia possa stare spogliata di tutte le forme: se l'ubicazione possa replicarsi in più luoghi, se un corpo possa essere senza stare in alcun luogo, o tempo; se la privazione sia principio delle mutazioni naturali quando ella è gia partita, ovvero quando è ancora nel suo soggetto, e simili cose, che niente giovano alla cognizione degli effetti, cause, che ogni giorno si veggono nella natura? (Scaletta 1745: 1).

Para comprender, por tanto, los discursos sobre las máquinas hay que partir del momento cuando en Europa, a finales del siglo XVII, la física experimental y las matemáticas se alían y abren el camino para integrar teoría y práctica. Cada tratadista insistirá en sus discursos en una u otra perspectiva (física o matemática, teoría o práctica), pero exige una integración armónica. Musschenbroek, perteneciente a una familia holandesa que provee de aparatos de laboratorio a toda Europa, comenta: "Tous ces inventions sont le fruits de la physique" (Musschenbroek 1751, vol. I: 17). No puede extrañar, por tanto, que años más tarde dos de los ilustrados españoles más insignes insistan en estas cuestiones en sus obras. Uno de los textos claves de Jorge Juan se titula *Examen marítimo teórico práctico o tractado de mecánica aplicado a la construcción, conocimiento y manejo de los navíos y demás embarcaciones* (Madrid 1771). Sin embargo, es su discípulo Benito Bails el que insiste en diferentes momentos en la necesidad de combinar teoría y práctica para construir máquinas:

> Si todos los que se dedican a maquinistas juntasen con la honradez el tino que para esta profesión se requiere, y las noticias matemáticas y físicas que deben dirigirse, no habría motivo de hacer la pregunta. La desgracia está en que los que se meten a maquinistas, los unos no son matemáticos, y los otros no tienen instrucción ninguna (Bails 1790, vol. IV: XXXIII).

Opinión confirmada por la experiencia de Betancourt en las minas de Almadén, donde cálculos erróneos impedían que funcionasen las bombas:

> Cuando Betancourt se interesó en los procedimientos que se empleaban en Almadén para diseñar y construir bombas, el maestro del taller donde se fabricaban le dijo que las bombas eran unos duendes que sacaban agua cuando querían, y cuando no, no había diablos que las hiciesen (ir) adelante (González Tascón 1990: 496).

La necesidad de conjugar sólidos conocimientos teóricos y práctica apropiada servía de justificación a Salvá y Sanponts (1784) para presentar su máquina para agramar cáñamo. La renovación de las máquinas sólo podía hacerse con los nuevos planteamientos científicos del siglo XVIII. En la España de la ilustración los remedios para paliar la escasez de ciencia moderna fueron la importación de técnicos extranjeros, el espionaje industrial y el aprendizaje en el exterior, sobre todo en Francia e Inglaterra. La Corona se encargó muy directamente de controlar este plan de recuperación científica que, en cierta medida, militarizó la ciencia ilustrada peninsular. Conviene examinar en cada disciplina la nueva conceptualización para ver cómo se comportan los correspondientes textos españoles. Lo que es patente son las quejas de los ilustrados por la falta de terminología en español. Así lo manifiesta Benito Bails, en una disciplina con tradición como la arquitectura:

> El que reparare algún artículo que no concuerde con el Diccionario de la Real Academia Española, tenga presente que no definimos voces de la lengua común, sino testimonios de un arte (Bails 1802: *Prólogo*).

Aunque es cierto que las quejas por la falta de vocabulario especializado se encuentran también en otros especialistas, el discurso de las máquinas, sin embargo, tiene rasgos especiales. En primer lugar, parece distanciado, en este punto, de los problemas léxicos de la física teórica postnewtoniana, que parece no encontrar problemas especiales en adaptarse al español, y es natural, pues la física teórica depende mucho más de las lenguas sabias. Así, muchos de los ejemplos de Capmany pueden relacionarse con esta ciencia:

> Nada importa que muchas de estas voces derivadas de las lenguas sabias no se hallen en nuestros diccionarios castellanos. Tampoco se leen en ellos las de *simultaneidad, corporeydad, aerostático, vitrificación, vitrificar, ideología, estadística* (no estatística), porque nosotros debemos formarla de la palabra vulgar *estado*, y no de la latina *status*, como los franceses han hecho: y por esto, ¿debía yo omitirla en las correspondencias de *simultaneité...*? Son voces de la lengua docta, aunque no lo sean del diccionario. La necesidad las autoriza y la analogía las prohija, y españoliza (Capmany 1817: XXII).

La química también plantea menos problemas, porque está cambiando y los españoles se apuntan activamente al cambio. Las dificultades, en principio, se relacionan con los términos de máquinas, como observamos en el texto de Carbonell, que traduce a Chaptal:

> A primera vista parece fácil la traducción de unas materias, digamos mecánicas, comunes, ordinarias, en comparación de las sublimes, abstractas, filosóficas, que encantan el entendimiento, y roban el respeto de los estudiosos y sabios. Pero por desgracia no es así; porque las ciencias tienen un Vocabulario general, derivado del griego y del latín, que las han hecho comunicables e inteligibles entre todas las Naciones cultas; aunque la gramática de esta sea diversa, la lengua científica viene a ser una misma.
>
> Las Artes y Oficios, nacidos y criados en las rústicas aldeas, aunque después pulidos y perfeccionados en las Ciencias y en las Cortes, conservan la lengua vulgar de sus mecánicos padres, se resienten de su origen obscuro y retirado: así es su Diccionario tradicional, peculiar a cada Nación, y tal vez a cada Provincia, desconocido del resto de los hombres, y como misterioso para los que ponen las manos en ellos.
>
> Entre nuestros españoles, que no han dedicado sus plumas y sus observaciones a la descripción y enseñanza de las artes mecánicas, es más desconocido, misterioso, y recatado el idioma de ellas, retraído anda en los talleres y oficinas, y allí lo ha de buscar el sabio, para trasladarlo a los Diccionarios técnicos y facultativos, como lo han hecho los estrangeros (Chaptal 1816, vol. I: Aviso del editor).

Sin embargo, a la vez que los ilustrados se mostraban tan preocupados por las lenguas técnicas del español, intentaban paliar sus deficiencias con los textos extranjeros, sobre todo franceses, textos que traducían y adaptaban siguiendo unos principios relativamente coherentes y abiertos.

3. Adaptar la lengua

Los ilustrados se enfrentan al desafío de modernizar el discurso científico de la lengua española. Para ello elaboran un andamio teórico que les permita moverse con seguridad en sus decisiones. Capmany había saludado todo el dinamismo que había producido en la lengua la traducción, en la que, no puede olvidarse, la ciencia desempeñó un papel importante:

> Yo he notado que desde que en España se traduce bien, y se tratan nuevos asuntos, el idioma ha tomado un vuelo sublime, y ha recibido un nuevo lustre con el caudal de voces científicas, compuestas y naturales que ha adoptado de día en día" (*apud* Sempere y Guarinos 1785, vol. I: 142).

Examinar con profundidad todos sus planteamientos teóricos nos llevaría ahora demasiado lejos. Aunque se pierdan bastantes matices no despreciables, enumero y resumo las siguientes reglas de actuación que pueden deducirse de sus razonamientos: a) La lengua de la ciencia es universal, aunque se disfrace su pensamiento común con la particularidad de las expresiones nacionales de cada lengua concreta. b) Si en español no existe un término de la lengua de la ciencia, puede acuñarse uno nuevo acudiendo a las lenguas sabias, remedio de que han usado las lenguas europeas. Capmany insiste en ello en numerosas ocasiones (Capmany 1817: *Introducción*). c) Cuando en español falte un término científico, se puede tomar en préstamo de otra lengua. d) A veces se puede acudir a un préstamo, aunque parezca que el español tiene también términos para expresar la misma idea, porque los matices de cada término no son iguales o el término español no suena igual que el préstamo (Libes 1821: I). e) Siempre es necesario adaptar los préstamos al propio genio del español. f) Pueden ponerse nuevamente en circulación términos españoles que hayan caído en desuso. g) Cuando hay diversos términos españoles para los mismos conceptos, porque se han hecho diversas traducciones de los mismos o parecidos textos, deberán ponerse de acuerdo los eruditos para regular la proliferación terminológica y desterrar la confusión.

Estas reglas no planteaban graves problemas teóricos, al menos hasta principios del siglo XIX. Sin embargo, exponer unos principios teóricos es mucho más fácil que ponerlos en práctica. La realidad demuestra que muchas veces las traducciones se tienen que hacer con prisas; que algunos traductores son científicos reconocidos, pero otros dominan menos la especialidad del texto que traducen; que entre los traductores varían también los conocimientos lingüísticos; que las propias materias encierran dificultades diferentes. Por ello, no es de extrañar que se produzcan con frecuencia en los términos traducidos sinonimias, homonimias, decisiones razonadas, pero relativamente arbitrarias y, por último, que se eche mano de los galicismos, al haberse perdido a veces la tradición del término español. Sin embargo, me parece que la manera de enfrentarse a la terminología cambia radicalmente cuando desapareció de escena la generación de los ilustrados, al agotarse el primer tercio del siglo XIX. En efecto, la multiplicación de manuales en las escuelas de ingenieros y universidades, la presión de los textos franceses, la entrada de novedades con los folletos de divulgación industrial, etc., generaban dificultades lingüísticas, no tanto en los conceptos teóricos de física (*gravedad, inercia, afinidad, cohesión, fricción*, etc.) como en la terminología de las máquinas y aparatos. Tampoco planteaban graves problemas los neologismos químicos de reciente acuñación, que se veían como necesarios e inevitables.

4. Los préstamos en los discursos sobre las máquinas

Es comprensible que en los discursos que tratan de máquinas, traducidos de autores franceses, la terminología española estuviera muy influida por la lengua francesa. No sólo por las interferencias inconscientes, sino por el obligado apoyo que los traductores buscaban, sin duda, en el francés para completar su tarea. Por ello, casi todos los traductores, en muchos casos ilustres, se quejan de los huecos que han encontrado en el español y de los obligados galicismos que han debido introducir en su texto para conservar la expresión técnica. Sin embargo, si examinamos algunas traducciones importantes de finales del siglo XVIII y principios del siglo XIX, los préstamos formales del francés no son tan frecuentes ni destacan tanto como podría suponerse. Existen huellas evidentes del texto original en las traducciones, existen bastantes préstamos en una masa no despreciable de textos, pero la sensación que produce cada texto aislado es que el número de préstamos no es tan abultado. Probablemente, porque la generación de los científicos ilustrados que desaparece hacia 1830, como ya he comentado, comprendía perfectamente la interrelación de lengua y ciencia, y se sentía comprometida con ambas a la vez, pues no se había producido todavía la división posterior entre los dos ámbitos, el científico y el lingüístico (Gutiérrez Cuadrado 2004). Por ello, en los textos de este período abundan las soluciones del calco o del préstamo semántico. Por ello, también, las huellas de la lengua francesa, que no faltan, se perciben con más dificultad que en los textos de los años centrales y finales del siglo XIX, cuando el ritmo de la producción y divulgación textual impide a los traductores o redactores sopesar la utilización de los préstamos con la misma sutileza que utilizaban los ilustrados. Probablemente también influyó el distanciamiento entre el desarrollo académico y el industrial, fenómeno destacado certeramente por Sánchez Ron (1992). Examinemos algunos ejemplos.

4.1. La *Colección general de máquinas* (1773) de Miguel Suárez y Núñez

En 1773, Miguel Jerónimo Suárez, personaje relevante de la burocracia ilustrada, traduce un texto francés sobre máquinas. La organización textual, con esquemas, referencias geométricas, etc. es ya moderna. Es un texto, sin embargo, de divulgación, pues le faltan los cálculos matemáticos correspondientes, y todavía relativamente tradicional, pues las máquinas que describe utilizan normalmente fuerza hidráulica y, a veces, de sangre. En la sintaxis de Miguel Jerónimo aparecen, sin duda, interferencias más o menos francesas, pero los préstamos terminológicos del francés son escasos. Parece que en la expresión "molino a la polaca o polonesa" (1773: 67) podría descubrirse un galicismo en la forma *polonesa*. En efecto, *polaco* es general en el Siglo de Oro. En el *CORDE* se documenta en Alonso de Villegas en el siglo XVI y, en el XVII, en Gracián, Lope de Vega, Cervantes o diversos corresponsales anónimos jesuitas. También se documenta en el siglo XVIII, en Iriarte. En cambio, *polonés* o *polonesa* están escasamente representados, se refieren casi siempre a gorros o vestidos, y se documentan por primera vez bien avanzado el siglo XIX. Si consultamos los diccionarios de la Academia, confirman los datos del *CORDE*. Entra *polonés-a* por primera vez en la edición del Diccionario académico de 1869 y el lema remite a *polaco-a*. En el *DRAE* (1884) se admitirá, también, *polonesa* sust. con el significado de 'cierta prenda de vestir femenina'. En francés, *polonais-aise* era la forma tradicional. Así podrían descubrirse en el texto unos cuantos casos más, pero no creo que encierren especial interés. En cambio, sí merece la pena que nos fijemos en los siguientes pasajes:

> Los *resortes o muelles* T,T se introducen siempre en los escalones de... (1773: 42).
>
> La *cigüeña* queda siempre sobstenida por los dos *resortes o muelles*... (1773: 43).
>
> En el centro de la rueda O hay un *piñón*, que se encadena con el *rodage* colocado detrás de la plancha de cobre P. (1773: 61).
>
> Barritas de hierro o cobre unidas por medio de *charnelas* (1773: 131).
>
> Con su bálbula o *sopapo* en el asiento, que se abre luego que la cubeta entra en el agua (1773: 34).
>
> Brazos del valancín o volante (1773: 281).
>
> alternativamente, subirá el peso insensiblemente por lo largo del pie de gato hasta lo alto de la máquina (1773: 144).

En francés, *ressort* designaba desde antiguo 'una pieza de la cerradura que volvía a su primitivo estado después de haberse comprimido'. Después, aplicado a los coches (siglo XVII) el término pasa a designar el mecanismo que amortigua las sacudidas, sobre todo "un dispositif métallique en hélice" (*DHR*, s. v. *sortir*). En español la Academia admite *resorte* en la edición de 1803 del Diccionario, y remite a *muelle*. Por tanto, esta edición está describiendo la situación de unos años antes, cuando *resorte* empieza a competir con la forma tradicional *muelle*.

Esta situación es la que descubrimos también en el texto de Miguel Jerónimo, quien introduce el término francés *resorte*, pero se ve obligado a introducir el sinónimo tradicional español *muelle*. Sin embargo, *resorte* está bien documentado —según el *CORDE*— desde el siglo XVII. En efecto, en sentido metafórico lo utiliza Sor María Jesús de Ágreda, y así también lo emplean varios autores del siglo XVIII, Olavide, por ejemplo, en 1768. Antonio Ulloa, en 1748, al describir una planta y sus raíces se refiere claramente al sentido técnico del término. Por tanto, *resorte*, término francés, entra en los textos técnicos de los ilustrados con cierta fuerza, porque a finales del siglo XVIII no es totalmente ajeno en el español. Por ello, no parece desacertada la opinión de Baralt que reconoce sólo como galicismo el uso técnico o jurídico:

> Por lo demás, *resorte* (propiamente *muelle*, y también *la fuerza elástica de alguna cosa)* es vocablo francés introducido en nuestra lengua a mediados del siglo XVIII, o quizá más tarde. La primera edición del Diccionario de la Academia, no hace mención de él. (Baralt 1945: 612).

El *DCECH* proporciona alguna pista de los datos que nos ofrece el *CORDE*. En español se documenta un verbo *surtir* con diferentes acepciones en castellano y en algunos dialectos ('producir efecto', 'brotar', etc.). Sin embargo,

> [...] *surtir* no es en castellano palabra de antiguas raíces, mucho menos desde luego que en francés y aun en catalán, y el carácter de sus acs. castellanas, mucho más figurado y moral que material y propio, acaba de confirmar la probabilidad de que se haya tomado en préstamo, quizá en épocas diversas, de estos idiomas vecinos (*DCECH*, s. v. *surtir*).

Podemos, por consiguiente, concluir que las acepciones figuradas de *resorte* se emparentan con las del tradicional *surtir*, que facilitaría el empleo de *resorte*. Más tarde, la forma *resorte* (no muy usada, pero ya conocida en sentido metafórico) se recarga en el siglo XVIII con la acepción técnica procedente de los textos franceses. El testimonio de Miguel Jerónimo Suárez parece, en este sentido, claro. Años después, *resorte* se impondrá en la terminología física. Vieta, traductor de Antoine Libes, escribe:

> Es menester distinguir con cuidado dos especies de fuerzas en el choque de los cuerpos elásticos; una que es independiente de la elasticidad, y que en el cuerpo chocado la llamaremos movimiento comunicado; otra que nace de la elasticidad a que se llamará *resorte* o elaterio (Libes 1821: 29).

En los otros pasajes seleccionados de Suárez destaca el empleo de *piñón*. Como 'simiente del pino' era de sobra conocido en el español, como puede comprobarse en Autoridades, pero la acepción relacionada con las máquinas no se recoge hasta la edición del *DRAE* de 1884: "Rueda pequeña que engrana con otra mayor en una máquina". En el *CORDE* la primera documentación de esta acepción es de Juan de Molinas (1885). Parece patente que también son los textos ilustrados los encargados de difundir la acepción de *piñón* como 'rueda pequeña que engrana con otras mayores'. Debió de ser fácil, pues la forma *piñón,* además de la acepción 'simiente...', se empleaba también en una acepción mecánica, recogida ya en Autoridades, referida al mundo de los relojes: "pieza pequeña estriada, que moviéndose hiere en los dientes de otra mayor y la hace mover". No parece difícil, por tanto, suponer que *piñón* sea galicismo semántico difundido en las traducciones francesas. El francés *pignon* en la acepción de 'rueda dentada', según *DHR*, s. v. *peigne,* está documentado desde la Edad Media: "d'abord paignon (XIIIè s.), nom donné à la roue dentée".

Rodage en el sentido de 'conjunto de ruedas' se documenta por primera vez en el *DRAE* (1803): "el conjunto de varias ruedas, como el rodaje de un relox, coche, etc.". Se emplea en el mismo sentido que el francés *rouage* (*DHR*, s. v. *roue*), 'ensemble des roues d'un véhicule ou d'une machine' (v. 1536).

De *charnela* escribe Autoridades: "Bisagra compuesta de varios goznes. Es voz francesa introducida sin necessidad". Sin embargo, en la edición de 1780 ya se documenta: "pieza de metal, compuesta de varios goznes, que sirven para que tengan juego y movimiento algunas cosas, como la caxa y la hebilla". En este sentido utiliza Suárez el término. El cambio en las ediciones del Diccionario de la Academia obedeció, sin duda, a la utilización que se hacía en los diversos textos de máquinas. "unas charnelas para sujetar en ella las planchitas dentadas" (Libes 1821: 35).

Sopapo se documenta en Autoridades, pero con la acepción de 'tapón': "Se llama el tapón movible, que se pone en las máchinas hydráulicas para que impida salir el agua, que van recibiendo. Lat. Valvula". El *DRAE* (1822) utiliza el definidor 'válvula' en la definición de *sopapo*: "La válvula que se pone en las máquinas hidráulicas para que impida salir el agua que va recibiendo". En francés se usaba *soupape* y *valvule* (en principio en sentido anatómico), como indica el *DHR*, s. vs. También Terreros (1786–1793) incluye ambos lemas. Está claro, sin embargo, que en español el término *sopapo* ('válvula') está escasamente documentado antes de finales del siglo XVIII. Lo curioso es que, en general, en el momento en que los ilustrados empiezan a frecuentar directamente los textos franceses prefieren apartarse del término *sopapo* y generalizan *válvula*, aunque se pueda documentar alguna vez *sopapo.*

Balancín es forma tradicional del español bien representada en el Diccionario Académico desde Autoridades, pero la acepción que aparece en el texto de Suárez, junto a *volante*, se relaciona con los mecanismos de movimiento, y parece acercarse a la acepción futura de *balancín* que se difunde en las máquinas de vapor a finales del siglo XVIII, como comprobaremos en Sanponts. En efecto, en Autoridades (s. v.) se recogen acepciones de *balancín* referidas a los carros, o al instrumento que usan los volatineros o al cordaje para controlar la antena del navío. La acepción referida al mecanismo de transmisión del movimiento en las máquinas de vapor entra en el *DRAE* (1899): "Barra fuerte e inflexible que puede moverse alrededor de un eje y se emplea en las máquinas de vapor como órgano intermedio, para transformar un movimiento alternativo rectilíneo en otro circular continuo". Según, el *DHR*, s. v. *balance, balancier*: "(1590) désigne concrètement une pièce mue par un mouvement de va-et-vient régulier, et qui transmet un mouvement, une force". Parece que las acepciones relacionadas con las máquinas están, por tanto, más afincadas en francés que en español. Por otro lado, como comprobaremos enseguida, los primeros textos referidos a las máquinas de vapor parecen relacionarse con el francés.

Al lado de las formas anteriores, que denuncian la presencia de un texto francés, Miguel Jerónimo Suárez utiliza formas tradicionales castellanas, que no es el momento de comentar, como "garabato o gancho en figura de pie de ciervo" (1773: 54). Por otro lado, en los ejemplos que hemos seleccionado de Suárez aparece la construcción *pie de gato,* con el significado de 'gato, máquina para levantar pesos'. No dispongo actualmente de documentación para añadir más precisiones. En los textos posteriores podemos documentar en el mismo sentido *gato* y *cric.*

4.2. Los *Elementos de física teórica y experimental* (1789) de Sigaud de la Fond

En 1789 se edita la traducción de un autor de éxito, Sigaud de la Fond. Por razones de espacio me fijaré sólo en algunas notas del traductor, Tadeo Lope, incluidas en el tomo VI.

En primer lugar, puede distinguirse, si no es muy arriesgado establecer semejante conclusión con tan pocos datos, una tradición. En efecto, Tadeo Lope emplea un término como *resorte* (Sigaud de La Font 1789: 131), ya empleado por Jerónimo Suárez. Por otro lado, parece preferir *válvula* a *sopapo*, decisión que será general en textos posteriores ("la hace comprimir continuamente sobre la *válbula*") (1789: 131).

En segundo lugar, Tadeo Lope acepta algunos préstamos que tendrán cierto éxito. En Miguel Jerónimo Suárez se documenta *pie de gato* ("*pie de gato* circular o máquina para atraher peso considerable"; 1789: 141), que se generaliza como *gato* en los textos posteriores. Tadeo Lope, en cambio, prefiere el préstamo francés *cric* ("el émbolo se mueve por un *crik* fijado a la parte inferior de la bomba"; 1789: 129), que competirá hasta nuestros días con *gato*, aunque, quizá, con éxito escaso, pues *gato* es más general actualmente. *Cric* entra en el *DRAE* (1884) y se define como "gato 6ª acepción". Ambos términos se documentan en diversos manuales de física del siglo XIX. Así, por ejemplo: "El *cric* o gato se compone de una barra metálica dentada por uno de sus lados" (González Valledor / Chávarri 1863: 52). En el texto de Sigaud de la Fond se documenta también la forma tradicional *émbolo,* que aparecía también en Miguel Jerónimo Suárez, y que se generalizará entre los tratadistas de física durante buena parte del siglo XIX. Autoridades ya definía el término (s. v.) como "Voz mathemática. La parte movible de la bomba que la hace jugar". En tercer lugar, Tadeo Lope introduce un neologismo que no tendrá éxito, el préstamo semántico *carnero*:

> El *carnero*, llamado de otro modo *campana*, atentido el uso de esta máquina importante, se compone de un gran trozo de madera con aros de hierro o tal vez de una masa de hierro, que sube y baja libremente entre dos pies derechos paralelamente elevados uno a otro, y ensamblados entre sí por trabiesas y abrazaderas. En la cabeza del carnero están atadas dos cuerdas, que pasan por la circunferencia de dos poleas fijas, establecidas en la parte superior del andamio [con otras que pueden sujetar varios obreros]. Estos agarran las últimas cuerdas para levantar el carnero y lo dejan caer de la altura a que lo han levantado, sobre la cabeza del pilotín que quieren hincar (Sigaud de la Fond 1789: 102–103).

En español *carnero* tenía la acepción de 'ariete' para derribar muros. En francés, además (*DHR* s. v. *bélier*) se documenta esta acepción referida a máquinas para clavar *pilotes*, término, también, probablemente francés (*DCECH*, s. v. pila II). "Par analogie d'utilisation avec la machine de guerre bélier désigne une pièce servant à enfoncer les pieux (1660) et bélier hydraulique (1797–1798), une Machine servant à élever l'eau". En español la máquina hidráulica se llama *ariete hidráulico*, y la máquina de guerra, *ariete* o *carnero*, pero no aparece documentación de *carnero* como máquina de clavar pilotes. En el *CORDE* encontramos diversa documentación del Siglo de Oro sobre la acepción 'máquina de guerra', pero ninguna huella de la otra acepción:

> La máquina llamada ariete, que quiere dezir *carnero*, se aplicava, assí mismo, al combatir las fortalezas y derribar las murallas; llamáronla de este nombre y aun diéronle

> la figura y forma de aquel animal por el effecto que con ella se hazía y modo como se exercitava, porque, assí como el carnero con los duros cuernos combate con otros animales y, para de nuevo y con mayor ímpetu arremeter, torna atrás, assí mismo se hazía con esta máquina y con la traba aretina que dentro de sí llevava (Luis Collado 1592).

En Autoridades: "Máchina militar, que se usó en lo antiguo para batir los muros y lo mismo que ariete. Díxose assí por la figura de la cabeza de carnero". En *DRAE* (1803): "Máquina militar, lo mismo que ariete". En este mismo Diccionario, se define *ariete*: "Máquina militar de que usaban antiguamente para batir las murallas de las ciudades". Por fin, el *DRAE* (1817) marca *carnero* como anticuado: "ant. Máquina militar, lo mismo que ariete". Ni rastro, por tanto, de la máquina de clavar estacas, acepción normal en francés en el siglo XVIII, como indica el *DHR* s. v. *bélier*. Por consiguiente, esta elección de Tadeo Lope no tiene éxito, aunque sí lo tendrá *pilotín* (*pilote*) que parece también préstamo francés, como he indicado.

4.3. La *Noticia de una nueva bomba de fuego* (1805) de F. Sanponts

F. Sanponts, científico y médico ilustrado catalán (Agustí i Cullell 1983: 73–103) deja en torno a 1805 un manuscrito importantísimo, "Noticia de una nueva bomba de fuego", editado cuidadosamente por Agustí i Cullell (1983: 141–183). Sanponts estaba en contacto con científicos franceses y españoles, y había contado con los textos de Prony para redactar su memoria (Agustí i Cullell 1983: 104–125). La presencia de la lengua francesa aparece, además, explícitamente en un pasaje de su *Noticia*, que cito exactamente: "[...] tienen por conveniente prescribir reglas que sirven de gobierno para clasificar metódicamente en la memoria las funciones de estas válvulas *pour classer commodement dans l'esprit les funtions de ces differentes soupapes*" (Agustí i Cullell 1983: 148). Sin embargo, en vano se buscará en sus páginas un diluvio de préstamos franceses. Persona experimentada en el mundo de las máquinas, sigue, sin duda, la tradición ilustrada. Acepta los préstamos necesarios, pero, a pesar de algunas construcciones más o menos influidas por el francés, se descubre en Sanponts un esfuerzo indudable por emplear la terminología justa, por adaptar la terminología francesa con calcos, por traducir de una manera apropiada. Esta labor lingüística de Sanponts hay que valorarla especialmente, porque en muchos apuntes del ilustre médico se comprueba, además, que se expresaba espontáneamente en catalán. En líneas generales, la lectura del texto de Sanponts nos revela:

a) Que sigue la tradición terminológica que los ilustrados van instaurando lentamente. Como otros autores que hemos citado, emplea sistemáticamente, *piñón, émbolo, válvula, charnela y balancín.*

b) Utiliza otros términos que triunfarán en textos posteriores relacionados con las máquinas: *engranaje, engranar*, entre otros. En el siglo XIX Baralt critica este galicismo:

> "Veo a un gran ministro estudiando el complicado mecanismo de las sociedades, armonizando la acción parcial de sus ruedas, facilitando el mutuo engrenaje de todas ellas", leo en un escrito moderno.
>
> ¿Qué habría perdido esta frase si el vocablo francés *engrenage* (ininteligible para la generalidad e los lectores) se hubiera sustituido uno de los españoes encaje, engargante? Si hemos de adoptar engrenaje, ¿por qué no también a engrenuere, término francés de relojería que vale el dentado de una rueda destinada a entrar en los puntos o dientes de otra. Otros dicen engranaje en vez de engrenaje. Todo es uno, y está muy mal dicho; pues grano no significa en español diente de rueda, ni engranar vale tampoco engargantar, esto es, encajar los dientes de una rueda en los de otra. Hubiérase dicho dentaje en lugar de engrenaje, y lo daría por bien hecho... (Baralt 1945: 266–267).

Sin embargo, *engranaje* es un elemento terminológico fundamental de las máquinas, sobre todo de las modernas. Suárez había usado, todavía, *encadenar*: "Esta rueda que se mueve orizontalmente *encadena* y hace dar bueltas a la rueda NO sobre la qual está afirmada la clavija P de la figura 4" (Suárez 1773: 20–21). En francés, en cambio, *engrenage* y *engrener* eran generales desde el siglo XVIII (*DHR*, s. v. *grain*). En el Diccionario de la Academia entrarán ambas formas, *engranar* y *engranaje*, en la edición de 1869, pero son generales en los textos técnicos del XIX. Así, por ejemplo, "el piñón L *engrana* en la rueda F" (Delaunay 1867: 80); "posee dos tornos de *engranaje* completamente iguales" (Delaunay 1867: 82–83); "*engranar* en las ruedas" (González Valledor / Chávarri 1863: 51); "los dientes de la palanca *engraman* [sic]" (Montells Nadal 1849: 68). Este último ejemplo parece una errata, pues ni el *DRAE* ni el *CORDE* lo registran.

c) Sanponts utiliza algunos galicismos menos chocantes, como *rotatorio*. En efecto, "movimiento rotatorio" (Agustí i Cullell 1983: 175) parece deudor de fr. *rotatoire* (*DHR* s. v. *rotation*): "*rotatoire* adj. (1746), qualifiant ce qui constitue une rotation et spécialement, en physique et chimie, le pouvoir qu'ont certaines substances de faire tourner le plan de polarisation". *Balancín*, que ya aparece en Autoridades, se utiliza también con una acepción nueva que no será recogida, como he comentado, hasta el *DRAE* (1899).

d) Desde el punto de vista terminológico, sin embargo, lo más interesante del texto de Sanponts son las vacilaciones que nos revelan sus intentos de encontrar en la redacción de su *Nota* la terminología española apropiada para el nuevo mundo de las máquinas de vapor. Sanponts estaba en contacto con los ilustrados españoles y familiarizado con la terminología francesa. Por ello, ciertas vacilaciones en contextos similares pueden interpretarse, probablemente, como intentos de encontrar la expresión ajustada en zonas terminológicas entonces todavía sin codificar exactamente. Así nos lo muestran los siguientes ejemplos: el *vástago* del émbolo se denomina a veces *espiga*, casi siempre *vara*. Las distintas *válvulas* reciben también nombres diferentes según su función. Algunos términos se fijan, como *válvula de seguridad* (Agustí i Cullell 1983: 160), pero otros muestran, sencillamente, este esfuerzo de adaptación a las nuevas realidades: "mantener levantada en la ocasión precisa la [válvula] que se llama *rechinante* para dar salida al ayre atmosférico" (Agustí i Cullell 1983: 148). Huellas del texto francés asoman también en las diversas expresiones de Sanponts, cuando se refiere a "estremecimientos violentos", "choques violentos" con el sentido actual de "sacudidas violentas".

El texto de Sanponts nos muestra también una serie de elecciones lingüísticas que se extienden, años más tarde en el mundo de las máquinas de vapor: *regulador, registro* (*DRAE* 1925), *corredera* (*DRAE* 1899), *bombas de doble efecto*, etc. (Villar Rey 2001: *Vocabulario*). Es evidente que las decisiones de Sanponts no eran personales o arbitrarias. Se mueve en el ambiente ilustrado en el que el intercambio científico está también pendiente de la formulación lingüística.

5. Perspectivas del siglo XIX

Si mis planteamientos no son desacertados, hemos de suponer que el interés que mostró por la lengua esta generación de científicos ilustrados disminuyó a lo largo del siglo XIX. Las presiones por la traducción y la menor formación influyeron en que los textos se adaptaran con menos finura lingüística. Esto se puede mostrar con algún ejemplo, porque, de otra manera, sería necesario examinar cada campo técnico concreto para justificar afirmaciones tan tajantes. En realidad, diversos trabajos sobre algunos campos concretos nos enseñan que existen algunos autores que se preocupan por los problemas lingüísticos al lado de otros mucho menos interesados por la lengua. Tres ejemplos ayudarán a precisar esta opinión:

a) En el siglo XIX siguen entrando en diversos textos técnicos préstamos franceses necesarios, bien filtrados. Es el caso, por ejemplo, de *cremallera*, 'cierto tipo de engranaje', que desde los textos relacionados con la maquinaria se impone con claridad. El *DRAE* (2001) ofrece los siguientes datos: "Cremallera (Del fr. Crémaillère) f. Barra metálica con dientes en uno de sus cantos, para engranar con un piñón y convertir un movimiento circular en rectilíneo o viceversa". En el Diccionario Académico se documenta por primera vez en 1884. De este mismo año recoge el *CORDE* documentación ("el engranaje del cilindro con la *cremallera* ha de estar en un término medio") en el *Tratado de tipografía* de José Giráldez. Se incluyen también varios ejemplos de 1885 de los textos de José Molinas. En efecto, *cremallera* se había generalizado desde algunas traducciones francesas. Así, por ejemplo, el texto de mecánica de Delaunay (1867: 73) introduce la denominación de *cremallera* explícitamente: "En muchos casos engrana una barra dentada con una rueda provista de dientes, fig. 90, de suerte que marcha ésta en el sentido de la longitud al girar aquella, denominándose *cremallera* la barra dentada a la cual nos contraemos".

Parecidas indicaciones podrían reunirse para *biela*, término que entra en el *DRAE* (1936). *Biela*, componente fundamental de las máquinas de vapor (Villar Rey 2001: 482–483) no tenía competidores claramente precisos, pues *barra* o *palanca* se empleaban también en otras acepciones. En el mundo de los barcos se documenta desde 1850 y en el *CORDE* aparecen ejemplos desde 1856. En Delaunay podemos leer: "Las ruedas reunidas por medio de estas *bielas* se designan con la denominación de ruedas acopladas" (Delaunay 1867: 2296). El *DCECH* afirma sin ninguna duda: "*Biela*, del fr. *Bielle* id., de origen desconocido. 1ª doc.: 1858".

b) Más discutible es la situación de *pivote* o *cojinete*. Ambos términos, que entran desde los textos de las máquinas, sustituyen a antiguas denominaciones. En el caso de los barcos, por ejemplo, *cojinete* (documentado desde 1852 en adelante) compite con *chumacera* (Villar Rey 2001: 330). En el campo ferroviario, sin embargo, predominan las acepciones y los usos de *cojinete* (Rodríguez Ortiz 1966: *Vocabulario*). En el Diccionario de la Academia se documenta desde 1817, con la acepción de 'diminutivo de cojín', pero sólo en 1869 aparecen acepciones relacionadas con las máquinas. En el *CORDE* los ejemplos se documentan desde 1856. El *DCECH*, s. v. *cojín*, lo considera galicismo y cita a Terreros (1786–1793). Desde luego la forma *cojinete* aparece ya en Terreros (1786–1793), pero, como bien puede suponerse, sin las acepciones referentes a las diversas piezas de algunas máquinas.

c) Por fin, dos términos bien asentados, que hasta principios del siglo XIX aparecían en todos los textos de mecánica, empiezan a soportar la competencia de los competidores franceses a lo largo del siglo XIX, aunque todavía conviven actualmente los términos tradicionales (*émbolo* y *manubrio)* y los préstamos (*pistón* y *manivela*).

Émbolo pertenecía al mundo de las máquinas hidráulicas. Como ya he indicado, se documenta en Autoridades ('parte movible de la bomba que la hace jugar') y en los textos de Sigaud de la Fond y de Suárez. Este último escribe:

> La aplicación de las palancas es mejor en esta que en las otras, porque estando aquí opuestas, mantienen siempre el émbolo paralelo con poca diferencia al cuerpo de la bomba, y esto suprime mucho más la frotación obliqua del émbolo contra la pared interior de la bomba (Suárez 1773: 159).

Así lo emplea también Sanponts, sistemáticamente: "La construcción del émbolo no es indiferente en las máquinas de doble efecto" (Sanponts 1805: 165). Este es el término que se lee en varios textos de física del siglo XIX: en Despretz (1844, vol. I: 350 y ss.); en Montells Nadal (1849: 115); en Delaunay (1867: 513 y ss.), etc. Sin embargo, ya en el *DRAE* (1843) se puede leer s. v. *pistón*: "Émbolo de bomba". Esta es la misma lección del *DRAE* (2001): "(Del fr. piston). 1. m. émbolo". En el *CORDE* se documenta en 1817, "vara del pistón" en el texto de M. M. Mármol sobre los barcos de vapor; luego, ya en 1893, aparecen más ejemplos referidos a las máquinas hidráulicas. En los textos de física del siglo XIX, que he citado antes, no se documenta normalmente *pistón*, pero debía ser conocido el término, pues en relación con una bomba de fuego para sacar agua un informe de 1773 incluye "cinco pistones" (Piñera y Rivas 1992: 543). Ya en 1910 escribe Sanjurjo (*CORDE*) "émbolo o pistón". El *DCECH* señala que procede del francés. En efecto, el *DHR* cita explícitamente, s. v., el *piston* de una máquina de vapor.

Un término tradicional, respetado por todos los ilustrados (Suárez, Bails, Sanponts, etc, y gran parte de los textos del siglo XIX) es *manubrio*. En el siglo XVIII competían con este término *manigueta* y *cigüeña*, como se puede comprobar en los siguientes ejemplos: "en cuyo árbol está adaptada la *manigueta* o *cigüeña*" (Suárez 1773: 167); "obra la potencia por una *cigüeña*", "da vueltas por medio de la *cigüeña*" (Bails 1790, vol. IV: 422). En el *CORDE* sólo aparecen dos casos de *manigueta*, uno del siglo XIX y otro del siglo XX. *Cigüeña* en su acepción mecánica también pierde terreno en el siglo XIX, aunque el significado mecánico se documente ya en Autoridades: "(Del lat. *Ciconia*) 3. f.

Codo que tienen los tornos y otros instrumentos y máquinas en la prolongación del eje, por cuyo medio se les da con la mano movimiento rotatorio". Al menos en los tratados de física del siglo XIX que manejamos suele aparecer sistemáticamente *manubrio*. Sólo en un manual tardío se documenta *manivela*: "La biela H, con el extremo opuesto del balancín y con la manivela del árbol q. Estas dos barras transforman el movimiento rectilíneo del émbolo en giratorio" (Feliu Pérez 1889: 266). En una traducción del alemán, Enrique Buelta emplea otro ejemplo de *manivela*: "[Las ventajas del cañón cargado por la culata y construido en Liverpool son su rapidez y sencillez], haciendo girar dicho cuerpo por medio de la manivela H el espacio de media circunferencia, viene a situarse su parte maciza delante del extremo del ánima" (Rurzky 1864: 139). En el *CORDE* se documenta *manivela* desde 1856. En la actualidad *manubrio* está en desventaja con *manivela*. Según la Real Academia, *manubrio* es preferible, pero parece una batalla perdida. En efecto, en Google las páginas con alguna mención de *manivela* ascienden a cerca de 7000. En ellas predominan dos tipos de acepciones: las eróticas, que no nos interesan en este caso, y las mecánicas. Abundan las páginas de centros de enseñanza con esquemas animados en los que puede comprobarse el perfecto funcionamiento del mecanismo *biela-manivela.* Las acepciones de *manubrio,* en cambio, se refieren casi siempre al *manillar* de la bicicleta en Hispanoamérica o, en algún caso, a la *manija* o *manilla* de los cristales de las ventanillas de los coches. La ventaja actual de *manivela*, inapelable en el campo de la mecánica, es el producto de una competencia sorda que empezó a mediados del siglo XIX. A finales del mismo siglo competían ambos términos, pero en las primera mitad era general *manubrio,* que alternaba en algunas ocasiones con *cigüeña* y, en escasa medida, con *manigueta.*

6. Reflexiones finales

He intentado mostrar en los ejemplos que he repasado en las páginas anteriores cómo, sin duda ninguna, la lengua de las máquinas de los textos españoles vive en la atmósfera que le proporcionan los textos franceses. El número de préstamos totales tomados del francés es elevado, aunque sólo me haya fijado en algunos casos concretos. Ahora bien, examinando texto por texto, los préstamos no resultan especialmente chocantes por su abundancia. Probablemente (como he repetido, no deja de ser una suposición que deberá comprobarse poco a poco con más análisis) la preocupación de los ilustrados por la lengua es la responsable de que muchos elementos relacionados con las máquinas de la primera revolución industrial se hayan nombrado con especial cuidado. Quizá ello explica, también, que la elección de préstamos a partir de la segunda mitad del siglo XIX sea más general y menos refinada que a principios de siglo.

Bibliografía

Agustí i Cullell, J. (1983). *Ciència i tècnica a Catalunya en el segle XVIII o la introducció de la màquina de vapor.* Barcelona: Institut d'Estudis Catalans, Arxius de la secció de ciències.

Autoridades = *Diccionario de Autoriadades* en http://www.rae.es

Bails, B. (1770–1804). *Elementos de matemática.* 11 volúmenes. Madrid: J. Ybarra.

Bails, B. (1802). *Diccionario de Arquitectura Civil.* 2ª edición. Madrid: Viuda de Ibarra.

Baralt, R. Mª. (1945). *Diccionario de Galicismos.* 1ª edición argentina. Buenos Aires: Juan Gil editor. (Original: Madrid, 1855).

Capmany, A. de (1817). *Nuevo Diccionario francés-español.* 2ª edición. Madrid: Imprenta de Sancha.

Capmany, A. de (1825). *Arte de traducir el idioma francés al castellano, con el vocabulario lógico y figurado de la frase comparada de ambas lenguas,* corregido y arreglado en esta nueva edición a la actual ortografía española y francesa. Barcelona: J. Mayol.

Caramuel, J. (1678). *Architectura civil recta y obliqua.* Vegeven: Emprenta obispal por Camillo Corrado.

Chaptal, M. J. A. (1816–1821). *Química aplicada a las artes.* Traducida del francés en castellano por el doctor D. Francisco Carbonell y Bravo. 3 vols. Barcelona: Imprenta del Brusi.

CORDE = *Corpus Diacrónico del Español* en http://www.rae.es

DCECH = Corominas, J.; Pascual, J. A. (1980–1991). *Diccionario Crítico Etimológico Castellano e Hispánico.* 6 vols. Madrid: Gredos.

DHR = Rey, A. (dir.) (1992). *Dictionnaire Historique de la Langue Française.* 2 vols. Paris: Le Robert.

DRAE = Real Academia Española. *Diccionario de la lengua española.* (Las diferentes ediciones citadas como *DRAE* (1803), etc., pueden consultarse en http://www.rae.es).

Delaunay, M. Ch. (1867). *Curso Elemental de Mecánica,* traducido por José Canalejas y Casas. Madrid: Carlos Bailly-Bailliere.

Despretz, M. (1844). *Tratado completo de física escrito en francés.* 3ª edición. Traducido por Francisco Álvarez. Madrid: Librería de la Señora Viuda e Hijos de Calleja.

Feliu Pérez, B. (1889). *Curso elemental de física experimental y aplicada.* Barcelona: Imprenta de Pedro Ortega.

García Belmar, A.; Bertomeu Sánchez, J. R. (1999). *Nombrar la materia. Una introducción histórica a la terminología química.* Barcelona: Ediciones del Serbal.

García Simón, A. (1999). *Castilla y León según la visión de los viajeros extranjeros (s. XV–XIX).* Valladolid: Junta de Castilla y León, Consejería de Educación y Cultura.

Garriga, C. (1996): "Apuntes sobre la incorporación del léxico de la química al español: la influencia de Lavoisier". En *Documents pour l'histoire du français langue étrangère ou seconde* 18. 419–435.

—. (1996–1997). "Penetración del léxico químico en el *DRAE*: la edición de 1817". *Revista de Lexicografía* 3. 59–80.

—. (1997). "La recepción de la *Nueva nomenclatura química* en español". *Grenzgänge* 8. 33–48.

—. (1998a). "Química, enseñanza y divulgación de la terminología: las *Lecciones de química teórica y práctica* de Morveau, Maret y Durande". En Brumme, J. (ed.) (1998). *La historia de los lenguajes iberorrománicos de especialidad (siglos XVII–XIX); soluciones para el presente.* Barcelona: UPF/IULA. 163–174.

—. (1998b). "Luis Proust y la consolidación de la terminología química en español". En García, J. L.; Moreno, J. M.; Ruiz, G. (eds.). *VI Congreso de la Sociedad Española de Historia de las Ciencias y de las Técnicas.* Segovia: Junta de Castilla y León. 691–699.

Garriga, C. *et al.* (2001). "Proyecto: la formación de la terminología química en español". En Brumme, J. (ed.) (2001). *La historia de los lenguajes iberorrománicos de especialidad: la divulgación de la ciencia.* Barcelona: UPF/IULA; Frankfurt am Main: Vervuert; Madrid: Iberoamericana. 105–117.

González Tascón, I. (1990). "La ingeniería hidráulica durante la ilustración". En Fernández Pérez, J.; González Tascón, I. (eds.). (1990). *Ciencia, técnica y estado en la España ilustrada.* Zaragoza: Ministerio de Educación y Ciencia, Secretaría de Estado de Universidades e Investigación. 481–498.

González Valledor, V.; Chávarri, J. (1863). *Programa de un curso elemental de física y nociones de química.* Madrid: Imprenta del Colegio de Sordomudos y Ciegos.

Gutiérrez Cuadrado, J. (1989). "El latín sustituido por el castellano en la universidad española (siglos XVIII–XIX)" en M. Ariza; A. Salvador; A. Viudas (eds.) (1989) *Actas del I Congreso Internacional de Historia de la Lengua española* (Cáceres, 1987). Madrid: Arco/Libros. 1205–1213.

—. (2003). "Cómo interpretar la *pesadez* en los diccionarios españoles". En *Actes del I Symposium Internacional de Lexicografía.* Barcelona: UPF/IULA. 15–40 (en prensa).

—. (2004). "Lubricación y rozamiento". En *Homenaje al Prof. Manuel Alvar.* Zaragoza: Institución Fernando El Católico (en prensa).

Haßler, G. (1998). "La búsqueda de una lengua para la comunicación científica en las academias europeas (siglos XVII–XIX)". En Brumme, J. (ed.) (1998). *Actes del col·loqui. La història dels llenguatges iberoromànics d'especialitat (segles XVII–XIX): solucions per al present.* Barcelona: UPF/IULA. 67–87.

Juan, J. (1771). *Examen marítimo theórico práctico o tractado de mechánica aplicado a la construcción, conocimiento y manejo de los navíos y demás embarcaciones.* Madrid: Francisco Manuel de Mena.

Jo Nye, M. (1993). *From Chemical Philosophy to Theoretical Chemistry.* Berkeley: University of California.

Lavoisier, A. L. (1798). *Tratado elemental de química presentado baxo nuevo orden, conforme a los descubrimientos modernos, con láminas*, traducido al castellano por Juan Manuel Munárriz. 2 vols. Madrid: Pedro Julián Pereyra.

Libes, A. (1821). *Tratado de física completo y elemental, presentado bajo un nuevo orden con los descubrimientos modernos*, 2ª ed. aumentada por el traductor D. Pedro Vieta. Vol. I. Barcelona: Antonio Brussi (original francés de 1813).

Martínez Alcalde, M. J. (1992). *Las ideas lingüísticas de Gregorio Mayans.* Valencia: Publicaciones del Ayuntamiento de Oliva.

Michaelis, J. D. (1762). *De l'influence des opinions sur le langage et du langage sur les opinions*. Stuttgart: Frommann Verlag (facsímil de 1974).

Montells Nadal, F. de P. (1849). *Compendio de física experimental y algunas nociones de química*. Granada: Imprenta de D. Miguel Benavides.

Musschenbroek, P. van. (1751). *Essai de Physique*. Leyden: Samuel Luchtmans.

Navarro Mallebrera, R.; Navarro Escolano, A. M. (1987). *La Biblioteca de Jorge Juan*. Alicante: Caja de Ahorros Provincial de Alicante / Instituto de Estudios Juan Gil Albert.

Newton, I. (1724). *Philosophiae Naturalis Principia Mathematica, editio ultima*. Amstaelodami: Sumptibus Societatis.

Peset, M.; Peset, J. L. (1975). Gregorio *Mayans y la Reforma Universitaria*. Valencia: Publicaciones del Ayuntamiento de Oliva.

Piñera y Rivas, A. de la. (1992). "Los diques de carenar del arsenal de Cartagena en el siglo XVIII". En Fernández Pérez, J. y González Tascón, I. (eds.). (1992). *Ciencia, técnica y estado en la España ilustrada*. Zaragoza: Ministerio de Educación y Ciencia, Secretaría de Estado de Universidades e Investigación. 517–546.

Rodríguez Ortiz, F. (1996). *Introducción y desarrollo del léxico del ferrocarril en la lengua española*. Barcelona: Universidad de Barcelona. Tesis doctoral.

Rurzky, A. (1864). *Teoría y construcción de los cañones rayados*, traducido del alemán por Enrique Buelta, capitán de artillería. Paris / Liège: Noblet & Baudry.

Sala, L. (2001). "La sinonimia en el vocabulario de la química del siglo XIX". En Brumme, J. (ed.) (2001). *II Col·loqui Internacional d'història dels llenguatges d'especialitat: la divulgació de la ciència*. Barcelona: UPF/IULA; Frankfurt am Main: Vervuert; Madrid: Iberoamericana. 119–129.

Salvá y Campillo, F.; Sanponts y Roca, F. (1784). *Disertación sobre la explicación y uso de una nueva máquina para agramar cáñamos y linos*. Madrid: Imprenta Real.

Sánchez Ron, A. (1992). "Las ciencias físico-matemáticas en la España del siglo XIX". En López Piñero, J. M. (ed.) (1992). *La ciencia en la España del siglo XIX*. Madrid: Marcial Pons.

Sanponts, F. (1805). "Noticia de una nueva bomba de fuego". En Agustí i Cullell, J. (1983). *Ciència i tècnica a Catalunya en el segle XVIII o la introducció de la màquina de vapor*. Barcelona: Institut d'Estudis Catalans. 141–183.

Scaletta, C. C. (1745). *Scuola mecanica-speculativo-pratica in cui si esamina la proporzione, che ha la potenza alla resistenza del corpo grave*. Venezia: Antonio Mora.

Sempere y Guarinos, J. (1785–1789). *Ensayo de una biblioteca española de los mejores escritores del reinado de Carlos III*. Madrid: Imprenta Real (facsímil, 6 tomos en 3 vols., Valladolid: Junta de Castilla y León, Consejería de Educación y Cultura, 1997).

Sellés, M.; Peset, J. L.; Lafuente, A. (1988). *Carlos III y la ciencia de la Ilustración*. Madrid: Alianza Universidad.

Sigaud de la Fond, M. (1789). *Elementos de física teórica y experimental*, traducidos, añadiendo la descripción de las máquinas y modo de hacer los experimentos; la meteorología; el sistema del Mundo; y las causas físicas de los fenómenos celestes por D. Tadeo Lope. Tomo VI. Madrid: Imprenta Real.

Suárez y Núñez, M. G. (1773). *Colección general de máquinas, escogidas entre todas las que hasta hoy se han dado a luz en Inglaterra, Francia, Italia, y otros Reynos; y en que se comprehenden los utensilios y demás máquinas que se han inventado en ellos para facilitar las operaciones de los Artes y Oficios, según los publica la Real Academia de las Ciencias de París*. Tomo I que contiene 48 máquinas traducido por [...], Archivero de la

Junta General de Comercio, Moneda y Minas [...] Profesor de la Real Sociedad Bacóngada de Amigos del País; y académico correspondiente y honorario de las Reales Academias de Agricultura de Galicia y latina Matritense. Madrid: Andrés Ramírez.

Ten, A. E. (1990). "Ciencia y filosofía. El debate ilustrado". En Fernández, J.; González Tascón, I. (eds.). (1990). *Ciencia, Técnica y Estado en la España Ilustrada*. Zaragoza: Ministerio de Educación y Ciencia / S. E. H. C. T. 353–367.

Terreros, E. (1786–1793). *Diccionario castellano con las voces de ciencias y artes*. Madrid: Viuda de Ibarra (Madrid: Arco/Libros, facsímil, 1987).

Tosca, T. V. (1757). *Compendio mathemático*. Valencia: Joseph García.

Villar Rey, C. (2001). *El léxico de la construcción naval en el siglo XIX*. A Coruña: Universidade da Coruña. Tesis doctoral.

Waquet, F. (1998). *Le latin, ou l'empire d'un signe, XVIe–XXe siècle*. Paris: Albin Michel.

COMUNICACIONES

Chelo Vargas Sierra
Universidad de Alicante

LA TRADUCCIÓN TÉCNICA Y CIENTÍFICA EN LA *CASA DE LA SABIDURÍA* Y SU TRADUCTOR PRINCIPAL: HUNAYN IBN ISHAQ

1. Introducción

A lo largo de la historia, la traducción ha hecho posible el intercambio de saberes técnicos y científicos entre diferentes culturas y pueblos. Sin esta actividad en pro de la diversidad y la mezcla, se hubiera perdido un gran número de obras de la Antigüedad a las que se tuvo acceso gracias a las traducciones realizadas por el mundo islámico. Sin embargo, traducir nunca ha sido una tarea fácil. Nadie duda ya de que durante el proceso de traducción surgen problemas de mayor o menor índole; cuando las lenguas de trabajo pertenecen a sistemas lingüísticos y culturales parecidos, como es el caso de las lenguas modernas europeas, los problemas que se plantean tienen un menor grado de dificultad al resolverlos que cuando se trata de lenguas y culturas que se distancian por su naturaleza, por su nivel de desarrollo, etc. Este es el caso del árabe, que es una lengua semítica, y del griego, que es una lengua indoeuropea; sus respectivas sintaxis, modos de expresión, léxico, entre otros aspectos, son muy diferentes y, sin duda, pueden surgir problemas de traducción que en ocasiones serán difíciles de solucionar. Lo anterior trasladado al siglo IX nos puede dar una idea de las dificultades a las que tuvieron que enfrentarse los traductores técnicos de la época, desprovistos de diccionarios, de nuevas tecnologías y de una teoría o siquiera un manual práctico en el que basarse para llevar a cabo su actividad.

El objetivo del presente trabajo es situar dentro del marco teórico de la traducción la escuela del traductor Hunayn ibn Ishaq (808/9–873) y su metodología, haciendo a la vez un análisis contrastivo con teorías contemporáneas de la traducción. Para ello, intentaremos aportar las reflexiones de diferentes autores, que iremos citando en su momento, sobre esta actividad traductora que tuvo lugar en el siglo IX. Asimismo, estudiaremos esta escuela en lo que se refiere a su funcionamiento y a su producción teniendo en cuenta su contexto histórico y cultural.

En nuestra opinión el estudio sistemático de la actividad y de la práctica de la traducción, ya sea o no literaria, en un momento dado, puede contribuir al desarrollo de una teoría de la traducción. Como dijo Ortega y Gasset, "Teoría no es más que teoría de la práctica, como la práctica no es otra cosa que praxis de la teoría" (cita en García Yebra 1989: 38). Por tanto, nos parece que está justificado que la escuela del traductor en el que basaremos nuestro estudio, sus comentarios sobre la práctica basados en su propia experiencia como profesional de la traducción, así como las reflexiones suscitadas por su producción formen parte de la Historia y Teoría de la Traducción.

2. Contexto histórico

Bajo este epígrafe pretendemos situar brevemente el contexto histórico que hace posible que se introduzca en el mundo árabe la ciencia de los griegos y que surjan instituciones que contribuyeron al trasvase de los saberes clásicos al árabe.

Desde el siglo VII el Islam se extiende, en menos de 100 años, desde la península Arábiga a Siria, Palestina, Egipto, parte de la India, norte de África, algunos puntos de Italia y la península Ibérica y el árabe se convierte en la lengua vehicular por excelencia. Fue con el califa Harun al-Rashid (766–809), quinto de la dinastía abbasí en el año 786, con el que se fomenta el interés por los clásicos. Este califa introduce en su corte el gusto por la cultura y establece las disciplinas intelectuales que en aquel entonces no conocía el mundo islámico. Tuvo dos hijos que, a su muerte, luchan por el poder. Al-Mamun (786–833) gana este conflicto y continúa con la línea de culturización que comenzó su padre, fundando en Bagdad, a finales del siglo VIII, una escuela llamada *Casa de la Sabiduría* (*Bayt al-Hikma*). Este será el lugar de reunión de astrónomos, matemáticos, pensadores y también de traductores. Todos los científicos y traductores allí congregados trabajaban bajo la protección y con el apoyo económico del califa.

Los países que fueron conquistados habían sido a su vez testigos del nacimiento de civilizaciones antiguas y los conquistadores se enriquecieron de culturas como la de Persia, la India, Egipto, etc. Gracias a esta mezcolanza intelectual la civilización árabo-musulmana conoce en el siglo IX bajo el reinado del al-Mamun una denominada "edad de oro"; el movimiento de traducción de Hunayn ibn Ishaq y su escuela contribuyeron a este florecimiento de la cultura y las ciencias islámicas.

Fue en la época abbasí cuando se tradujeron al árabe, en ocasiones a través del siríaco, que actuaba como lengua intermedia, las obras griegas más importantes de Aristóteles, algunas de Platón y casi toda la obra de Galeno. Las lenguas de trabajo eran el árabe, el griego, el latín, el siríaco, el sánscrito, el pahleví y el copto y las materias que se traducían eran principalmente la medicina, la química, las matemáticas y la astronomía. Las primeras traducciones de libros en sánscrito de astronomía se realizan a finales del siglo VII y de medicina a partir del IX. Las traducciones de esta última disciplina se realizaron en algunas ocasiones desde una versión intermedia pahleví (Vernet 1978: 80).

A continuación, tras una breve biografía del traductor de nuestro artículo, describiremos el funcionamiento de la escuela de traducción de Hunayn ibn Ishaq, las fases del proceso y las técnicas de traducción empleadas.

3. Hunayn ibn Ishaq

Abu Zayd Hunayn ibn Ishaq al-Ibadi, conocido por el sobrenombre de "el Iohannitius latino" en la Europa de la Edad Media, nació en Hira, Irak, en el año 808/9. Era un nestoriano hijo de un farmacéutico que viaja al hospital-escuela de Jundishabur para estudiar medicina con un maestro ilustre de la época. Después de una discusión con su maestro, Hunayn ibn Ishaq viaja a Alejandría para aprender griego. Allí pasa dos años y adquiere un conocimiento profundo del griego y de crítica textual. Más tarde se dirige a Basora y asiste a la popular escuela de al-Jalil ibn Ahmad donde ganará fluidez con el árabe antes de volver a Bagdad en el año 826. Así pues, desde muy joven este traductor y médico sabía hablar el griego, el árabe y el siríaco.

Hunayn ibn Ishaq participó activamente en la traducción de obras griegas de la Antigüedad al árabe, en ocasiones, como veremos más adelante, desde una versión intermedia. Este movimiento de traducción tuvo lugar en Bagdad, ciudad considerada como el "foco principal del saber mundial en matemáticas, astronomía, medicina, filosofía, historia y filología" (García Yebra 1989: 322). En este contexto los traductores representaron, como en ninguna otra época, un papel fundamental en la transmisión del conocimiento.

Además de traducir, Hunayn ibn Ishaq ejercía como médico y se convirtió en el médico personal del califa al-Mutawakkil. Es bajo el reinado de este califa cuando se convierte en el responsable de los trabajos de traducción en la Casa de la Sabiduría.

La obra de este traductor sorprende tanto por la calidad como por la cantidad. Los historiadores árabes y críticos textuales destacan la calidad de sus traducciones:

> El segundo método es el empleado por Ḥunayn b. Isḥāq, al-Ŷawharī y otros. Consiste en leer la frase y entenderla. A continuación la trasvasa a otra frase, tanto si las palabras son equivalentes o no. Este método es el mejor. Por tanto, los libros de Ḥunayn b. Isḥāq no tenían que ser corregidos (cita en Vernet 1978: 93–94).

La calidad de sus traducciones es atribuida, además de a su competencia lingüística en sus lenguas de trabajo, al hecho de conocer bien la materia que traducía. De hecho, también produjo obras originales sobre medicina. Y en cuanto a la cantidad, según sus *Epístolas*[1] habría traducido en árabe treinta y cinco obras sobre medicina de Galeno y unas cien del mismo autor en siríaco. Sus alumnos se encargaban, como veremos más adelante, de la segunda etapa, es decir, la traducción al árabe de las traducciones siríacas de Hunayn.

4. La Casa de la Sabiduría

4.1 Escuela de traductores

A continuación trataremos de analizar si la Casa de la Sabiduría reunía las características necesarias para denominarse "escuela de traducción". Pensamos que el sentido de "escuela" apuntado por Menéndez Pidal (1957: 728) para definir la Escuela de Traductores de Toledo podría valernos para llegar a una conclusión con respecto a la institución que analizamos: "conjunto de estudiosos que se constituían en un mismo lugar, en unas mismas bibliotecas, con unos mismos procedimientos, trabajando en un mismo campo".

Basándonos en la bibliografía consultada sabemos que, si bien el objetivo principal no era la formación de traductores en sentido estricto, la escuela de Hunayn ibn Ishaq cumplía un papel didáctico, pues aunque no se basaba en una teoría sobre el fenómeno de la traducción, los traductores principiantes se formaban bajo la supervisión de aquellos que ya contaban con cierto prestigio en esta actividad, por lo que iban adquiriendo una técnica al tiempo que perfeccionaban su competencia lingüística.

Hunayn ibn Ishaq escribió en sus *Epístolas* sus propias reflexiones sobre el procedimiento seguido en su traducción de la obra de Galeno. En *De sectis* hace alusión a su *discípulo*: "Al llegar a los cuarenta años mi discípulo Hubayš me pidió que lo corrigiera [se refiere al *Libro de las sectas*], pues yo ya disponía de varios manuscritos griegos" (cita en Vernet 1978: 90). Discípulos de Hunayn ibn Ishaq fueron Istifan ibn Basil, que tradujo la *Materia médica* de Dioscórides,

---

[1] Hemos considerado mejor citar esta obra con el nombre de *Epístolas*, que responde a la traducción de *Epistles*, citada en Salama-Carr *et al.* (1995: 115).

Hubaysh (su sobrino), Musa ibn Abi Jalid, Yahya ibn Harun, Ishaq (su hijo), entre otros. No obstante, no hay que olvidar que, además de traductor, Hunayn ibn Ishaq era médico, por lo que cuando éste utiliza el término de "discípulo" probablemente se esté refiriendo a estas dos actividades: la de medicina —se da la circunstancia de que algunos discípulos, entre ellos su hijo y sobrino, eran médicos— y la de traducción. Por tanto, creemos que la Casa de la Sabiduría podría considerarse "escuela" a tenor de las definiciones que hemos proporcionado más arriba y de la relación maestro-discípulo que acabamos de apuntar. Sin embargo, esta institución no podría considerarse como una escuela de traducción en el amplio sentido de la palabra, tanto por la carencia de producción teórica, como por el hecho de que las fuentes consultadas no nos permiten afirmar ni que hubiera habido una enseñanza de la traducción, ni que se hubiera elaborado una metodología de esta actividad. De hecho, los principiantes trabajaban bajo la supervisión de los grandes traductores y revisores y aprendían *in situ*.

4.2 *Centro de producción*

De lo que no hay duda es de que la Casa de la Sabiduría fue un centro de producción de traducciones, ya que, gracias al grupo de traductores que allí trabajaban, un elevado número de obras griegas fueron traducidas al siríaco y al árabe. Asimismo, debemos tener en cuenta que, en muchas ocasiones, estas versiones árabes fueron el único documento a partir del cual se transmitieron los saberes al mundo medieval, ya que "muchas obras clásicas perdidas en su original sólo se conservan en aquéllas" (Vernet 1978: 83). Los sabios musulmanes contribuyeron a la conservación de esta herencia clásica que, de otro modo, se habría perdido. Además, la cultura y la civilización que se establecieron en el Islam no sólo conservaron los postulados clásicos, sino que sistematizaron, criticaron, explicaron y construyeron sobre estos los suyos propios.

Nos consta que este lugar fue, además de un centro de producción de traducciones, un lugar de producción científica original. Los traductores eran además expertos en la materia que traducían —a diferencia de sus homólogos del Occidente latino— y fueron autores de sus propias obras científicas.

Hunayn ibn Ishaq también escribió varias monografías sobre medicina. Según Salama-Carr *et al.* (1995: 114), Hunayn "is credited with [...] original works: *Medical Questions, Treatise of the Eye* and *Treatise of the Teeth*. Furthermore, he laid the foundations for ophthalmology, on which Rhazes based part of his work". La obra *Cuestiones sobre medicina para principiantes*,[2] a través de una versión en latín llamada *Isagoge*, estableció el marco teórico básico de la medicina medieval en Europa y se utilizó como libro de introducción a esta disciplina.

5. Iniciadores de los trabajos de traducción

Hunayn ibn Ishaq será nombrado por el califa al-Mutawakkil responsable de los trabajos de traducción en la Casa de la Sabiduría, realizando además trabajos de revisión y mejora de otras traducciones. Este hecho demuestra la importancia que la escuela de traducción tenía dentro del organigrama o estructura del califato. Para el califa el trabajo de revisión del producto final bien merecía un cargo, un estatus *quasi*-político.

En la época y lugar que nos ocupa existieron dos tipos de iniciadores de los trabajos de traducción. Uno tendría carácter público, que correspondería a la Casa de la Sabiduría promovida por el califa, representante del estado. El otro tipo de iniciador era de naturaleza privada, al que corresponderían los ricos mecenas, sabios y eruditos que imitaban las tendencias de la corte. Todas las referencias estudiadas apuntan al hecho de que además de las traducciones que Hunayn ibn Ishaq elaboraba dentro de esta institución, realizaba otras por encargo de miembros de la corte, sabios, médicos, ricos mecenas, etc., que podían pagar este tipo de trabajos.

6. Las fases de los trabajos de traducción

A continuación detallamos los parámetros básicos que se seguían con el trabajo de traducción en esta escuela y que gira en torno a dos fases que coinciden con la realidad actual del mercado de la traducción técnica, y que son: *1)* el reparto de los trabajos atendiendo a: (a) criterios de especialización de los traductores y (b) de sus lenguas de trabajo; *2)* la revisión y corrección final de la traducción.

Además de estas dos fases del proceso de traducción, existían otras dos que ya se alejan un poco de lo que afecta a la traducción en sentido estricto y que son (a) la copia y (b) la encuadernación de las obras traducidas. Se trataría, pues, de tareas anejas que nosotros no abordaremos en el presente estudio. No obstante, es interesante subrayar el hecho de que una vez que la traducción se había realizado y contaba con la aprobación del revisor se dejaba su copia a los

---

[2] Nuestra traducción de *Book of Medical Questions for Beginners*.

escribanos, quienes también debían ser conocedores de la materia que copiaban, dado que redundaba en la calidad de la obra final.

6.1 *La especialización y lenguas de trabajo*

Por lo general, los traductores vertían a otras lenguas obras con cuyo contenido estaban familiarizados, sobre todo en lo que respecta a la traducción técnica y científica. Así, Hunayn, su hijo Ishaq y su sobrino Hubaysh, los tres médicos, tradujeron, del ámbito de la medicina, casi la totalidad de lo que se conoce como el *Corpus hipocraticum*,[3] la obra de Galeno y la *Materia Médica* de Dioscórides. En lo concerniente a las ciencias exactas, Thabit ibn Qurra vertió al árabe *De mensura circuli* de Arquímedes y la obra *De ponderoso et levi* de Euclides, entre otras.

En el párrafo anterior observamos que, efectivamente, se llevaba a cabo un reparto del trabajo atendiendo a la especialización de los traductores de esta escuela. En cuanto a las lenguas de trabajo, la traducción pasaba, en ocasiones, por dos fases: (a) por una lengua intermedia, es decir, del griego al siríaco, si es que no existía la traducción o resultaba ininteligible; (b) a la lengua término; del siríaco al árabe. Hunayn ibn Ishaq conocía bien el griego y su cometido consistía, en gran medida, en trasvasar al siríaco las obras en lengua griega. De este modo facilitaba la tarea a los discípulos y colaboradores que no contaban con estos conocimientos y les dejaba la tarea de producir el texto en árabe a partir de su versión siríaca.

6.2 *La revisión y corrección final*

La traducción era un trabajo que se realizaba en equipo, pues cuando un traductor no estaba lo suficientemente familiarizado con una disciplina, su trabajo era sometido a un proceso de revisión. De este proceso se encargaron principalmente Hunayn ibn Ishaq y Thabit ibn Qurra:

> Por tanto, los libros de Ḥunayn b. Isḥāq no tenían que ser corregidos, excepción hecha de los que trataban de matemáticas, pues él no era perito en esta ciencia y sí, en cambio, en medicina, lógica, física y metafísica. Los textos que traducía de estas materias no tenían necesidad ni de revisión ni de corrección. Sus traducciones de Euclides, del *Almagesto* y de los libros intermedios fueron corregidas por Ṯābit b. Qurra al- Ḥarrānī (cita en Vernet 1978: 93–94).

---

[3] Se trata de una colección de textos de medicina de la Antigüedad. Sólo unos cuantos de ellos se pueden atribuir con seguridad a Hipócrates (alrededor de 460 a. de C.).

La revisión también se efectuaba a dos niveles: el ya apuntado en el párrafo anterior, el conceptual o del contenido científico, y el lingüístico. Hay que tener en cuenta que el árabe no era la lengua materna en este período, sino que se fue imponiendo tras la conquista como consecuencia de una política lingüística destinada a la arabización del Imperio. Por ello, se realizaba una corrección estilística del texto producido en esta lengua. El historiador médico y helenista cordobés Ibn Yulyul, quien realizó su actividad bajo los reinados de al-Hakam y Hisham II (finales del siglo X y principios del XI), en su *Libro de las generaciones de médicos* escribe:

> El tratado de Dioscórides fue traducido en Bagdad en la época abbasí, bajo el reinado de Ya'far al-Mutawakkil, por Esteban, hijo de Basilio, del griego al árabe. Esta traducción fue *corregida* por el traductor Ḥunayn b. Isḥāq, *que la arregló y la hizo manejable* (cita en Vernet 1978: 69) [la cursiva es nuestra].

La cita anterior nos proporciona un buen ejemplo del procedimiento de revisión y de corrección de estilo llevado a cabo en la *Materia médica* de Dioscórides por el traductor de nuestro estudio.

En otro orden de cosas, cuando Hunayn ibn Ishaq no tenía tiempo suficiente para traducir todos sus encargos destinaba estos a sus colaboradores o "negros", cuyas versiones él después corregía y mejoraba:

> El editor [...] lo encargaba a un traductor —generalmente adscrito a "la casa" y ya famoso—, el cual, en caso de tener excesivo trabajo, lo pasaba a otro, un redactor o "negro". Cuando Ḥunayn b. Isḥāq tuvo excesivo trabajo se descargó de él en Qiḍa al-Ruhāwī. Las versiones eran así, a veces, hechas por gentes no peritas en la materia que traducían, y debían ser corregidas y mejoradas a fondo [...] por el traductor oficial (Vernet 1978: 93).

Todos los historiógrafos coinciden en señalar que los traductores gozaban de una posición de privilegio y de un estatus social elevado. Un contemporáneo de la época llamado Ibn al-Nadim escribe en su *Fihrist* (Catálogo[4]) que los hermanos Banu Musa emplearon a los traductores famosos y que éstos recibían un sueldo mensual de quinientos dinares como contraprestación a sus trabajos (Vernet 1978: 19; Salama-Carr *et al.* 1995: 124 [nota 1]). Los traductores eran generosamente recompensados por los califas y mecenas, bien, como acabamos de mencionar, mediante la asignación de un salario mensual, aspecto que

---

4 Se trata de un catálogo que contiene un índice por autores y que cita, además, más de 60.000 libros. Algunos estudiosos piensan que podría tratarse del catálogo de la Casa de la Sabiduría y que Ibn al-Nadim podría considerarse el primer biógrafo musulmán.

equivaldría a que la actividad de traducción se ejerciera como un trabajo a tiempo completo, o bien “al peso”. Hunayn ibn Ishaq refiere en sus *Epístolas* que el califa al-Mamun pagaba las obras traducidas en razón de su peso, es decir, si un libro pesaba una libra el traductor recibiría una libra de oro por el trabajo realizado. Esta última forma de pago tuvo sus consecuencias lógicas en el método de trabajo de los traductores: escribían con letra de gran tamaño, dejaban mucho margen e interlineado (Vernet 1978: 19) y utilizaban papel más pesado.[5] Estos dos métodos coinciden con lo que ocurre en la actualidad en el mercado de la traducción: o bien el traductor es contratado por una agencia o institución pública o privada y entonces percibe su correspondiente salario mensual, o bien la contraprestación se calcula, entre otros métodos, en función del número de palabras que contiene el texto traducido.

7. Técnicas de traducción empleadas

A continuación trataremos de analizar las técnicas de traducción que se emplearon en la escuela de Hunayn. En la medida de lo posible, intentaremos integrar los rasgos más sobresalientes de su manera de proceder en el marco teórico contemporáneo de la traducción. Con este fin, analizaremos dichas técnicas a tres niveles: *1)* el texto original (TO), *2)* el proceso de traducción y *3)* el texto término (TT).

7.1 *Texto original: establecimiento del texto crítico*

Antes de comenzar con el proceso de traducción Hunayn ibn Ishaq se esforzaba en disponer de varios manuscritos de un mismo original a fin de establecer un texto correcto. Mediante este proceso de crítica textual se pretendía reagrupar varios textos, tanto originales, anteriores traducciones y otros, al objeto de producir uno nuevo de mayor calidad. En las citas que a continuación se exponen, el propio Hunayn ibn Ishaq menciona que trataba de establecer con sumo cuidado la corrección del TO antes de comenzar con la traducción:

> He *colacionado* todos esos manuscritos para *establecer un texto correcto*. Después he *comparado* el texto griego así establecido con mi antigua traducción siríaca y la he *corregido*. *Este método es el que sigo en todas mis traducciones* (cita en Vernet 1978: 90) [la cursiva es nuestra].

---

5 Cabe señalar que gracias al empleo de este papel pesado las obras se han mantenido en un buen estado de conservación.

En una segunda traducción del *Libro de terapéutica* de Galeno, Hunayn ibn Ishaq refiere también que:

> Para los últimos ocho libros tuve a mi disposición varios manuscritos. Los *comparé* y así obtuve un único *ejemplar correcto*. Éste lo traduje con la mayor exactitud posible y mi mejor estilo. Para los primeros seis libros sólo tuve un manuscrito muy defectuoso y por eso no los pude traducir conforme es debido (cita en Vernet 1978: 90) [la cursiva es nuestra].

Según estas reflexiones del propio Hunayn, la calidad de la traducción dependía en gran medida de la disponibilidad de varios textos que estaban compuestos por traducciones anteriores, por la obra original y por otras que abordasen el mismo tema que el texto que Hunayn ibn Ishaq pretendiese traducir. Según Gamero Pérez (1996: 195), existen cinco niveles de habilidades que el traductor debe tener, entre las que nosotros destacamos aquí la "capacidad de documentarse". Como traductor especializado que era, Hunayn ibn Ishaq realiza también un enorme esfuerzo por acceder, además de a otras traducciones y textos originales, a textos comparables, es decir, un conjunto de textos originales que pertenecen al mismo ámbito de especialidad, comparten la misma función comunicativa y son de contenido similar al texto sometido a traducción. A falta de nuevas tecnologías con acceso rápido a la información, nuestro traductor, llevado con toda probabilidad por su rigor científico, tuvo que realizar largos viajes para acceder a documentos y manuscritos. Era de este modo que Hunayn ibn Ishaq llevaba a cabo el paso previo a la traducción técnica y científica, que es la documentación y la familiarización con el tema objeto de traducción.

7.2 *El proceso de traducción*

La Casa de la Sabiduría era un lugar de reunión y de trabajo para sabios y eruditos en donde estos debatían sobre sus conocimientos y los trabajos de traducción estaban muy relacionados con este proceso de debate, como detallamos a continuación.

Una vez establecido el texto crítico, en el caso de que hubiera tenido acceso a varios manuscritos, se empezaba a realizar la traducción. Sin embargo, podríamos establecer un estadio anterior, que consistía en añadir glosas y comentarios al TO, tal y como apunta Salama-Carr *et al.* (1995: 112): "Translations were often accompanied by exegesis and comentary, which introduced fresh ideas and fuelled new debates".

Son muchos los autores que manifiestan que este proceso hizo posible el desarrollo de nuevos postulados científicos:

> Classical texts were *synthesized and systematized through a process of translation and commentary*, which included the addition of new elements (in the form of criticism, theoretical innovations, incorporation of new observations), forming a new corpus which could then be transmitted through a *further phase* of translation and synthesis (Glick 1999: 252) [la cursiva es nuestra].

No hay que olvidar que los traductores eran también científicos y expertos de la materia que traducían. Los comentarios que acompañaban a las traducciones son considerados en algunas ocasiones como un método de exégesis necesario para la comprensión de los pasajes difíciles del TO, sobre todo cuando las traducciones se concebían con un *propósito* didáctico. Según Salama-Carr *et al.* (1995: 115), Hunayn ibn Ishaq tradujo en algunas ocasiones para sus estudiantes de medicina y pedía a sus colaboradores que los textos fuesen claros e inteligibles. Un ejemplo de estas notas aclaratorias para la clarificación de una parte oscura del TO lo cita Hunayn ibn Ishaq en sus *Epístolas,* donde comenta que ha añadido "explanation of difficult passages" (cita en Salama-Carr *et al.* 1995: 115) en su traducción siríaca de un comentario del Juramento Hipocrático. Este aspecto podría compararse con ciertos "ajustes" necesarios en el TT en función de determinados factores que hay que tener en cuenta —en nuestro caso, el receptor— apuntados en la noción de "equivalencia dinámica" de Nida, en donde se aconseja el uso de extensiones para facilitar la comprensión del TO:

> However, this almost inevitable loss in total meaning does provide justification for a certain amount of expansion in the formal elements of the translation. Its precise extent depends upon a great variety of considerations, including such matters as the nature of the messages, *types of receptors*, setting of the communication, and purpose of the publication (Nida 1964: 175).

La traducción no se entendía como un texto servil y carente de creatividad, sino todo lo contrario. Mediante la adición de estos comentarios, resúmenes, notas aclaratorias, etc. los textos clásicos traducidos eran comprendidos y aceptados por la cultura de recepción. Asimismo, los TT eran sometidos a debate en la comunidad científica, lo cual estimulaba y daba lugar a nuevas reflexiones y avances científicos. De ahí la importancia también de este estadio de exégesis durante el proceso de traducción.

7.3 *Texto término*

El árabe no era la lengua materna de los traductores, por lo que el TT tenía que ser revisado por aquellos que sí que contaban con la suficiente competencia lingüística en lo que se refiere a las convenciones estilísticas y de forma de la lengua término (LT).

Hunayn ibn Ishaq trataba de ser preciso en cuanto al contenido del TO pero cumpliendo con las normas estilísticas de la LT: "Éste [refiriéndose al *Libro de terapéutica*] lo traduje con la mayor exactitud posible y mi mejor estilo" (cita en Vernet 1978: 90). Estas reflexiones de Hunayn ibn Ishaq nos parecieron muy reveladoras e interesantes, dado que aplica un punto de vista muy contemporáneo en su modo de proceder con las traducciones técnicas y científicas. Es fiel al contenido del TO, pero adaptando el TT a las convenciones de la LT y creando así una traducción "natural" para la cultura de recepción:

> A natural translation involves two principal areas of adaptation, namely, grammar and lexicon. In general the grammatical modifications can be made the more readily, since many grammatical changes are dictated by the obligatory structures of the receptor language. That is to say, one is obliged to make such adjustments as shifting word order, using verbs in place of nouns, and substituting nouns for pronouns (Nida 1964: 167).

No cabe duda de que Hunayn ibn Ishaq tenía muy en cuenta a sus lectores durante el proceso de traducción, dado que insistía en producir textos dotados de la mayor claridad posible para que pudieran ser leídos también por aquellos no especialistas en la materia; no olvidemos que algunas de sus traducciones, especialmente las de Galeno, iban destinadas a sus estudiantes de medicina. Hunayn ibn Ishaq era consciente de un aspecto primordial en la traducción contemporánea: la comprensión y aceptación de la traducción por el lector de la LT.

El lenguaje técnico y científico se caracteriza por tener su propio vocabulario. Newmark afirma que la traducción técnica se distingue de otros tipos de traducción, entre otras cosas, por la terminología que contiene el TO, a pesar de que ésta suponga sólo del 5 al 10% del texto (Newmark 1987: 208). Solucionar problemas terminológicos resulta un aspecto central en la traducción técnica o científica, sobre todo cuando el texto de la LO contiene términos que no existen en la LT. Cuando se trataba de resolver este tipo de problemas con un término que carecía de un equivalente directo en la LT, los traductores árabes de nuestro estudio recurrían a varios procedimientos: al préstamo de términos griegos transliterados en árabe, al calco, es decir, al término traducido, y a la neología de sentido, esto es, a la atribución de nuevos significados a una palabra ya existente. El primer método, el de la transliteración, es el que emplearon con más frecuencia los primeros traductores y el que más aparece en las primeras traducciones árabes. Así lo refiere Ibn Yulyul que ocurrió con la *Materia médica*:

> Las palabras griegas que Esteban conocía en árabe las tradujo, pero aquellas que no sabía las transcribía en forma griega, dejando en manos de Dios el que más tarde hiciera que encontraran alguien que las supiera y pudiera traducirlas al árabe (cita en Vernet 1978: 69).

Esta solución adoptada por los traductores se debía probablemente a una falta de competencia lingüística en lengua árabe y en los mecanismos que esta lengua posee para la creación de nuevos términos a partir de raíces.

En cuanto a qué materias traducían y por qué, los traductores se tenían que ceñir a las instrucciones y gustos de los califas, mecenas y miembros de la corte. Esta selección de textos podría también responder al carácter multidisciplinar de las diferentes ciencias. Así, primero se tradujeron tratados sobre astronomía y medicina. Para entender astronomía eran necesarios conocimientos de matemáticas, y esta última disciplina vino a sumarse a los textos prioritarios. Del mismo modo, la medicina griega se apoya en conceptos de física y metafísica y, al igual que ocurrió con la astronomía y las matemáticas, sucedió con ésta última disciplina.

7.4. *Traducción palabra por palabra o traducción libre*

Antes de ofrecer nuestras conclusiones nos gustaría terminar con la cita de al-Safadi. Este historiador establece una diferencia bien clara y definida entre las traducciones de la escuela de Hunayn ibn Ishaq y las realizadas anteriormente por otros traductores:

> Miran cada palabra griega y lo que significa. Buscan un término equivalente, en cuanto al sentido, en árabe, y lo escriben. Toman luego la palabra siguiente y proceden así, sucesivamente, hasta que terminan lo que han de traducir. Este método es malo por dos razones: 1) porque el árabe no tiene equivalente para todas las palabras griegas (por eso en esas traducciones hay palabras que sólo se transliteran); 2) porque la sintaxis y la estructura de las frases no siempre se corresponden en uno y otro idioma. Añadamos que se producen numerosas confusiones como consecuencia del empleo de metáforas, que son numerosas en ambas lenguas. El segundo método es el empleado por Hunayn b. Ishaq, al-Jawhari y otros. Consiste en leer la frase y entenderla. A continuación la trasvasa a otra frase, tanto si las palabras son equivalentes o no. Este método es el

> mejor. Por tanto, los libros de Hunayn b. Ishaq no tenían que ser corregidos (cita en Vernet 1978: 93–94).

Al-Safadi contrapone en la cita anterior una traducción palabra por palabra, o lo que Nida (1964: 184) denomina "*literal transfer*, which is almost a word-for-word and unit-for-unit "transliteration" of the original into corresponding lexical units in the receptor language", a una traducción "libre" en la que prima el sentido a la forma. El método empleado por Hunayn ibn Ishaq se ciñe bastante al concepto de traducción de Nida y Taber. Para estos autores traducir consiste en reproducir en la LT el mensaje de la LO haciendo uso del equivalente más próximo y natural, atendiendo en primer lugar al sentido y luego al estilo (Nida / Taber 1982: 12). Se produce, cómo no, en esta época también la dualidad entre la traducción literal y libre o entre la traducción de palabra y sentido. Nosotros pensamos que no se deben descartar, por defecto, ninguna de las dos opciones en la traducción, sino que la adopción de una postura u otra dependerá de diferentes factores. Existen lenguas, como es el caso del catalán y el español, que se parecen mucho en su estructura, por lo que en muchos casos la traducción palabra por palabra podrá funcionar y será totalmente "lícito" que el traductor opte por este método. La aproximación de estas dos culturas y lenguas (catalán y español) hace posible que, en muchas ocasiones, la traducción literal funcione y no produzca ningún texto extraño o difícil de descodificar por los lectores de la LT. En nuestra opinión cuanto más se distancien las lenguas de trabajo, tanto en su estructura como en su cultura, menos funcionará este primer método y más adaptaciones o ajustes tendremos que realizar en nuestra traducción con el fin de que cumpla con las convenciones estilísticas y culturales de la LT.

8. Conclusiones

Las pocas reflexiones que han suscitado el trabajo de la escuela de Hunayn, así como las del propio autor nos parecen de una actualidad abrumadora. El prosista árabe al-Yahiz, contemporáneo de Hunayn ibn Ishaq, escribe en Oriente:

> El traductor tiene que estar a la altura de lo que traduce, tener la misma ciencia del autor que traduce. Debe conocer perfectamente la lengua de que traduce y aquella a la cual traduce para ser igual en las dos (cita en Vernet 1978: 85).

En el pasaje anterior al-Yahiz subraya la importancia de que el traductor tenga un dominio de sus lenguas de trabajo y exige un conocimiento de la materia que traduce. Los traductores de Bagdad creen que es necesario contar con unos conocimientos que sobrepasen lo puramente lingüístico y alcancen aspectos extralingüísticos. De ahí que una condición *sine qua non* para ser traductor en esta escuela era ser científico, y podemos afirmar que esta condición se cumplía, si no siempre, al menos con mucha frecuencia. Este es otro debate de total actualidad: ¿los traductores técnicos y científicos han de ser especialistas de la materia que traducen? Aquí también encontramos respuestas para todos los gustos. Nosotros adoptaremos otra vez un punto medio. La falta de conocimientos profundos del traductor sobre la materia que traduce se puede compensar, por un lado, con su competencia lingüística y traductora y, por el otro, con esa capacidad de documentación a la que antes hemos hecho alusión. En la actualidad el traductor no es sólo traductor, sino que es un profesional multidisciplinar capaz de acceder a todo tipo de recursos documentales y de información y capaz de gestionar multitud de herramientas informáticas, por lo que cuenta con los medios suficientes para hacer que sus textos sean eficaces y precisos en cuanto al contenido, además de lingüísticamente correctos, en cuanto a su forma.

Otro aspecto sobre el que incidían los traductores de Bagdad y que consideramos de total actualidad también es la importancia que se otorgaba al destinatario y al propósito de la traducción. Hoy en día, la traducción profesional de textos técnicos trata ante todo de que se entienda el mensaje, de hacerlo claro e inteligible para el destinatario. Asimismo, si la traducción se concebía con un fin didáctico, como ya hemos visto anteriormente, ésta se adaptaba a tal propósito y se acompañaba de exégesis que se manifestaba bajo la forma de paráfrasis, de resúmenes, etc.

Las obras que versan sobre Historia de la Traducción esbozan una tabla general de los distintos periodos de esta actividad y disciplina. Algunas se remontan a las reflexiones efectuadas por Cicerón en la Antigüedad y otras escogen como punto de partida a San Jerónimo. En ellas se insiste, principalmente y por lo general, en que la traducción era considerada como un medio para pasar un mensaje de la LO a otro en la LT y, por tanto, de un sistema cultural a otro, fenómeno en el que no se tiene en cuenta otra serie de factores que inciden en el proceso de la traducción. La obra de los traductores de Bagdad no suele constar en este tipo de trabajos. Hablar de una simple transmisión nos resulta un tanto injusto, dado que equivale a pasar por alto el enorme esfuerzo de exégesis, de glosa y de reflexión sobre la actividad traductora que acompañaba el trabajo de los traductores de la escuela de Hunayn.

Bibliografía

Gamero Pérez, S. (1996). "La enseñanza de la traducción científico-técnica". En Hurtado Albir, A. (ed.) (1996). *La enseñanza de la traducción.* Castellón: Universidad Jaime I. 195–199.

García Yebra, V. (1989). *En torno a la traducción.* Madrid: Editorial Gredos.

Glick, T. F. (1999). *Islamic and Christian Spain in the Early Middle Ages.* Disponible en: http://libro.uca.edu/ics/ics8.htm

Menéndez Pidal, R. (1957). "España y la introducción de la ciencia árabe en Occidente". En *España y su Historia*, tomo I. Madrid: Ediciones Minotauro.

Newmark, P. (1987): *A Textbook of Translation*,. London: Prentice-Hall.

Nida, E. (1964). *Toward a Science of Translating.* Leiden: Brill.

Nida, E.; Taber, Ch. (1982). *The Theory and Practice of Translation.* 3rd edition. Leiden: Brill.

Salama-Carr, M.; Bathgate, R. H.; Delisle, J.; Foz, C.; Nanqiu, L.; Ramakirshna, S.; Wollin, L. (1995). "Translators and the Dissemination of Knowledge". En Delisle, J.; Woodsworth, J. (eds.) (1995). *Translators through History.* Amsterdam: John Benjamins, 101-130.

Vernet, J. (1978). *La cultura hispanoárabe en Oriente y Occidente.* Barcelona: Editorial Ariel.

José Chabás
Universitat Pompeu Fabra. Barcelona

EL *LIBRO DE LAS TABLAS ALFONSIES*: EL INICIO DEL LENGUAJE ASTRONÓMICO EN CASTELLANO[1]

El *Libro de las tablas alfonsies* fue escrito en Toledo hacia 1270 por los astrónomos Isaac ben Sîd y Yehudá ben Mošé ha-Kohén, al servicio de Alfonso X (1221–1284), llamado el Sabio, que reinó en Castilla y León en la segunda mitad del siglo XIII. El *Libro de las tablas alfonsies* es una obra original, no una traducción del árabe o de cualquier otra lengua, y es una de las primeras obras de temática científica escritas en lengua castellana. Sin embargo, muchos de los primeros tratados científicos en castellano salieron del escritorio alfonsí básicamente en forma de traducciones a partir del árabe; fueron los astrónomos alfonsíes, de los que los dos citados resultaron los más activos, los primeros en escribir ciencia en castellano y afrontar la difícil tarea de crear una terminología totalmente inexistente en esa lengua. El *Libro de las tablas alfonsies* se ha conservado en un único manuscrito, en castellano, hoy en la Biblioteca Nacional de Madrid (MS 3306), en el que sólo se encuentra el texto que explica el modo de utilizar ese conjunto de tablas astronómicas que anuncia el título, pero no las tablas en sí. El texto fue editado hace ya casi un siglo y medio por Rico Sinobas (1863–1867) y ha sido objeto de un amplio estudio de reciente publicación (Chabás / Goldstein 2003).

Con estos textos alfonsíes, nos situamos en el inicio mismo del lenguaje científico en castellano. Como todos los inicios tiene unos antecedentes, cuyos elementos más sobresalientes son, a grandes líneas, los siguientes: por un lado, a partir del siglo X en al-Andalus se desarrolló una intensa actividad científica, especialmente en el campo de la medicina y la astronomía, que fue heredera de la ciencia practicada en el Oriente Próximo, particularmente en Bagdad, en los siglos anteriores. Muy pronto la astronomía andalusí tuvo un desarrollo propio que alcanzó una amplitud y una profundidad tales que no existe comparación posible con la astronomía practicada en cualquier otro lugar. El segundo elemento es que en el siglo XII, en las zonas que las tropas de los reyes cristianos

---

[1] En distintas fases de la elaboración de este trabajo he contado con la colaboración de Bernard R. Goldstein (Pittsburgh) y Bertha M. Gutiérrez (Salamanca), a quienes agradezco su valiosa ayuda.

conquistaban a los musulmanes, tuvo lugar una intensa actividad de traducción hacia el latín, de textos escritos en árabe, ya sea de autores musulmanes o de la Grecia clásica. Entre los focos de este movimiento de traducción destaca la ciudad de Toledo, pero también otras como Barcelona y diversas localidades del valle del Ebro. El tercer elemento consistió en el impulso que el rey Alfonso X dio al castellano como nueva lengua de cultura, también en el terreno científico, rodeándose para ello de un grupo de colaboradores, judíos y cristianos, que tradujeron y escribieron tratados originales casi exclusivamente en el campo de la astronomía y la astrología.

La obra más destacada de todas ellas es, como ya ha quedado dicho, el *Libro de las tablas alfonsies* debida a Isaac ben Sîd y Yehudá ben Mošé ha-Kohén. Se trata de un libro extenso que toca todos los aspectos de la astronomía matemática y, por tanto, contiene una gran variedad de términos científicos en castellano creados por los astrónomos al servicio del rey a partir de los textos de que disponían, en árabe, hebreo y latín. De todo este extenso vocabulario, en Chabás / Goldstein (2003) puede encontrarse un glosario de más de 300 términos, de los que examinaremos aquí algunos aspectos. En este glosario los términos se comparan asimismo con los de otras cuatro obras de carácter astronómico producidas por estos dos autores: la traducción del árabe al castellano de la obra de al-Battânî (Bossong 1978); un tratado escrito en castellano por Isaac ben Sîd y titulado *Tratado del quadrante sennero* (Millás 1956); la traducción del árabe al castellano de un conjunto de tablas astronómicas llamadas *Almanaque de Azarquiel* (Millás 1943–1950); un texto en castellano llamado *Lapidario* y traducido igualmente del árabe por Yehudá unos cuantos años antes de la redacción del *Libro de las tablas alfonsies* (Rodríguez Montalvo 1981).

Del análisis comparado de esos 300 nuevos términos lo primero que se desprende es que sus autores echaron mano de palabras castellanas ya existentes. Es el caso de *catamiento*, que aparece también en la forma *acatamiento*, con el significado de ‘captación’, ‘observación’. Es un término que ya se encuentra, por ejemplo, en las *Siete Partidas*, un código jurídico recopilado a instancias del rey Alfonso, anterior al *Libro de las tablas alfonsies* (RAE 1960–1981, vol. 1: 314–315).

En muchos casos, nuestros autores reciclaron palabras, es decir, atribuyeron nuevos sentidos, muy concretos, a palabras ya existentes. Por ejemplo, el término *adelantamiento* aparece en las *Siete Partidas* y también en el *Setenario*, otra obra alfonsí de contenido jurídico, con el valor de ‘superación’ (RAE

1960–1981, vol. 1: 675–676). En cambio, en nuestro texto astronómico se le da un sentido técnico muy preciso, el de 'diferencia entre las velocidades diarias de dos planetas'.

Otro caso de neologismo de sentido es, por ejemplo, *alongamiento.* Además de su acepción de 'alejamiento' o 'distancia', aquí adquiere el valor de lo que en la actualidad llamamos *elongación*, es decir, la diferencia entre las longitudes eclípticas del Sol y la Luna. Conviene señalar que, en este caso, nuestros astrónomos prescindieron del término latino *elongatio,* que significaba exactamente eso, y prefirieron *alongamiento.*

A veces, nuestros autores le atribuyeron diversos sentidos a una palabra ya existente. Por ejemplo, en nuestro texto, aparece la palabra *centro* para designar, por un lado, el centro de una circunferencia y, por otro, una coordenada utilizada para determinar la posición de un planeta sobre el deferente, según la teoría ptolemaica: concretamente la diferencia entre su posición media y la de su apogeo. En ambos casos, el referente latino es *centrum.* Más adelante veremos que, en *Libro de las tablas alfonsies*, al término *centro* se le asigna un tercer sentido.

Otro ejemplo de polisemia lo proporciona la voz *argumento.* Está claro que procede del latín *argumentum.* Nuestros autores la utilizaron, por lo menos, con tres acepciones. En el caso del Sol, este término sirve para designar la anomalía solar (que, en la teoría ptolemaica, es un ángulo sobre la excéntrica); en el caso de la Luna, se refiere a la diferencia entre la longitud de nuestro planeta y la de su nodo ascendente sobre la eclíptica; y en el caso de los planetas, se refiere al argumento de anomalía, un ángulo sobre el epiciclo del planeta, siguiendo también aquí los modelos geométricos de la astronomía de la época.

Por su parte, el término *declinaçion* se utiliza por lo menos en dos sentidos: como una coordenada ecuatorial y como una de las componentes de la latitud de los planetas en la teoría ptolemaica. A este respecto, cabe añadir que, como la teoría completa de la latitud de los planetas era muy raramente abordada en los textos astronómicos, debido a su considerable dificultad, nuestros astrónomos, Yehudá e Isaac, demostraron que manejaban con soltura algunos de los temas más complejos de la astronomía de su tiempo. Además de *declinaçion*, nuestros autores utilizaron también el término *declinamiento.* Al referirse al segundo componente de la latitud de los planetas, también se advierte cierta vacilación terminológica, pues en ocasiones ésta se designa por *desviamiento* y en otros por *sujamiento.* En cualquier caso, esa vacilación en las palabras no se traduce en una vacilación en cuanto a los conceptos, sobre los que no parece que Yehudá e Isaac tuvieran dudas.

La variación de la oblicuidad de la eclíptica es otro concepto relacionado con la declinación. En nuestro texto esta variación aparece como *declividad*, término distinto a los anteriores, y que, a nuestro entender, refleja un esfuerzo consciente por asignar a cada concepto un término único.

Junto a la vacilación en la terminología encontramos, desde luego, la vacilación en la ortografía, y es muy frecuente encontrar a lo largo del texto diversas variantes ortográficas de una misma palabra. Pero también hay vacilación en el género. Así, algunos términos, como *planeta* y *estrella*, se utilizan tanto en masculino como en femenino.

También se encuentran casos de sinonimia, de los que bastarán sólo dos ejemplos. En la teoría planetaria ptolemaica se llama *ecuación* a la corrección que debe aplicarse, en sentido positivo o negativo, a una magnitud media para obtener la magnitud verdadera. En nuestro texto se utilizan los términos *equaçion* e *ynvocaçion*, así como algunas variantes de éstos, pero también el término *endereçamiento*.

En el *Libro de las tablas alfonsíes* se hacen múltiples referencias a lo que en la actualidad designamos por *latitud*, ya sea geográfica o celeste. De hecho, el concepto aparece un total de 199 veces, y los términos utilizados para designarlo son *ladesa*, *latitud* y *anchura*. El primero, *ladesa*, con sus variantes, es el más empleado, en un 60 % de los casos.

En ocasiones, para traducir un concepto, nuestros astrónomos alfonsíes recurrieron a explicaciones cortas, muy gráficas y acertadas. Así ocurre en el caso de la trepidación. Se trata de una teoría ideada por astrónomos del Oriente Próximo en el siglo IX y que tuvo gran aceptación entre los astrónomos de al-Andalus. Consistía en un movimiento de largo periodo de vaivén del punto Aries, es decir, el punto de intersección de la eclíptica y el ecuador. A ese movimiento de trepidación los astrónomos alfonsíes le llamaron en castellano "movimiento del llegamiento y del tornamiento". Es una situación que ilustra con acierto el concepto que pretende describir.

Otra expresión muy gráfica empleada en el texto alfonsí es *diversidad del catamiento*, que en castellano actual se podría entender como "variación de lo que se observa". Esa *diversidad del catamiento* traduce lo que en la actualidad se llama *paralaje*, es decir, la corrección que hay que aplicar a la posición observada de la Luna por el hecho de que el observador no se encuentra en el centro de la Tierra sino sobre su superficie.

Al referirse a los conceptos trigonométricos, Isaac y Yehudá utilizaron algunas expresiones muy interesantes. A pesar de que el concepto de función trigonométrica todavía no estaba bien establecido en la época, sí se calculaban, y con gran precisión, algunas líneas trigonométricas, como el seno, el coseno, la tangente y la cotangente de cualquier ángulo. En nuestro texto el seno se denomina *signo*. Para nuestros astrónomos alfonsíes el coseno era el *complimiento del signo* (en el sentido de *complemento del seno*, una expresión también muy lograda), la tangente era la *sombra menguada* y la cotangente, la *sombra espandida*.

Como puede apreciarse, muchos de los términos acuñados por primera vez en castellano provienen del latín. Pero en el texto también se encuentran algunos calcos del árabe: por ejemplo, el término *forma* sirve para traducir la palabra *constelación*. Es un calco del término árabe *ṣûra*, que en efecto significa 'forma', pero que también es el término técnico utilizado en árabe para 'constelación'.

En nuestro texto se encuentran asimismo algunas transliteraciones de términos árabes muy precisos. Por ejemplo, al cero se le llama *cifra*, porque en árabe cero es *ṣifr*. Para designar la velocidad en elongación en una hora, nuestros autores utilizaron el término *zaba*, correspondiente al árabe *sabq,* y para referirse a la velocidad del Sol en una hora emplearon el término *buc*, también procedente del árabe (*buht*). Son términos corrientes en la literatura astronómica en árabe de la época, que nuestros astrónomos alfonsíes adaptaron al castellano, tal vez para evitar una explicación demasiado larga.

También es posible encontrar algunos términos o expresiones traducidos del árabe de forma literal: por ejemplo, al referirse a la longitud trópica de un planeta, es decir, contada desde el equinoccio vernal, nuestros autores emplearon el término *lugar natural*, mientras que reservaron *lugar propio* para designar la longitud sidérea, es decir, la que se cuenta con relación a las estrellas fijas. La utilización de los adjetivos *natural* (*ṭabî*ᶜ*î*) y *propio* (*dhâtî*) para referirse a estas coordenadas está documentada en diversos textos astronómicos árabes de la época.

Al redactar el *Libro de las tablas alfonsies*, Isaac ben Sîd y Yehudá ben Mošé ha-Kohén tuvieron que hacer frente a un reto formidable: acuñar nuevos términos técnicos en castellano, totalmente inexistentes hasta entonces. El análisis de los términos astronómicos que aparecen en esta obra y su cotejo con los utilizados en otras obras escritas o traducidas por ellos mismos indica que contaron con todo un arsenal de soluciones. Pero la solución más frecuente consistió en atribuir nuevos sentidos a palabras ya existentes en la lengua corriente al uso: el castellano del siglo XIII.

Está claro que los científicos judíos peninsulares del siglo XIII, como Isaac y Yehudá, tenían buenos conocimientos lingüísticos. Para ellos, la lengua de cultura y, en particular, de la astronomía seguía siendo el árabe, la lengua de sus textos sagrados el hebreo y su lengua corriente el castellano. Sin embargo, en el *Libro de las tablas alfonsíes*, no se deja ver por ningún lado el hebreo y sólo en contadas ocasiones se aprecian calcos o transliteraciones del árabe, una lengua que contaba con un vocabulario técnico muy rico y diversificado que había ido elaborándose a lo largo de siglos. Sin embargo, la lengua que utilizaron Isaac y Yehudá como fuente principal para la creación de nuevos términos técnicos fue el latín, pero no el latín astronómico clásico de Cicerón, Plinio el Viejo, Marciano Capella y Macrobio, por citar aquellos autores romanos que escribieron sobre astronomía, sino el latín astronómico derivado de las traducciones del árabe. Se trata en concreto de las traducciones del árabe al latín que se llevaron a cabo en la Península Ibérica un siglo antes de la época del rey Alfonso y sus colaboradores científicos, muchas de ellas precisamente en Toledo, la ciudad en la que Isaac y Yehudá escribieron su ciencia en castellano.

Para ilustrar este hecho bastarán dos ejemplos. La intersección de la eclíptica y el horizonte es un punto que en la actualidad se denomina *ascendente*. En el *Libro de las tablas alfonsíes*, se utiliza tanto *asçendente* como *asçendiente*. La traducción de este término que habían dado los traductores del árabe al latín en el siglo XII era *ascendens*, muy lejos de los términos *horoscopus* y *ortus* utilizados por el latín clásico.

El segundo ejemplo tiene que ver con la astrología: cuando se pretendía anticipar los acontecimientos de la vida de una persona, se solía levantar una carta astral del instante de su nacimiento, sobre la que se inscribían las posiciones de los distintos planetas previamente calculadas. Era, por lo demás, una tarea nada sencilla que requería una buena dosis de largos y complicados cálculos. En esa carta se dividía el zodiaco en 12 partes desiguales, llamadas *casas*, y *casa* es precisamente el término que utilizaron Isaac y Yehudá en el *Libro de las tablas alfonsíes*, así como en todas las demás obras redactadas o escritas por ellos. El término *casa* es la traducción del latín *domus*, que es la voz que habían empleado los traductores arábigo-latinos del siglo XII. Sin embargo, estos traductores habían prescindido del término que había sido habitual en el latín astronómico clásico (*locus*) que, por cierto, traducía literalmente el término griego correspondiente (*topos*).

Puesto que de casas astrológicas se trata, se podría poner un ejemplo de uno de los pocos calcos del árabe que se encuentran en el *Libro de las tablas alfonsíes*. En castellano actual se llama *cúspide de una casa* a su punto inicial sobre la eclíptica. Nuestros astrónomos alfonsíes llamaron a ese punto *çentro*, palabra que, como se ha dicho anteriormente, ya habían utilizado para designar otras realidades matemáticas. Así, al inicio de la casa astrológica, le llamaron *centro*, y no *inicio*. Se podría pensar en una equivocación, pero no es el caso, pues lo que tenían en mente era el término árabe *markaz*, cuyo significado principal es, efectivamente, 'centro', pero que en el contexto técnico de la astrología significa precisamente 'cúspide', es decir, el inicio de la casa. Este ejemplo indica además que Isaac y Yehudá sabían perfectamente de lo que estaban hablando: del punto inicial y no del punto central, y que no tenían confusión alguna en cuanto a los conceptos, que conocían a través del árabe.

A modo de resumen podría decirse que el elemento básico para formar términos técnicos en el campo de la astronomía alfonsí consistió en la reutilización de palabras ya existentes para cubrir así nuevas necesidades. Este reciclaje de palabras ya conocidas, o creación de neologismos de sentido, con el que se pretendía definir con precisión toda clase de conceptos astronómicos, vino acompañado de vacilaciones de diversos tipos.

Los astrónomos alfonsíes adaptaron los términos técnicos del latín y para ello utilizaron el latín astronómico que se había ido forjando en la propia Península Ibérica a partir de las traducciones del árabe durante el siglo anterior. Se trataba de un latín, por lo demás, con evidentes resonancias árabes, algunas de las cuales han logrado llegar hasta nuestros días en un número considerable de términos. Por otra parte, en la creación de neologismos técnicos no se percibe ninguna influencia del hebreo, y sí un recurso, escaso, al árabe. Y cuando eso ocurre, la finalidad parece ser la de economizar palabras.

Éstas son las líneas básicas que posiblemente subyacen a la compleja formación de la primera terminología científica (en este caso astronómica) en castellano. Constituyen tan sólo un primer apunte, porque estas conclusiones se basan en unos pocos textos de los que sólo hemos considerado alrededor de 300 términos. Para que tales conclusiones sean más sólidas habrá que cotejar sistemáticamente todo este vocabulario científico castellano con los textos que tuvieran a su disposición los astrónomos alfonsíes, pero sobre todo con los términos de las traducciones latinas de los tratados astronómicos árabes llevadas a cabo en el siglo XII en la Península Ibérica. Es una línea de trabajo para corredores de fondo, pues quienes se adentren en ella deberán planteársela muy a la larga, ya que muchos de esos textos científicos de que hablamos ni siquiera se han editado.

Bibliografía

Bossong, G. (1978). *Los Cánones de Albateni*. Tübingen: Niemeyer.

Chabás, J.; Goldstein, B. R. (2003). The Alfonsine Tables of Toledo, *Archimedes: New Studies in the History and Philosophy of Science and Technology*. Dordrecht / Boston: Kluwer Academic Publishers.

Millás, J. M. (1943–1950). *Estudios sobre Azarquiel*. Madrid / Granada: CSIC.

—. (1956). "Una nueva obra alfonsí: el Tratado del cuadrante 'sennero'". *al-Andalus* 21. 59–92. Reimpresión en Millás, J. M. (1960). *Nuevos estudios sobre historia de la ciencia española*. Barcelona: CSIC. 221–258.

Real Academia Española. (1960–1981). *Diccionario Histórico de la Lengua Española*. 2 vols. (15 fasc.). Madrid: Espasa-Calpe.

Rico Sinobas, M. (1863–1867). *Libros del Saber de Astronomía del Rey D. Alfonso X de Castilla*, 5 vols. Madrid: Tipografía de Eusebio Aguado.

Rodríguez Montalvo, S. (1981). *Alfonso X: "Lapidario"*. Madrid: Gredos.

Marta Gómez Martínez
Universidad de Salamanca

TRADUCCIONES AL CASTELLANO DE UN MANUAL DE ASTRONOMÍA A FINALES DE LA EDAD MEDIA

1. Introducción

La *Sphaera Mundi* de John of Holywood o Iohannes de Sacrobosco, nombre latinizado, era un manual utilizado en la inmensa mayoría de las universidades de la Europa occidental desde finales del siglo XIII hasta el siglo XVII que trata los aspectos más elementales de cosmografía y astronomía. Por ello, su propósito parece ser el de ofrecer a los estudiantes, en etapas iniciales de su formación, un texto simple e introductorio a la materia. Llegó a gozar de tanta popularidad que circuló por todo el ámbito europeo, no sólo en su lengua original, el latín, sino también en traducciones a ciertas lenguas vernáculas, como el alemán, francés, italiano, portugués y castellano.

Aquí nos vamos a ocupar de algunas de las versiones en castellano del original latino surgidas en el periodo que va desde finales del siglo XV hasta mediados del siglo XVI. Estos textos no sólo suponían un primer acercamiento a los contenidos del mundo astronómico, sino también a su léxico. Es por eso que nos interesa ver cuáles son los recursos de los que se valían los traductores, a lo largo del tiempo, ante la tarea de trasladar el original latino en castellano, de manera que seamos capaces de observar si difieren en su elección de términos para verter las voces latinas o si, por el contrario, existe un consenso.[1]

Los textos que hemos utilizado para ejemplificar esta situación son, por un lado, la edición crítica del original latino realizada por Thorndike (1949) y por otro, tres versiones en castellano:[2] la traducción de Diego de Torres de 1487,

[1] Este estudio se inserta en un proyecto de investigación del Ministerio de Ciencia y Tecnología con el título "Traducción y ciencia: génesis del castellano como lengua de ciencia" bajo la dirección de la Profª. Bertha M. Gutiérrez Rodilla (Universidad de Salamanca) y el Prof. José Chabás (Universitat Pompeu Fabra).

[2] La transcripción íntegra de estos textos está incluida en mi tesis doctoral, *Sacrobosco en castellano*, aún en proceso de elaboración, bajo la dirección del Prof. José Chabás de la Facultat de Traducció i Interpretació, Universitat Pompeu Fabra (Barcelona) y la Profª. Mª. Nieves Sánchez de la Facultad de Filología de la Universidad de Salamanca. En la edición he resuelto las abreviaturas; además, intervengo en la adaptación de las grafías sin dañar el valor de los grafemas, es decir, mantengo los fonemas sin atender a sus distintas

Tratado de la Spera de Johan de Sacrobosco, conservada en el manuscrito 3385 de la Biblioteca Nacional de Madrid [fols. 188r–199v]; el texto de Francisco Faleiro de 1535, *Tratado del Esphera y del Arte de Marear* [fols. 4r–25r] también en la Biblioteca Nacional de Madrid, R/3606; y la versión de Rodrigo Sáenz de Santayana y Espinosa de 1568, *Nueva y fiel traductión (a la letra) de la Sphera de Juan de Sacrobosco* [fols. 1r–78v] conservada en la Biblioteca de Catalunya, Res. 420–12º. La copia de Diego de Torres está plagada de tachaduras y correcciones al margen realizadas por la misma mano que el cuerpo del texto; además, no tiene títulos de capítulos, ni capitales decoradas, ni tampoco dibujos, a pesar de que el autor dejó el espacio para ello. Los textos de Faleiro y Sáenz de Santayana se conservan en copias muy cuidadas repletas de imágenes y sin correcciones. Además, el de Sáenz de Santayana distingue dos moldes de letra, uno para la traducción de *De Sphaera Mundi* y otro de tipo cursivo para sus comentarios o explicaciones. De estos tres traductores, sabemos que dos eran especialistas en astronomía y cosmografía: Diego de Torres fue uno de los primeros catedráticos de astronomía de la Universidad de Salamanca (1482–1496); Francisco Faleiro, de origen portugués, viajó a España para incorporarse a la expedición de Fernando de Magallanes, pero se quedó en Sevilla sirviendo a la corona de Castilla como cosmógrafo (López Piñero *et al.* 1983: s. v. Faleiro, Francisco); sin embargo no tenemos noticia de Sáenz de Santayana.

2. Método de traducción

Quizá, para poder comprender con mayor facilidad el método de traducción utilizado durante el periodo medieval, debamos partir de la idea de que los textos no se consideraban como algo inmutable y definitivo, sino que estaban abiertos a todo tipo de enmiendas y comentarios. Esto se aplica tanto a los originales como a las traducciones; así, Sáenz de Santayana añade, tras la traducción de cada capítulo del texto latino, un apartado denominado *Exposición*, donde incorpora explicaciones adicionales, basándose en algunos casos en otras autoridades además de las citadas en el original, así como nuevos ejemplos y correcciones:

realizaciones gráficas (por ejemplo, transcribo *i*, *j*, *y* con valor vocálico como *i*; *rr*- > *r*-); asimismo, he separado o unido, según su identidad lexicológica y gramatical, diversas secuencias que con frecuencia aparecían unidas o separadas en el original y, por último, he puntuado y acentuado los textos de acuerdo con las propuestas de Sánchez-Prieto (1998).

> Pone Euclides esta diffinición en su undécimo libro, lo cual para mayor entendimiento y declaración exemplificaremos en esta manera. Dize pues el author: la sphera es un tránsito de la circunferencia de medio círculo. Este medio círculo se puede considerar ser un medio anillo de unos grillos, y el tránsito sea dar una buelta con aquel medio anillo en torno del mástil de los grillos, bolviendo el anillo al lugar de donde salió para dar la buelta, la cual llama el author circunferencia. Dize más, estando fixo el diámetro, diámetro llamaremos aquella cantidad del mástil que está desde el un principio del medio anillo hasta el otro, porque lo demás del mástil es impertinente para nuestro exemplo. Esta es la declaración de la intención del author (SAN 6r).

> Y no me deteniendo más en esto, digo, que dezir el author, excepto cuanto la sequedad. &c. que es falso: porque si el elemento de la tierra es sphérico, y consideramos encima de su superficie estar el elemento del agua dividida en partes, está claro que la profundidad que tiene sobre la tierra, ambos estos elementos juntamente no pueden hazer cuerpo sphérico, ni superficie redonda. Lo cual ser falso, se prueva por la sombra que en la menguante y creciente de la Luna se parece, causada por la interposición d'estos dos elementos (en uno encorporados) entre los dos cuerpos solar y lunar, pues no se nos muestra alterada ni gibosa, como la razón lo pedía, mas antes una media Luna muy redonda, causada por la redondez que en sí contienen ambos estos dos elementos del agua y tierrra (SAN 9r–v).

Además de las glosas o comentarios que se iban añadiendo en las diversas traducciones a lo largo del tiempo, era costumbre, a partir del siglo XIII, compilar los textos, en tanto estos podían servir para construir obras de sentido diferente al de los originales (Rubio Tovar 1997: 221). Como hemos comentado en la introducción, *De Sphaera Mundi* fue concebido como manual introductorio a los estudios universitarios de astronomía y cosmografía; sin embargo, con el tiempo encontramos algunas obras sobre navegación que incorporan en su primera parte, a modo de introducción, una traducción del texto de Sacrobosco. Este es el caso de la versión de Faleiro, *Tratado del Esphera y del Arte de Marear*, que como explica en el prólogo, se divide en dos partes bien diferenciadas en cuanto a su contenido:

> Este tratado se divide en dos partes: la primera trata qué cosa sea esphera [...] y d'otras particularidades del espera, con algunas figuras exemplares y acotación de algunos términos para que el lector que careciere de todo principio se satisfaga. En la segunda parte se trata del orizonte y de su variación; y de las reglas de las alturas del Sol y del norte, con las declinaciones del Sol y regimiento complido del arte del marear con reglas y exemplos nuevamente escritas & muy necessarias (FAL 3v).

Asimismo, se producen refundiciones y variaciones en un intento por actualizar el contenido del original de acuerdo con el cambio sociocultural que se haya podido producir desde el momento de composición del original hasta que se realiza la traducción (Rubio Tovar 1997: 232). Entonces, cada nueva traslación supone una nueva actualización del original, acercándolo a sus usuarios o lectores y, por tanto, a cada época. De este modo, se pueden incorporar informaciones relacionadas con avances en el campo de la técnica o del conocimiento, como ocurre en la versión de Faleiro al referirse a la división de la Tierra en zonas habitables e inhabitables. En la zona que en el texto de Sacrobosco se considera desierta, Faleiro localiza Brasil y el Río de la Plata, es decir América del Sur, continente desconocido para Sacrobosco en el siglo XIII, como explica:

> Tuvieron los filósofos que fuesse desierta por dos cosas: la primera porque pensavan que toda era mar sin Tierra; lo otro porque en su tiempo no se navegava el mundo como agora, por no saber ordenar derrotas, ni navegar por alturas, a cuya causa no se alcançava más noticias del universo de la que unos comarcanos a otros comunicavan de sus provincias y naturaleza y no más. Y a esta causa no alcançando noticia de aquella zona ni de las gentes que en ella abitavan tuviéronla por desierta sin abitación ninguna, mas al presente por estar tan efinada al arte de marear y tan estendida la codicia, de todas las zonas tenemos noticia, y de las más esperiencia verdadera (FAL 19r–v).

Si tenemos en cuenta que, durante el periodo medieval, la traducción no era un ejercicio autónomo, sino que estaba influido por el sistema de la retórica impartido en las aulas universitarias de la época, entonces los hábitos mencionados anteriormente, como estaban relacionados con los procedimientos retóricos de la *amplificatio* y la *abreviatio*, eran prácticas habituales. Por lo tanto, Faleiro y Sáenz de Santayana no hacen más que seguir las pautas de su época a la hora de trabajar con materiales originales.

Entonces, partiendo de que las traducciones podían no realizarse desde el mismo original y de la posibilidad aceptada por los autores y traductores de ampliar el texto por medio de comentarios, glosas o ejemplos, además de enmiendas, nos situamos en el contexto en que se llevaba a cabo la labor traductora. Si nos retraemos en el tiempo, aunque no encontramos tratados que versen específicamente sobre el método de traducción, sí hubo un estudioso que acuñó una teoría sobre el tema y que destacaremos aquí, no por ser el único, sino porque sus ideas tuvieron una amplia repercusión en traductores posteriores a lo largo de la Edad Media: San Jerónimo. Sus propuestas aparecen en una carta escrita a Pamaquio (*Ad Pammachium de optimo genere interpretandi*, 394 d. C.) en respuesta a una crítica que había recibido sobre su trabajo como traductor:

> Ego enim non solum fateor, sed libera voce profiteor me in interpretatione Graecorum, absque scripturis sanctus, ubi et verborum ordo mysterium est, non *verbum e verbo*, sed *sensum exprimere de sensu*. [...]

> Pues yo no sólo confieso, sino que abiertamente proclamo que, al traducir a los griegos fuera de las Sagradas Escrituras, donde hasta el orden de las palabras es un misterio, no expreso *palabra por palabra*, sino *sentido por sentido* (García Yebra 1994: 39).

San Jerónimo distinguió así dos tipos de traducción: por un lado, *pro verbo verbum*, palabra por palabra, ideal para la Biblia en tanto el orden de las palabras constituye un misterio divino; y por otro, *sensum exprimere de sensu*, es decir, no se trata de traducir literalmente, sino de trasladar el sentido de las palabras de una lengua a otra (Rubio Tovar 1997: 211). Estas ideas se fueron propagando a lo largo de la Edad Media formando parte de esos tópicos que llenaban los prólogos a las obras vertidas. Por ejemplo, Sáenz de Santayana hace referencia a la forma en que realiza su versión no en el prólogo, sino que en el título, *Nueva y fiel tradutión (a la letra) de la Sphera de Juan de Sacrobosco*, señala que se trata de una traducción fiel, es decir, a la letra o, lo que es lo mismo, palabra por palabra.

En los ejemplos que se siguen hemos tomado la definición de esfera dada por los textos como muestra del tipo de traducción: más ceñida al texto original o más libre. Así vemos cómo Diego de Torres y Sáenz de Santayana conservan el orden secuencial de las explicaciones que da el original, diferenciándose sólo en la elección de algunos términos. Por ejemplo, para el latín *transitus* y *solidum* Torres recurre al uso de voces latinas, *tránsito* y *sólido*, respectivamente, mientras que Santayana utiliza voces patrimoniales, *passamiento* y *mazizo*; en otros casos será este quien prefiera usar latinismos, como *fixa* y *semicirculi* en el texto latino que traslada como *fixo* y *semicírculo*, respectivamente, frente a Torres que vierte como *firme* y *medio círculo*. En el extremo contrario se encuentra la versión de Faleiro, quien, tomando dos ideas recogidas en el original, una atribuida a Euclides (*corpus rotundum*) y otra a Teodosio (*una superficie contentum*), da una definición de esfera más corta y concisa, reformulando los contenidos del texto latino:

Latín

> Spera igitur ab Euclide sic describitur: spera est transitus circumferentie dimidii circuli quotiens fixa diametro quosque ad locum suum redeat circumducitur. Id est, spera est tale corpus rotundum et solidum quod describitur ab arcu semicirculi circumducto.
>
> Spera vero a Theodosio sic describitur: spera est corpus solidum una superficie contentum in cuius medio punctus est a quo omnes linee ducte ad circumferentiam sunt equales, et ille punctus dicitur centrum spere. Linea vero recta, transiens per centrum spere, applicans extremitates suas ad circumferentiam ex utraque parte, dicitur axis

> spere. Duo quidem puncta axem terminantia dicuntur poli mundi (Thorndike 1949: 76–77).

Diego de Torres

> Espera segund Euclides se describe ansí: spera es un tránsito de la circunferencia de medio círculo, la cual se trae alderredor sobre el diámetro firme, tanto hasta que torne a su lugar. Y más declarando, quiere dezir que spera es un cuerpo redondo sólido, el cual se constituye y describe del arco de medio círculo traído alderredor.
>
> Mas segund Teodosio se describe ansí: spera es un cuerpo sólido redondo contenido de una superficie en medio del cual está un puncto del cual todas las líneas derechas traídas hasta la circunferencia son iguales [...] y aquel puncto se dize centro de espera. La línea derecha que pasa por el centro & allega con sus estremidades a la circunferencia de cada parte se dize axe de espera. Los dos punctos que terminan el axe se dizen polos del mundo (DDT 188r).

Rodrigo Sáenz de Santayana

> LA SPHERA pues, según Euclides, se describe assí. La sphera es passamiento de la circunferencia de un medio círculo, la cual es traída a la redonda (estando fixo el diámetro), hasta tanto que buelva al lugar do partió, o en esta manera. La sphera sea un tal redondo y mazizo, que es señalada de un arco del semicírculo traído a la redonda.
>
> También la sphera d'esta manera la diffine Theodosio. La sphera es un cuerpo sólido, contenido de una superficie, en el medio del cual está un punto, del cual, todas las líneas rectas, llevadas hasta la circunferencia, son iguales: y aquel punto se llama centro de la sphera. Mas la línea derecha que passa por el centro de la sphera, llegando sus extremidades a la circunferencia de la una y de la otra parte, se llama axe de la sphera: y los puntos que determina el axe, son llamados polos del mundo (SAN 1v–2r).

Francisco Faleiro

> Sphera es un todo compuesto de muchas partes: contenidas debaxo de una superficie. E satisfaziendo a los que quisieron saber qué cosa fuesse esphera: aunque por diversas palabras los filósofos en que sea un cuerpo redondo fueron conformes (FAL 4r).

Pero no vamos a extendernos más aquí en las distintas opciones de las que se valían los traductores durante el periodo medieval al verter en castellano la terminología, en tanto trataremos de este aspecto en el apartado siguiente.

3. Terminología

En el proceso traductor de un texto de especialidad, la terminología juega un papel crucial en tanto facilita la labor de los traductores al verter un contenido de una lengua a otra (Cabré 1993: 107). Sin embargo, esto no podía darse cuando, en el periodo medieval, se comenzaba a utilizar el castellano y las otras lenguas vernáculas como lenguas de ciencia, pues existía un vacío terminológico que el traductor debía suplir en su labor de trasvase del latín a la lengua romance. De este modo, el traductor actuaba como terminólogo para resolver la carencia de términos específicos que no formaban parte del caudal léxico de la lengua en que vertía el original.

El trabajo de los traductores cuando no encontraban una voz en su lengua que recogiera el significado del original consistía en acudir a un préstamo (tomar una palabra o expresión de otra lengua), sustituirla por un calco (adoptando el contenido semántico de una voz o expresión de otra lengua, traduciendo su significado), reemplazarla por una glosa o paráfrasis, acumular sinónimos, o simplemente omitirla (Rubio Tovar 1997: 217, nota 47).

En los textos que hemos tomado como ejemplo, vemos cómo se llevan a la práctica algunos de estos hábitos. En la mayoría de los casos, los traductores recurren al uso de préstamos tomados del texto latino original: lo que hoy en día se denomina *apogeo* en astronomía, es decir, el punto de la trayectoria de un astro que se encuentra más alejado de la Tierra, era, en latín *aux, augis*, voz procedente del árabe clásico *awŷ*, 'el punto más alto del cielo', y este del persa *owg* (*DRAE* 2001). En el trasvase al castellano, Diego de Torres y Sáenz de Santayana utilizan *auge* (en Faleiro no aparece este término porque omite la traslación del capítulo que hace referencia al círculo excéntrico):

> Punctus autem in excéntrico qui maxime accedit ad firmamentum appellatur aux sive augis, quod interpretatur elevatio (Thorndike 1949: 113).

> El puncto en el excéntrico que más se allega al firmamento se llama *auge*, que quiere dezir elevación (DDT 199r).

> Y el punto en el ecéntrico el cual más se allega al firmamento, se llama *auge*, el cual se interpreta elevación (SAN 71v).

Sin embargo existen otros casos en que, mientras en unos aparece un latinismo, en otros encontramos una voz patrimonial. Este es el caso de voces como *longitud* y *latitud*. En Diego de Torres encontramos *longura* y *ladeza*, mientras que Faleiro y Sáenz de Santayana utilizan el latinismo *longitud* y *latitud* tomado del original. Además, este último recurre también al uso de un sinónimo patrimonial (*anchura*) que acompaña al préstamo latino a modo de aclaración:

> Sólo el zodiaco se entiende como superficie que tiene en *ladeza* 12 grados y en *longura* 360 (DDT 191v).

> A cuya distancia de oriente a ocidente llaman *longitud*. Y la distancia que de cada una d'estas líneas o paralelos a las otras ay, y assí a la equinoccial, se dize *latitud* (FAL 12r).

> El cual contiene en sí latitud, dentro de la cual están figurados los doze signos, y esta *latitud o anchura* es en doze grados (SAN 33r).

> *Longitud* se llama aquella distancia e intervalo, que se comprehende entre dos meridianos de dos ciudades (SAN 37v).

Otro ejemplo sobre este fenómeno es *hemisferio*. De nuevo, Faleiro y Sáenz de Santayana recurren al latinismo, mientras que Diego de Torres busca el equivalente en castellano:

> Orizon vero est circulus dividens inferius emisperium a superiori (Thorndike 1949: 91).

> Orizón, esto es, es círculo que divide la *media espera* baxa de la alta (DDT 192r).

> Y los que abitassen o navegassen en la parte que fuesse redonda podríales caer la parte llana en parte de su *emisperio* (FAL 15v).

> El orizonte es un círculo que divide el *hemispherio* inferior del superior (SAN 36v).

Merece la pena destacar aquí el término actual *Ecuador* porque al aparecer en el texto latino bajo diversos nombres (*equinoctialis*, *equator diei et noctis* y *cingulus primi motus*), es interesante ver cómo se enfrentan los traductores a esta variedad terminológica.

Ante la voz *equinoctialis* todos coinciden en su elección del latinismo: *equinocial* (DDT), *equinoccial* (FAL) y *equinoctial* (SAN), aunque hay que señalar que, además, Sáenz de Santayana conserva el grupo latino culto *–CT–*:

> Est igitur *equinoctialis* circulus quidam dividens speram in duo equalia secundum quamlibet sui partem eque distans ab utroque polo. Et dicitur equinoctialis quia, quando sol transit per illum, quod est bis in anno, scilicet in principio Arietis et in principio Libre, est equinoctium in universa terra (Thorndike 1949: 86).

> Pues *equinocial* es un círculo que divide la spera en dos partes iguales, igualmente distante de cada parte a cada polo. & dízese equinocial círculo porque, cuando el sol pasa por él, que es dos vezes en el año, así como, en principio de Aries y en principio de Libra, ay equinocio en toda la tierra (DDT 190v).

> Imagínase otro círculo en la esphera de oriente a ocidente que ciñe toda la espera, y passando por medio de los dos polos, tan apartada del uno como del otro, corta por el

centro del mundo & divide toda la esphera celestial y elemental en dos partes iguales. Y echa una mitad azia el un polo, & la otra azia el otro como demuestra la línea .e. f. en la figura atrás puesta. Y este tal círculo se dize *equinoccial*, porque corta el zodiaco por los dos equinoccios, conviene a saber Aries & Libra que son los dos puntos a que llegando el Sol, los días & las noches son iguales (FAL 11r).

Es pues el círculo de la *equinoctial* aquel que divide la sphera en dos partes iguales, y según cualquiera de sus partes está igualmente apartada del uno y del otro polo. Y llámase equinoctial, porque cuando el Sol passa por ella, que es dos vezes en el año, conviene a saber en el principio de Aries, y en el principio de Libra, es el equinoctio en toda la tierra; (SAN 25v).

En el siguiente término utilizado por Sacrobosco, *equator diei et noctis*, tanto Torres como Sáenz de Santayana traducen al castellano la expresión latina, es decir, acuden al recurso del calco, mientras que en el texto de Faleiro se omite esta denominación:

Unde apellatur *equator diei et noctis*, quia adequat diem artificialem nocti, et dicitur cingulus primi motus (Thorndike 1949: 86).

Y por la misma razón se llama *igualador del día & de la noche*, porque iguala el día artificial a la noche (DDT 190v).

por lo cual aun es llamado *igualador del día y de la noche*, porque iguala el día artificial a la noche (SAN 25v).

La última expresión que encontramos en el original para referirse al Ecuador es *cingulus primi motus* que, como en el caso anterior, Faleiro elude. Tanto Diego de Torres como Sáenz de Santayana utilizan una palabra patrimonial, aunque distinta, con origen en la misma voz latina, *ciñidero* y *cinto*:

Dicitur etiam *cingulus primi motus* quia dividit primum mobile, scilicet speram nonam, in duo equalia eque distans a polis mundi (Thorndike 1949: 86–87).

Dízese también *ciñidero del primer movimiento* porque ciñe o corta el primer móbile o la nona spera en dos partes iguales igualmente distando de los polos del mundo (DDT 190v).

Y llámase *cinto del primer movimiento*, de donde es de saber que el primer movimiento se llama movimiento del primer móvil (SAN 25v).

Sin embargo, Sáenz de Santaya, en su exposición al capítulo dedicado al Ecuador, utiliza una terminología distinta a la que aparece en su traducción al texto de *De Sphaera Mundi*. Si en la traslación encontramos *igualador* y *cinto*, en su comentario aparecen los latinismos, *ecuador* y *cíngulo*, acompañados de un sinónimo introducido por la expresión *que quiere decir* o por la conjunción disyuntiva *o*:

> Este círculo equinoctial, tiene tres nombres, conviene a saber, *equinoctial*, porque passando el Sol por embaxo d'él en su parejo, haze equinoctio en todo el mundo, y esto es dos vezes en el año, la una entrando el Sol en el primer grado del signo de Aries, que es a las onze de marҫo: la otra es en el primer grado de Libra, que es a los catorze de Septiembre. Llámase ansímesmo *ecuador*, que quiere dezir *igualador*, porque en los tiempos dichos iguala la noche con el día. Llámase también *cíngulo*, o *ciñidor*, porque abraҫa e ciñe al primer móbil por medio, dividiéndole en dos partes iguales (SAN 27v).

4. Conclusiones

Resulta un poco aventurado extraer datos concluyentes de un estudio que forma parte de un trabajo aún en proceso de elaboración, mi tesis doctoral. Sin embargo, estamos convencidos de que la clave para determinar por qué cada traductor traslada el original de forma diferente estribe en la finalidad y el público a quien iba destinado cada texto, además de la época en que fue concebido.

Diego de Torres, como catedrático de astronomía en la Universidad de Salamanca, tendría como destinatarios a sus estudiantes porque su versión podía servir como texto de apoyo para leer el original latino; por ello se trata de una traducción bastante literal. Como destaca Burrus (1995: 151): "The few word-for-word translations in Castilian were meant to serve as companion texts for lay readers attempting to struggle with the Latin original". Además, el hecho de que el texto de Diego de Torres carezca de prólogo y sea una copia descuidada plagada de tachones y falta de ornamentación podría deberse a que se trataba de los apuntes que él utilizaba en sus clases o, incluso, los apuntes de algún alumno. Por lo tanto, su finalidad está relacionada con el ámbito universitario.

Por otro lado, Faleiro ofrece una versión de *De Sphaera Mundi* mutilada, en tanto sólo vierte aquellos capítulos que son de utilidad en el contexto de la navegación. Además, la traducción se realiza de forma libre, es decir, toma las ideas de Sacrobosco y las reformula dando como resultado un texto completamente nuevo acompañado de ejemplos relacionados con la navegación y de enmiendas debido a los cambios producidos en los conocimientos cosmográficos de su época.

Sáenz de Santayana traduce *De Sphaera Mundi* de forma literal y realiza sus comentarios o enmiendas en un apartado diferente denominado *Exposición*. Su texto, en una edición impresa muy cuidada que distingue dos tipos de letra diferentes para la traducción y para su explicación y que, además, incluye multitud de figuras y cuadros ilustrativos parece que fue concebido como libro de lectura destinado a aquellos que, de forma autónoma, querían acceder a los conocimientos astronómicos.

En cuanto al trasvase de la terminología, es necesario prestar atención a la fecha de creación de las traducciones. Diego de Torres, de finales del siglo XV, recurre al calco buscando un equivalente en castellano para la voz latina, mientras que Sáenz de Santayana prefiere el calco en su traducción, y el préstamo en sus comentarios. Esto quizá se deba a que, al llevar a cabo la traslación del original latino, tenía presente otra versión en castellano; sin embargo, en los comentarios, como son obra suya, surgen esos latinismos debido a que cambia la época, el Renacimiento, y el gusto por el mundo antiguo inunda las obras de ecos latinistas. Aun así, Sáenz de Santayana, siendo consciente de la posible falta de conocimiento del latín de su público, acompaña estos latinismos de un sinónimo o una explicación.

Con esto, hemos pretendido plantear una serie de cuestiones sobre el discurso científico en la Edad Media y el Renacimiento dentro del ámbito de la astronomía en el que aún estaba fijándose una terminología en castellano.

Bibliografía

Burrus, V. A. (1995). "The *Esopeye historiado* and the Art of Translation in Late Fifteenth-Century Spain". *Livius* 6. 149–160.

Cabré, M. T. (1993). *La terminología. Teoría, metodología, aplicaciones*. Barcelona: Antártida/Empuries.

DRAE (2001). = Real Academia Española. (2001). *Diccionario de la lengua española*. 21ª edición. Madrid: Espasa Calpe.

DDT = Sacrobosco (1487).

FAL = Sacrobosco (1535).

García Yebra, V. (1994). "Un curioso error en la historia de la traducción". *Livius* 5. 39–51.

López Piñero, J. M.; Glick, T. F.; Navarro, V.; Portela, E. (1983). *Diccionario histórico de la ciencia moderna en España*. Barcelona: Península.

Rubio Tovar, J. (1997). "Algunas características de las traducciones medievales". *Revista de Literatura Medieval* IX. 197–243.

Sacrobosco, Iohannes de (=John of Holywood). (1487). *Tratado de la Spera de Johan de Sacrobosco*. Traducción de Diego de Torres, manuscrito 3385 [fols. 188r–199v] conservado en la Biblioteca Nacional de Madrid.

—. (1535). *Tratado del Esphera y del Arte de Marear*. Traducción de Francisco Faleiro, manuscrito R/3606 [fols. 4r–25r] conservado en la Biblioteca Nacional de Madrid.

—. (1568). *Nueva y fiel tradutión (a la letra) de la Sphera de Juan de Sacrobosco*. Traducción de Rodrigo Sáenz de Santayana y Espinosa, manuscrito Res. 420–12º [fols. 1r–78v] conservado en la Biblioteca de Catalunya.

SAN = Sacrobosco (1568).

Sánchez-Prieto, P. (1998). *Cómo editar los textos medievales: Criterios para su presentación gráfica*. Madrid: Arco/Libros.

Thorndike, L. (1949). *The 'Sphere' of Sacrobosco and Its Commentators*. Chicago: University of Chicago.

Andrés Enrique Arias
Universitat de les Illes Balears

TEXTO SUBYACENTE HEBREO E INFLUENCIA LATINIZANTE EN LA TRADUCCIÓN DE LA *BIBLIA DE ALBA* DE MOISÉS ARRAGEL

1. Introducción

La *Biblia de Alba* (en adelante *Alba*) es un documento excepcional al ser la única biblia romanceada medieval en que tenemos noticia fehaciente de su autor, fecha y patrocinador y ser además el único caso en que se hace mención explícita del criterio de traducción empleado. Gracias a un amplio prólogo de 25 folios sabemos que la *Biblia de Alba* fue traducida y comentada por el rabino Moisés Arragel entre 1422 y 1430 por encargo de Don Luis de Guzmán, maestre de la Orden de Calatrava. El maestre, participando de la curiosidad por los textos antiguos típica de los intelectuales del ya cercano Renacimiento, solicitó del rabino Moisés Arragel una traducción de la Biblia donde el hebreo concordara con la *Vulgata* y sólo allí donde las dos versiones fueran irreconciliables podría el traductor inclinarse por la versión hebrea (cf. Fellous-Rozenblat 1992).

Pero hay además otra circunstancia que ofrece posibilidades extraordinarias para analizar el proceso creativo empleado por Arragel en su traducción. Nos referimos aquí a la existencia de la *Biblia* de la Biblioteca de la Real Academia de la Historia en Madrid (en adelante RAH). A diferencia de *Alba*, RAH es un manuscrito anónimo cuyos numerosos errores de copia y corrupciones evidencian que no es un original próximo a su autor. El determinar en un texto de estas características qué es lo que pertenece a su autor original y qué es atribuible a las diferentes manos que han participado en su transmisión es una cuestión extremadamente complicada que trasciende los objetivos de esta investigación. No obstante, hay dos hechos incuestionables. En primer lugar, las versiones de los libros de Isaías y Jeremías y los catorce primeros capítulos del de Ezequiel (en adelante Isa, Jer, y Eze, respectivamente) presentan una gran cantidad de coincidencias con la versión de Arragel, hasta el punto de que Samuel Berger llegó a afirmar que en la práctica se trataría de dos manuscritos del mismo texto (Berger 1899: 534–535).

Es decir, las coincidencias no pueden explicarse como una mera casualidad sino que serían el resultado de la influencia de un texto sobre el otro. En segundo lugar, la comparación de las diferencias entre las dos versiones, tal como ilustramos en este estudio, deja claro que Arragel redactó *Alba* basándose en RAH y no al revés. La explicación más favorecida entre los que se han asomado al problema sería que Arragel empleó el texto de RAH como modelo e introdujo modificaciones para satisfacer el encargo de su señor (Lazar / Pueyo Mena / Enrique-Arias 1994: xx y ss.).

En consecuencia, la existencia de estos dos textos y la información recogida en el prólogo respecto el criterio que Arragel debía seguir en su traducción nos permitirá estudiar el proceso creativo de *Alba* y, relacionado con esto, determinar con mayor exactitud la naturaleza del parentesco entre estas dos importantes biblias romanceadas. Hechas estas precisiones procedemos a exponer de manera resumida qué tipos de variantes se dan al comparar los dos textos y, en consecuencia, cuáles son las principales intervenciones de Arragel sobre el texto de RAH que podemos inferir de las variantes observadas.

2. Modificaciones para hacer el texto más claro y explícito

Un primer aspecto que llama la atención al comparar los dos textos es la presencia en la traducción de Arragel de lecturas divergentes con el texto de RAH atribuibles a una intención de hacer el texto más claro y explícito. En numerosas ocasiones, se dan amplificaciones que no están presentes en el Texto Masorético (en adelante TM). Este deseo de prolijidad contrasta con el espíritu de literalidad y escrupulosa fidelidad al original hebreo típica de los traductores judíos que tiene su máxima expresión en la *Biblia* contenida en el códice I-1-3 de la Biblioteca del Monasterio del Escorial (en adelante *E3*) o en la *Biblia de Ferrara* (en adelante *Ferrara*), y que también es característico de muchos pasajes de RAH. En primer lugar, es frecuente en el texto de *Alba* la presencia de variantes donde se ha completado el sentido de la frase, haciéndolo más explícito. En el ejemplo (1), siguiendo la versión de la *Vulgata*, se ha añadido la expresión *en los que son* que ayuda a completar el sentido de la frase.

(1) [Isa 7:20]

> [RAH] En aquel día rraerá el Señor con la nauaja alquilada, allende del rrío
>
> [*Alba*] En aquel día raerá el Señor con la nauaia aguda en los que son allende del flumen
>
> [*Vulgata*] In die illa radet Dominus in novacula conducta in his qui trans flumen sunt

De modo semejante, en el ejemplo (2) Arragel añade *fuyrá* para clarificar que *un mil* es el sujeto del verbo *fuyredes*, que aparece más adelante en la frase. Asimismo añade la palabra *todos* para clarificar a quién se refiere este *fuyredes*. Estas expresiones añadidas no aparecen ni en el TM ni en la *Vulgata*.

(2) [Isa 30:17]

> [RAH] Vn millar por espanto de uno, por espanto de çinco fuyredes
>
> [*Alba*] *Número de* vn mill *fuyrá* de espanto de vno, e de espanto de çinco, *todos* fuyredes

Asimismo, y en consonancia con la intención general de Arragel de hacer el texto más claro, hay pasajes en los que el rabino hace modificaciones o adiciones para eliminar posibles ambigüedades. El ejemplo (3) ilustra este proceso:

(3) [Isa 41:2]

> [RAH] ¿Quién espertó al del oriente? [...] dio *delante d'él* gentes, e rreyes sseñoreó
>
> [*Alba*] ¿Quién espertó al del oriente? [...] dio *ante sý* gentes, e sobre reyes señoró
>
> [RAH] [...] púsolos commo el poluo la ssu espada e quommo paja desechada el su archo
>
> [*Alba*] [...] dio como el poluo la su espada *d'ellos*; asý como stópula arapada de viento el su arco *d'ellos*

La expresión *delante d'él* en RAH ha sido reemplazado por *ante sý* en *Alba*, deshaciendo la posible ambigüedad entre reflexividad y no reflexividad del pronombre *él* en este contexto. Las expresiones *la su espada d'ellos* y *el su arco d'ellos* eliminan la ambigüedad respecto al género y el número del poseedor que se da en los adjetivos posesivos de tercera persona en castellano. Al añadir *d'ellos* queda claro que *gentes* y *reyes* en la frase anterior son los poseedores de *espada* y *arco*.

Además, se dan casos donde la versión de Arragel, además de clarificar el texto, añade expresividad, como en el ejemplo (4):

(4) [Isa 13:4]

> [RAH] Box de rruydo enlos montes, semejança de mucho pueblo
>
> [*Alba*] Voz de *grand* roydo *de gente es* en los montes, semeiança de grand pueblo

[*Vulgata*] Vox multitudinis in montibus quasy populorum frequentium

El adjetivo *grand* que aparece modificando a *roydo* no está en TM ni en la *Vulgata*, se trataría por tanto de una expansión expresiva. Podemos observar también la inserción de la expresión *de gente* que modifica a *roydo* y que permite incorporar el contenido de *multitudinis* presente en la versión latina. También hay aquí inserción de cópula, que no está presente ni en TM ni en la *Vulgata*. El resultado de estas modificaciones es una lectura más expresiva y dotada de mayor precisión.

En algunas ocasiones, las versiones de Arragel son muy prolijas, de tal modo que más que una traducción estamos ante un auténtico comentario o glosa. Obsérvese en el ejemplo (5) la extremadamente compleja solución que ofrece Arragel para traducir la expresión *sicut aratra et segetes* de la *Vulgata*.

(5) [Isa 17:9]

[RAH] E aquel día serán las cibdades dela ssu fortaleza commo lo que dexan *en las altas rramas e cogollos* que dexaron delante los fijos de Israhel, e sserá desierta.

[*Alba*] En aquel día serán las çibdades de la su fortaleza desanparadas, *como quando desanpara el que ara el su aradro, o el que está cogiendo en somo de las ramas de los árboles [segando]*, que desanpararon por los fiios de Israel, e quedará deserta.

[*Vulgata*] In die illa erunt civitates fortitudinis eius derelictae *sicut aratra et segetes* quae derelictae sunt a facie filiorum Israhel et erit deserta.

En conclusión, los patrones de variación entre los dos textos nos dibujan a un Arragel que deja en un segundo plano la literalidad total respecto del TM típica de las traducciones medievales basadas en el hebreo, y se concentra en dotar a su versión de mayor claridad, expresividad y viveza. Asimismo, la tipología de las variantes analizadas es consistente con la hipótesis de que Arragel, al redactar *Alba* asumió el objetivo de mejorar el texto ya preexistente de RAH.

3. Modificaciones para incorporar lecturas o interpretaciones de la *Vulgata*

Con la intención de satisfacer el encargo de Don Luis de Guzmán, Arragel modifica numerosos pasajes del texto de RAH para incorporar lecturas o interpretaciones de la *Vulgata*, como ya hemos observado en algún ejemplo de la sección anterior. Ésta es sin duda la característica más saliente de las variantes entre los dos textos, que se puede apreciar en los ejemplos (6) y (7):

(6) [Isa 13:20]

[RAH] Non sserá poblada jamás, nin enella habitarán en ninguna generaçión

[*Alba*] Non habitarán en ella omnes fasta la fin, nin será fundada en ninguna generaçión

[Vulg] Non habitabitur usque in finem et non fundabitur usque ad generationem et generationem

(7) [Isa 63:19]

[RAH] Somos ya commo sy jamás non señorearas en ellos

[*Alba*] Fechos somos quasy que desde el prinçipio non señoraras en nos

[Vulg] Facti sumus quasi in principio cum non dominareris nostri

No es en absoluto extraña la intervención de la *Vulgata* en las traducciones bíblicas basadas en el hebreo, incluso en las más literalmente hebreas como *Ferrara*. Pero tal influencia normalmente se reduce a lecturas esporádicas utilizadas para complementar el original. Lo que hace Arragel es radicalmente diferente, ya que en numerosos casos, como los que acabamos de ilustrar, la versión de *Alba* sigue el latín de manera completamente sumisa, incluso allí donde el original hebreo es perfectamente inteligible.

Otro aspecto interesante de la traducción de Arragel es su intención de compatibilizar la versión hebrea y la *Vulgata*, algo a lo que hace referencia explícita en el prólogo y en los comentarios al texto bíblico. Por ejemplo, en Isa 65:4, RAH traduce la expresión hebrea *neŝurim* como *desiertos* (cf. *E3*, F *yermos*). *Alba*, con la clara intención de incorporar la versión de Jerónimo (*delubris idolorum* 'santuario de los ídolos') traduce *las cueuas de los desertos donde sus ýdolos tienen*. La misma tendencia se aprecia en la traducción de Isa 57:6 TM *ḥalac* '(piedras) lisas' donde RAH y *Vulgata* presentan interpretaciones completamente diferentes: *guiias blandas* y *partibus*, respectivamente. Arragel propone una solución integradora traduciendo *partes e guiias*. Del mismo modo la discrepancia para traducir TM '*olam* en Isa 57:11 (cf. *sienpre* en RAH, *E3* y *Ferrara*, y *quasy non videns* en la *Vulgata*) es salvada por Arragel combinando las dos lecturas: *sienpre quasy que lo non veýa*.

La influencia del latín de la *Vulgata* en el texto de Arragel es también evidente en el nivel morfosintáctico. Un buen ejemplo de ello es la forma de traducir el participio activo hebreo, que es un mecanismo por el cual se crea un sustantivo a partir de un verbo. En las biblias romanceadas medievales lo más común es emplear un sufijo nominalizador del tipo *-dor* o *-nte* (*amador, amante*), donde la palabra resultante toma la flexión de género y número que es propia de los sustantivos. Los traductores usan además una segunda estrategia, que es construir una oración de relativo (*el que ama*), donde el participio activo hebreo se traduce con una forma verbal con flexión de tiempo, modo, aspecto, número y persona.

La diferente manera en que el texto de RAH y *Alba* traducen el participio activo hebreo es una buena muestra de la mayor literalidad con respecto al Texto Masorético del primer texto y las influencias de la *Vulgata* en el segundo. Por ejemplo, en el versículo Isa 51:13, que contiene cinco casos de participio activo hebreo, vemos que RAH utiliza sustantivos exclusivamente, mientras que la manera de traducir de *Alba* sigue la sintaxis de la *Vulgata* con una fidelidad total, con dos sustantivos y tres cláusulas relativas.

(8) Traducciones del participio activo hebreo en Isa 51:13

RAH	***Alba***	***Vulgata***
¿E oluidaste a Adonay *el tu fazedor*, *tendedor* delos cielos e *fundador* dela tierra, e has auido pauor ssienpre todo el día dela ssaña del *tribulador* quando sse reparaua para damnificar? ¿E donde es ya la ssaña del *tribulador*?	¿E tu oluidaste al Señor, *tu criador*, *el que tendió* los çielos e *fundó* la tierra, e pauor continuo ouieste todo el día de la saña *del que te tribulaua* quando se adereçaba para dapniar? ¿pues dó es la saña del *tribulador*?	et oblitus es Domini *factoris tui qui tetendit* caelos et *fundavit* terram et formidasti iugiter tota die a facie furoris eius *qui te tribulabat* et paraverat ad perdendum ubi nunc est furor *tribulantis*?

En pasajes como éste da la impresión de que Arragel procede como los traductores judíos que conferían al TM la cualidad de palabra sagrada que debía ser reproducida lo más literalmente posible. La diferencia es que en este caso lo que se reproduce con fidelidad total es el texto latino de la *Vulgata*.

4. Eliminación de hebraísmos léxicos y vocabulario especial judeoespañol

Prácticamente todos los hebraísmos léxicos (o más bien meras transliteraciones de vocablos hebreos) que aparecen en RAH son reemplazados en *Alba* por expresiones castellanas que siguen la lectura de la *Vulgata*. Así, *meriym* es reemplazado por *carneros engrossados*, *yddaonim* por *adivinos* y *araba* por *deserto* o *soledat* según cuál sea la versión de Jerónimo. Los cambios son frecuentes también en lo que respecta a topónimos. Arragel solamente los mantiene en hebreo allí donde la *Vulgata* hace lo propio. En caso contrario los traduce sistemáticamente. Así, *Ben Ssamen* pasa a ser *fijo de olio*, *Benthabal* es traducido como *fijo de Tabel* y *Beer Elym* como *pozo de Elym*.

Hay otros tipos de hebraísmo léxico que Arragel tiende a eliminar en su versión de forma sistemática. El hebreo, gracias al mecanismo de su flexión, posee una gran facilidad para la creación de sustantivos a partir de verbos. En las biblias romanceadas medievales los traductores emulan este mecanismo creando derivados con afijos nominalizadores, de los cuales *-miento* y *-ura* son los más frecuentes. Pero en numerosas ocasiones este mecanismo resulta en expresiones que no tienen la connotación abstracta del tipo 'acción de + verbo' de las palabras castellanas terminadas en *-miento* y *-ura* sino que expresan el sujeto, el objeto o el lugar de la acción expresada por el verbo (cf. Berenblut 1949–1950: 261). En estos casos Arragel prefiere utilizar expresiones más conformes con la estructura del castellano usando una oración de relativo (en la mayoría de los casos) o una palabra con otra terminación. Generalmente, las modificaciones de Arragel siguen el modelo de la *Vulgata*. Por ejemplo, en Isa 32:2, cuando RAH traduce TM *maḥabé* como *abscondimiento*, no se refiere a 'acción de esconderse' sino a 'lugar resguardado' o 'persona resguardada', según las interpretaciones. Arragel, siguiendo la *Vulgata*, traduce *quien se absconde* (cf. *Vulgata: qui absconditur*). Del mismo modo, en Isa 7:25, cuando RAH traduce *será soltura a los bueyes*, la expresión hebrea *mišloaḥ* no expresa la 'acción de soltar' sino el lugar donde se suelta a los bueyes, es decir, el pasto, tal como refleja la traducción de Arragel que sigue a la *Vulgata*: *serán para pasto de bueyes* (*Vulgata*: *erit in pascua bovis*). De modo semejante, en Isa 19:7 RAH *ssenbradura* (TM *miẓrá*') no es 'acción de sembrar' sino 'lo sembrado' tal como se refleja en la versión de *Alba*: *quanto se sembraua* (cf. *Vulgata: omnis sementis*).

No obstante, cabe notar que la mayor parte de las variantes de *Alba* introducidas con la intención aparente de eliminar rastros del texto hebreo subyacente no se han llevado a cabo de forma sistemática. En general, los procesos de deshebraización del texto, como veremos, se llevan a cabo sin un criterio unánime, con un Arragel que en algunas ocasiones permite la pervivencia de lecturas hebraizantes y en otras las reemplaza siguiendo la *Vulgata*. Un ejemplo de ello sería el tratamiento de palabras judeoespañolas como *oynar* 'endechar' y sus derivados *oynantes* y *oynas*. En algunas ocasiones estas voces son reemplazadas con palabras de origen latino como *fazer lamentaçión*, *llorar* y *planto* y en algún caso son dejadas como tal. Otro ejemplo semejante estaría constituido por un vocablo propio de los textos judeoespañoles (*enconado* 'impuro' y palabras relacionadas como *enconamiento* y *enconar*), con dos docenas de apariciones en RAH. En aproximadamente la mitad de las ocasiones estas palabras son reemplazadas en el texto de Arragel por expresiones de origen latino como *polludo*, *enpolludar*, *enpolludado* (neologismos a partir del *pollutus* de la *Vulgata*), y otros latinismos como *inmondo*, *non limpio* y *habominación*. De modo semejante, en lo que respecta a los numerosos casos de conservación de *pluralia tantum* hebreo en RAH, la versión de Arragel mantiene en plural casi todas las apariciones de *fazes*, pero reemplaza con la forma correspondiente del singular los casos de *piedades* (Jer 31:8, 42:12) y *vidas* (Isa 53:8).

5. Cambios para eliminar la sintaxis hebrea subyacente

Otro rasgo típico de RAH y común en otras traducciones medievales de la biblia hebrea es el uso de *sy* para traducir *he-* interrogativo hebreo. En numerosas ocasiones, como ilustran los ejemplos (9) y (10) a continuación, *Alba* reelabora la traducción para eliminar este *sy* que aparece como tal en biblias romanceadas como *E3* (cf. Sachs 1948–49: 221) o *Ferrara*.

(9) [Isa 10:15]

> [RAH] ¿*Sy* sse glorefica el segur o açadón ssobrel que corta con él?
>
> [*Alba*] *Non* se glorefica el segur contra del que taia con él

(10) [Isa 36:10]

> [RAH] E agora ¿*sy* syn licençia de Adonay ssobí a esta tierra para la dampñar?
>
> [*Alba*] E agora, ¿*tu ymaginas que* syn liçençia de ese tu Dios yo sobý e vine a esta tierra dañar?

Pero como sucede con otras estructuras hebraizantes, Arragel no elimina estos elementos de manera exhaustiva; en varias ocasiones mantiene este *sy* interrogativo:

(11) [Isa 27:7]

> [RAH] ¿Sy commo la ferida del su feridor lo firió? ¿O sy segund la matança delos que él mató mataron a él?

[*Alba*] ¿O sy como la plaga del su feridor los firió? ¿O sy como la matança de los que los matauan fueron muertos?

Otro elemento típico de las biblias medievales traducidas del hebreo es la elisión de cópula como consecuencia de su ausencia en hebreo bíblico. En no pocos casos Arragel procede a insertar una cópula u otro tipo de verbo allí donde la sintaxis castellana lo exigiría, como se puede apreciar en numerosos ejemplos:

(12) Elisión de cópula en RAH y restauración en *Alba*

RAH	***ALBA***
[Isa 6:5]: uarón enconado de labios yo	varón enconado de labrios yo *sso*
[Isa 48:12] yo primero, tanbién yo postrimero	yo *so* primero e postrimero
[Isa 50:2] ¿Por qué uine, e non uaron?	¿Por quál razón vengo e non *fallo* varón?
[Isa 63:1] yo, el que fablo con justicia	yo *so* el que fablo con iustiçia

Una característica más de la lengua hebraizante de las biblias romanceadas medievales es la construcción que resulta de traducir el llamado infinitivo absoluto, dando lugar a expresiones del tipo *pelear pelearon hasta la puerta* en RAH (Isa 22:7) o *dissipar será dissipada la tierra* en *Alba* (Isa 24:3). Arragel elimina estas expresiones en varias ocasiones, como se aprecia en los siguientes ejemplos:

(13) [Isa 36:15]

[RAH] librar nos librará Adonay

[*Alba*] el Señor nos librará

(14) [Isa 40:30]

[RAH] e los mancebos entropeçar entropeçarán

[*Alba*] e los iouenes entropeçarán

(15) [Isa 50:2]

[RAH] ¿Sy acortar sse acorto la mi mano de poder rredemir?

[*Alba*] ¿sy acortar maginades que se acortó la mi mano de poder redemir?

No obstante, son bastante comunes los calcos del infinitivo absoluto hebreo en la traducción de *Alba* (por ejemplo en Isa 24:19, 30:19, 32:19, 35:2, 56:3, 61:10).

6. Reemplazo de léxico castellano patrimonial con léxico culto

Una de las transformaciones más evidentes que introduce Arragel es la incorporación de vocabulario culto y latinizante, sin duda debido a su cometido de adaptar el texto usando la *Vulgata* pero también por el ambiente cultural y estético de la época. En general, *Alba* presenta una acusada tendencia a utilizar cultismos para reemplazar léxico patrimonial en RAH, resultando pares como *albuhera – piscina*; *vaso – cáliz*; *río – flumen*; *palo – verga*; *carrera – vía*; *nasciones – gentes*; *palabra – verbo*. Incluso allí donde los dos textos emplean la misma palabra, frecuentemente la ortografía de *Alba* es claramente latinizante dando pares como *seña – signa*; *macho – másculo*; *llama – flama*; *isla – ínsula*; *alma – ánima*, *finchan – inplan*, *lluvia – pluvia*. Asimismo, en varias ocasiones, las tendencias latinizantes de *Alba* son tan extremas que llega a transcribir la palabra latina de la *Vulgata* sin proveer traducción castellana alguna. Por ejemplo en Isa 22:6, RAH traduce *flechas con carcaj* y *Alba* traduce *pharetram*, (cf. *Vulgata*: *faretram*). Posiblemente, como propone Fellous-Rozenblat (1992: 59), los intentos de Arragel de acercarse a la versión de Jerónimo serían una muestra de la atracción hacia el saber clásico que es típica del siglo XV. Según la autora, es posible que Arragel tuviera la pretensión de mostrar que estaba a la altura de los intelectuales no judíos de su época.

7. Modificaciones estilísticas para adaptar el texto a las corrientes estéticas literarias del siglo XV

Por último, hay una serie de rasgos latinizantes en el texto de Arragel que, como veremos, no son directamente atribuibles a la influencia de la *Vulgata* sino que serían más bien consecuencia del clima cultural de la época. La prosa del momento busca amplitud y magnificiencia, gusta de las cláusulas simétricas o contrapuestas, favorece la repetición de términos equivalentes y se cubre de un ropaje latinizante (Lapesa 1981: 269–270). La prosa de Arragel está influida plenamente por estas tendencias; por ejemplo, son frecuentes las estructuras bimembres tan en boga en los escritos de la época. El utilizar dos términos equivalentes unidos con una conjunción copulativa para traducir una palabra del original contrasta con el proceder de las biblias romanceadas medievales de traducir una palabra hebrea con una palabra romance.

(16) Ejemplos de bimembración en *Alba*

RAH	***ALBA***
[Isa 5:29] El muyllo d'él commo león	El su muyllo e roydo es como el león
[Isa 6:7] ahé que toca ésta sobre los tus labios	ahé que tocó esto en la tu boca e labrios
[Isa 10:27] e será dampnado el yugo	e será dañado e desfecho el yugo

El gusto por la sintaxis latinizante se manifiesta también en la práctica de posponer el verbo al objeto, como en los fragmentos de los ejemplos (17) a (19):

(17) [Isa 65:13]

[RAH] los mis ssieruos comerán e vos *aueredes fanbre*; ahé, que los mis sieruos beuerán, e vos *aueredes ssed*

[*Alba*] los mis sieruos comerán e vos *fanbre aueredes*; ahé que los mis sieruos beuerán e uos *sed aueredes*

[*Vulgata*] servi mei comedent et vos *esurietis* ecce servi mei bibent et vos *sitietis*

(18) [Eze 3:1]

[RAH] lo que fallares comerás, conuiene a ssaber, que *comas este processo*

[*Alba*] lo que fallares cómelo; conuiene saber: que *este proçeso comas*

[*Vulgata*] quodcumque inveneris comede *comede volumen istud*

(19) [Eze 3:2]

[RAH] E abrý la mi boca, e fizome comer este proceso

[Alba] E la mi boca abrý, e este proçeso a comer me dio

[Vulgata] et aperui os meum et cibavit me volumine illo

Lo más llamativo es que la disposición latinizante de la sintaxis en el texto de *Alba* no es resultado directo de consultar el texto correspondiente de la *Vulgata*. En el ejemplo (17) la versión latina emplea expresiones sintéticas (*esurietis*, *sitietis*) y en (18) y (19) no hay casos de verbo pospuesto al objeto. Los cambios introducidos por Arragel serían más bien un efecto de las tendencias estilísticas del momento.

8. Resumen y conclusiones

La comparación de los fragmentos emparentados de la *Biblia de Alba* y de la *Biblia* de la Academia de la Historia nos ha permitido observar con detalle cómo Moises Arragel, con el deseo de satisfacer el encargo de Don Luis de Guzmán, modifica el texto de RAH para, en primer lugar, adaptarlo a la *Vulgata* y las exigencias de sus colaboradores censores y, en segundo lugar, satisfacer los gustos estéticos del momento. Pero Arragel no quiere simplemente borrar todo vestigio del texto subyacente hebreo sino hacerlo en la medida de lo posible compatible con el latín. Esta convergencia de la tradición judía hispánica de traducir la biblia "palabra por palabra de la verdad hebrayca" con la tradición cristiana de la *Vulgata* en el contexto del Prerrenacimiento da como resultado un texto en cierta forma híbrido. La lengua hebraizante de las biblias romanceadas medievales se manifiesta en numerosos pasajes: en el uso de *sy* para traducir el *he-* interrogativo hebreo, el calco del infinitivo absoluto, *pluralia tantum* o el uso de vocabulario arcaizante judeoespañol. En la traducción de Arragel, estos elementos conviven con otros que son resultado de la influencia del texto latino de la *Vulgata* y de la prosa humanística del momento. El clima cultural y las preocupaciones estéticas del siglo XV dejan su impronta en forma de calcos sintácticos latinos, neologismos, léxico latinizante y, en general, una tendencia a la prosa ampulosa y elaborada.

Por otro lado, las semejanzas entre los dos textos, así como la disposición y el contenido de sus variantes, vienen a apoyar la hipótesis de que RAH es el texto modelo a partir del cual Arragel compuso su traducción siguiendo el encargo del Maestre de conformar el hebreo con la *Vulgata* tal como se recoge en el prólogo de *Alba*. Por supuesto, el tema de la relación precisa entre los dos textos no se agota aquí; hay otras cuestiones interesantes que no caben dentro del propósito inicial de esta investigación, como quién es el autor de RAH, cuál era la función de ese texto y si era una biblia completa o tan sólo un borrador parcial, obra del propio Arragel. En todo caso, tenemos confianza en que ha quedado bien ilustrado cómo la existencia de estos dos textos ofrece posibilidades extraordinarias para profundizar en el estudio de las traducciones bíblicas medievales.

Bibliografía

Alba = Schonfield, J. (ed.). (1992). *La Biblia de Alba: An Illustrated Manuscript Bible in Castilian, by Rabbi Moses Arragel.* Madrid: Fundación Amigos de Sefarad.

Berenblut, M. (1949–50). "Some Trends in Mediaeval Judaeo-Romance Translations of the Bible". *Romance Philology* 3. 258–261.

Berger, S. (1899). "Les bibles castillanes". *Romania* 28. 360–408, 508–567.

E3 = Lazar (1995).

Fellous-Rozenblat, S. (1992). "The Biblia de Alba, its Patron, Author and Ideas". En Schonfield, J. (ed.) (1992). *Companion Volume to the Facsimile Edition. La Biblia de Alba: An Illustrated Manuscript Bible in Castilian*, by Rabbi Moses Arragel. Madrid: Fundación Amigos de Sefarad. 49–64.

Ferrara = *Biblia de Ferrara* = Lazar (1992).

Lapesa, R. (1981). *Historia de la Lengua Española.* Madrid: Gredos.

Lazar, M. (1992). *The Ladino Bible of Ferrara.* Culver City: Labyrinthos. (Sephardic Classical Library, 6).

—. (1995). *Biblia Ladinada I.J.3.* 2 vols. Madison: Hispanic Seminary of Medieval Studies. (Spanish-Jewish Series, 6).

Lazar, M.; Pueyo Mena, F. J.; Enrique-Arias, A. (1994). *Biblia Romanceada*, Real Academia de la Historia, ms. 87. Madison: Hispanic Seminary of Medieval Studies. (Spanish-Jewish Series 4).

RAH = Lazar, M.; Pueyo Mena, F. J.; Enrique Arias, A. (eds.). (1994).

Sachs, G. (1948–1949). "Fragmento de un estudio sobre la Biblia medieval romanceada". *Romance Philology* 2. 217–228.

TM = Texto masorético = Elliger, K.; Rudolph, W. (eds.). (1967–1977). *Biblia Hebraica Stuttgartensia.* Stuttgart: Deutsche Bibelstiftung.

Vulgata = *Nova Vulgata Bibliorum Sacrorum editio.* Roma: Libreria Editrice Vaticana (1979).

Gerda Haßler
Universidad de Potsdam

EL DISCURSO NORMATIVO SOBRE EL ORDEN DE LAS PALABRAS EN ESPAÑOL

Sobre el orden de las palabras encontramos pocas reglas incluso en las gramáticas actuales. Se trata de un problema pragmático que depende de la estructura informacional que se discute en relación con el deseo del hablante de destacar ciertos elementos de una oración. En el siglo XVIII, la influencia del orden más rígido de las palabras en francés era considerado como un modelo para la construcción de frases castellanas. Empezaré por la discusión de la realidad lingüística del castellano y, después de exponer el contenido de la doctrina del orden natural, hablaré de dos textos escritos con motivos de normalización del lenguaje.

1. La estructura informacional en castellano

La estructura informacional en castellano permite la presentación del contenido según tres dimensiones de estructuración:

Primero, permite caracterizar una parte de la oración como respuesta correspondiente a cierta pregunta, situación o continuidad textual. La posición normal de este *rema* está normalmente al final de la frase, donde se puede encontrar también el sujeto. Por ejemplo,[1] en la frase (1) B, el objeto directo se encuentra al inicio de la frase y el sujeto, al final respondiendo a la pregunta (1) A:

(1)

A: [¿Quién trajo los pasteles anoche?]

B: Los pasteles los trajo papá.

Segundo, se puede enfocar una parte de la oración, sea para destacar un contraste a lo dicho o para corregirlo:

(2)

El decano es quien convocó junta.

---

[1] Ejemplos de Gutiérrez Ordóñez (1997).

Tercero, es posible restringir la referencia del asunto de la oración, es decir proceder a una topicalización:

(3)

Los libros, no sabemos ya dónde ponerlos.

El análisis de la estructura informacional en sus dimensiones de tema y rema, de focus y tópicos (cf. Gutiérrez Ordóñez 1997) considera la activación de la información transmitida. La expresión de diferentes funciones cognitivas y comunicativas exige una gran variedad del orden de las palabras en castellano que se puede ilustrar por un ejemplo de las explicaciones gramaticales en el *Diccionario de uso del español* de María Moliner:

(4)

Permutación (Moliner 1996: Desarrollos Gramaticales, "oración")

1. EL PROFESOR ENSEÑA LA GRAMÁTICA A LOS ALUMNOS.
2. EL PROFESOR ENSEÑA A LOS ALUMNOS LA GRAMÁTICA.
3. El profesor la gramática enseña a los alumnos.
4. El profesor la gramática a los alumnos les enseña.
5. El profesor a los alumnos les enseña la gramática.
6. El profesor a los alumnos la gramática les enseña.
7. La gramática el profesor enseña a los alumnos.
8. La gramática el profesor a los alumnos les enseña.
9. La gramática a los alumnos el profesor les enseña.
10. La gramática a los alumnos les enseña el profesor.
11. La gramática enseña el profesor a los alumnos.
12. La gramática enseña a los alumnos el profesor.

(Algunos gramáticos dan como usuales las dos últimas formas; por lo menos con este ejemplo, no lo son.)

13. ENSEÑA EL PROFESOR LA GRAMÁTICA A LOS ALUMNOS.
14. ENSEÑA EL PROFESOR A LOS ALUMNOS LA GRAMÁTICA.
15. ENSEÑA LA GRAMÁTICA EL PROFESOR A LOS ALUMNOS.
16. ENSEÑA LA GRAMÁTICA A LOS ALUMNOS EL PROFESOR.
17. Enseña a los alumnos el profesor la gramática.
18. Enseña a los alumnos la gramática el profesor. (También aquí hay que advertir que algunos gramáticos dan como usuales las dos últimas formas.)
19. A los alumnos el profesor les enseña la gramática.
20. A los alumnos el profesor la gramática les enseña.
21. A LOS ALUMNOS LES ENSEÑA EL PROFESOR LA GRAMÁTICA.
22. A LOS ALUMNOS LES ENSEÑA LA GRAMÁTICA EL PROFESOR.

23. A los alumnos la gramática el profesor les enseña.
24. A los alumnos la gramática les enseña el profesor.

Las formas impresas en mayúsculas en el cuadro son las que suenan completamente naturales sin necesidad de subrayar fonéticamente con un signo adecuado el valor estilístico que las acompaña, en cualquier caso, que no sea el número 1. Matemáticamente hay 24 "permutaciones" posibles con los cuatro elementos fundamentales de la oración gramatical.

2. La doctrina del orden natural

A esta realidad parece contradecir la *Gramática de la lengua castellana* de la Real Academia Española de 1771 que dice:

(5)

> Hay un órden natural de colocar las palabras, que se funda en la naturaleza misma de las cosas. Este órden pide que el nombre sustantivo prefiera al adjetivo, porque ántes es la sustancia que la calidad: que quando el nombre representa el sugeto ó persona que hace, prefiera al verbo, porque ántes es el agente que la acción. Pide que el verbo prefiera al nombre, quando este es el objeto, ó término de la accion; y al adverbio que califica ó modifica la significación del verbo (Real Academia Española 1984 [1771]: 232/233).

La *Gramática,* sin embargo, admite que este orden natural puede perturbarse en la comunicación:

(6)

> Pero este órden natural se perturba ó invierte muchas veces para mayor suavidad, elegancia, ó viveza de la expresión, según lo pide el asunto de que se trata, y la situación de las personas que hablan. Menos perturbación de órden se hallará en las palabras del que habla en una conversacion tranquila, que en las del que está agitado de alguna pasion vehemente: menos por conseqüencia en el estilo familiar y didáctico, que en el oratorio, y poético (Real Academia Española 1984 [1771]: 234).

En Francia, se había desarrollado en el siglo XVII una doctrina del orden natural de las palabras que correspondería al orden de las ideas en el pensamiento. Ese orden gramatical es: sujeto, verbo (en oraciones intransitivas); sujeto, verbo y atributo (en oraciones atributivas); sujeto, verbo y complemento directo (en oraciones transitivas); sujeto, verbo, complemento directo y complemento indirecto (en las oraciones transitivas en que existe éste). El llamado orden natural se caracteriza como una de las ventajas de la lengua francesa y como elemento de su claridad (*clarté*).

La aplicación de la teoría del orden natural a la enseñanza de las lenguas empieza con los Métodos de Lancelot que distingue la construcción regular que corresponde al orden natural y la construcción irregular o figurada:

(7)

> La Construction que les Grecs appellent Syntaxe, n'est autre chose que la juste composition, & l'arrangement des parties de l'oraison. Elle se diuise en Simple ou Reguliere, & en Figure ou Irreguliere.
>
> La Reguliere est celle qui suit l'ordre naturel, & qui approche beaucoup de la façon de parler des langues vulgaires.
>
> L'Irregulière ou Figurée, est celle qui s'éloigne de cet usage plus commun, pour suivre certaines façons de parler, ou plus courtes ou plus élégantes (Lancelot 1656: 141).

Lancelot explica la transposición del orden de las palabras en su Método de la lengua latina (Lancelot 1650) como la causa de la confusión, y la relaciona con la manera afectada y metafórica de expresarse de los romanos. La medida de la naturalidad está atribuida al francés:

(8)

> L'hyperbate est le mélange et la confusion qui se trouve dans les mots contre l'ordre naturel de la construction, qui devrait être commun à toutes les langues comme nous le voyons en la nôtre. Mais les Romains ont tellément affecté le discours figuré, qu'ils ne parlent quasi jamais autrement, et Horace est celui qui s'y est rendu le plus obscur (Lancelot 1650 : 402).

La libertad del orden de las palabras que es posible en latín gracias a su sistema de casos se reduce en el método de Lancelot al orden sujeto-verbo-objeto, al cual los alumnos ya estaban habituados por el francés. En el siglo XVIII, este método se defendió y elaboró sobre todo por Du Marsais cuyos artículos de la Enciclopedia contribuyeron a la internacionalización de la discusión. Como se ve en el ejemplo (9), supone para una frase con una única estructura sintáctica tres órdenes de palabras posibles en latín:

(9)

> Ciceron a dit selon trois combinaisons différentes, accepi litteras tuas, tuas accepi litteras et litteras accepi tuas: il y a là trois constructions, puisqu'il y a trois différents arrangements de mots; cependant, il n'y a qu'une syntaxe; car dans chacune des ces trois constructions, il y a les mêmes signes des rapports que les mots ont entre eux [...]; en sorte qu'après qu'on a achevé de lire ou d'entendre quelqu'une de ces trois propositions, l'esprit voit également que *litteras* est le déterminant d'*accepi*, que tuas

est l'adjectif de litteras; ainsi chacun de ces trois arrangements excite dans l'esprit le même sens, j'ai reçu votre lettre (Du Marsais 1797: V, 2.).

Algunos autores hasta van a argumentar que el francés es superior al latín, porque en esta última lengua se hacen muchas transposiciones. Para facilitar el aprendizaje del latín se reestablece el orden natural que corresponde al francés y se construyen frases como la (10)

(10)

Minóis filiam Ariádnen, cujus ope labyrínthi ambáges explicúerat, secum ábstulit: eam tamen, immemor beneficii, deséruit in insulá Naxo: destitútam Bacchus duxit.

ábstulit secum	Ariádnen,	Filiam Minóis;	ab ope cujus
il emmena avec lui	*Ariane,*	*fille de Minos*	*par le secours de laquelle*

et enleva Ariane, fille de Minos. Cète princesse avoit donné à Thésée

Explicúerat	Ambáges labyrinthi.	Tamen,	immemor
il avoit démêlé	*les détours du labirinthe.*	*Cependant,*	*ne se ressouvenant point*

un peloton de fil qui aida ce héros à sortir du labirinte (*). Cependant, oubliant

(*) Où il étoit entré pour tuer Minotaure.

beneficii,	deséruit eam	in insulá Naxo,	Bacchus
de ce bienfait,	*il l'abandona*	*dans l'île Naxe,*	*où Baccus*

le service qu'elle lui avoit rendu, il l'abandona dans l'île de Naxe, où Baccus

duxit	in domum	Ariádnen destitútam	a Théseo.
emmena	*dans sa demeure*	*Ariane abandonée*	*par Thésée.*

l'épousa.

(Du Marsais 1797, vol. II: 215)

La teoría del orden natural no solamente correspondía a exigencias prácticas de la enseñanza del latín y de la apología de la lengua francesa, sino que utilizaba también elementos filosóficos. Un orden rígido contribuiría al pensamiento correcto, lo que se explicaba sobre todo en la tradición racionalista. Es comprensible que el problema del orden de las palabras entrara en la querella de los antiguos y los modernos. El orden natural del francés que se explicaba sobre la base racionalista fue el argumento más importante en la postulación de la universalidad de dicha lengua durante el siglo XVIII.

Como ejemplo de la relación de esta idea con la teoría de Descartes aducimos un texto sobre las ventajas del francés de Le Laboureur (*Avantages de la langue française* 1669). Los romanos, dice Le Laboureur, habrían pensado como los franceses que viven en su época, porque su cabeza no era diferente. Después de haber pensado como los franceses, Cicerón utilizó inversiones, a través de las que se introdujo el desorden:

(11)

> J'a dit que les Latins pensaient ainsi que nous autres Français [...]. Comme leur tête n'était point faite autrement que la nôtre, il y a grande apparence qu'ils concevaient les choses de la même façon que nous les concevons; et cela est d'autant plus vraisemblable que notre Logique n'est point différente de la leur (Le Laboureur 1669: 167).

(12)

> La phrase des Latins, entortillé et guindée comme elle est, embarrassait bien souvent leur esprit (Le Laboureur 1669: 149).

En el siglo XVIII, se multiplicaron los autores que seguían esta doctrina. Sobre la base de ideas sensualistas declararon como natural el orden de las palabras que sigue el orden de las impresiones del locutor. Al lado de gramáticos, en el siglo XVIII autores como Fontenelle, Voltaire, Condillac, Diderot, d'Alembert y Rousseau contribuyeron a la discusión sobre el orden de las palabras (cf. Ricken 1978).

3. La inversión en el *Arte de traducir el idioma Francés al Castellano* (1776) de Capmany

El primer autor español que se comentará aquí es Antonio Capmany i Suris de Montpalau (1742–1813) quien contribuyó sobre todo a la introducción y creación del vocabulario técnico y científico, adaptado a la lengua castellana. Capmany ve la razón de la universalidad del francés no en su riqueza, sino en su claridad que provoca que los franceses se expresen con menos afluencia de palabras, variedad de dichos y viveza de imágenes que los españoles:

(13)

> La riqueza de las voces de la lengua francesa no es tanto caudal propio suyo, en que debe estar cifrado el ingenio de una nación en el modelo de ver y sentir las cosas, quanto un tesoro adventicio y casual del cultivo de las artes y ciencias naturales. Esta será la razón porque el vulgo en Francia no se explica con tanta afluencia de palabras, variedad de dichos, y viveza de imágenes como el vulgo en España; ni sus poetas (porque en poësia no se admite el vocabulario de los talleres y laboratorios) son comparables con los nuestros en abundancia, energía y delicadeza de expresiones afectuosas, y sublimes pinturas, que varian al infinito (Capmany 1786–1794: I, pág. CXXXII).

Este rechazo de la variedad y viveza concierne también a la sintaxis del castellano con sus numerosas transposiciones.

El *Arte de traducir el idioma Francés al Castellano* de Capmany es una obra práctica que responde a una necesidad española de esa época: la exigencia de realizar numerosas traducciones del francés al castellano, debidas a la curiosidad que se sentía por conocer la producción escrita del otro lado de los Pirineos (cf. Fernández Díaz en Capmany 1987: 15). En el prólogo de su *Arte de traducir*, Capmany afirma que el diverso "carácter" de las lenguas empuja a los traductores a alejarse del texto original y a realizar traducciones más o menos libres, con lo que muchas veces desfiguran el mismo. Para hacer una buena versión es necesario que el traductor conozca en profundidad y con absoluta precisión el plano lingüístico de las lenguas, el traductor debe estudiar seria y completamente los mecanismos de las lenguas con las que trabaja, tanto los gramaticales como los lógico-semánticos y estilísticos. A pesar del título de su obra, Capmany se opone a toda traducción como "arte", es decir, como dependiente de la espontánea habilidad o inspiración del traductor. Se había pensado incluso en la creación de una Academia de Traductores. Este proyecto fracasó por falta de medios económicos (cf. Lázaro Carreter 1985: 276–280).

Como otros autores del siglo XVIII, Capmany señala defectos inevitables de todas las traducciones que dependen de la imposibilidad de conformarse al genio de otra lengua. La observación del genio de la lengua original en la traducción está limitada por la exigencia de escribir según el uso normal de la lengua en la que se traduce. El *Arte de traducir* de Capmany es uno de los trabajos que muestran de forma más completa la preocupación que sentía su autor por el contagio francés de la lengua castellana.

Capmany dedica un apartado de su obra a la inversión o transposición. Aborda este problema desde la teoría del orden natural que le parece incontestable y desde una colocación arbitraria que depende del genio de la lengua:

(14)

> Esta colocación de las palabras, independiente del orden y sucesion natural de las ideas, parece que ha sido arbitraria en todas las lenguas, y mas en la latina que gozaba de todas las licencias imaginables de la transposicion. Las lenguas vivas han adoptado en esta parte su método, que llamaremos construccion usual. El modismo de la francesa es mas rigoroso y atado; pero la española se sujeta menos à un orden fixo y monótono (Capmany 1987 [1776]: 138).

No relaciona las libertades de las cuales gozaba la lengua latina con la existencia de casos, marcadores morfológicos de las relaciones entre las partes de la oración. Tampoco se ocupa de las razones que hacen el orden de las palabras en francés más rígido que en español. La característica de la lengua española que se *sujeta menos à un orden fixo y monótono* puede entenderse también como ventaja: escapa al monotonismo. Pero Capmany no menciona los rasgos que caracterizan la lengua española de manera positiva y tampoco describe sus propiedades que permiten más libertad sintáctica.

Para cotejar el orden de las palabras en francés y en castellano, Capmany da 70 ejemplos (Capmany 1987 [1776]: 138–141) de frases francesas traducidas al castellano, entre las cuales se encuentran frases afirmativas como las siguientes:

(15)

Il a tout donné.	Todo lo ha dado.
Tant il était ignorant.	Tan ignorante era.
Occupés du nécessaire les Sauvages ne pensent.	Los Salvages, ocupados en buscar el sustento, no piensan.

Así como frases exclamativas:

(16)

Que vous êtes importun.	Qué importuno sois.
O vous barbares que vous êtes.	O vosotros que sois bárbaros.

Y una frase interrogativa:

(17)

Comment les langues se sont formées?	¿Como se han formado las lenguas?

En muchos ejemplos, se trata simplemente de la posición del adjetivo en el grupo nominal o de la del adverbio en la frase:

(18)

Son autre fils.	El otro hijo suyo.
Fausse clef.	Llave falsa.
Faux témoin.	Testigo falso.
Fausse porte.	Puerta falsa.
Fausse monnoie.	Moneda falsa.
A la bonne heure.	En hora buena.

(19)

Il promet de ne les jamais tromper.	Promete de no engañarles jamás.
Celui qui parlait le plus.	El que mas hablaba.

Capmany no intenta explicar tales diferencias en el orden de las palabras entre el francés y el castellano sino que enumera los ejemplos para describir el uso. Una vez el uso establecido como en los casos mencionados, es inevitable utilizarlos para bien traducir. Se trata de "idiotismos", es decir, frases hechas o locuciones que expresan de forma inequívoca el genio de cada lengua y cuya traducción resulta imposible. Habrá que buscar el idiotismo correspondiente en el genio de la lengua a la que se traduce para hacer llegar al lector la fuerza expresiva que el original tenía (cf. Fernández Díaz en Capmany 1987: 31).

Pero, por lo general, aconseja no desfigurar el genio de la lengua del original, es decir, no permitir transposiciones que no se hacen en francés. Como cada lengua tiene su genio, es importante que el traductor conserve para sus lectores el carácter de la nación del original, el *modo de pensar* del autor:

(20)

> Una traducción será imperfecta siempre que con ella no podamos conocer, y exâminar el caracter de la Nacion por el del autor. Cada Nacion tiene el suyo, y de resultas de él usa de ciertas comparaciones, imágenes, figuras, y locucion, que por su singularidad, y novedad chocan nuestra delicadeza. Así muchos traductores, ò por amor propio, ò por indiferencia, ò finalmente por ignorancia, esto es, ò por preferir el caracter de su nacion,

> y el gusto de su tiempo, ò por no querer, ò no saber conocer la filosofia de las costumbres en la de los diversos idiomas, han hecho que hable un Sueco como si fuera un Arabe (Capmany 1987 [1776]: 66/67).

A diferencia de lo que dirá más tarde en sus observaciones sobre la traducción del *Télémaque* (Capmany 1798), en el *Arte de traducir* Capmany prefiere claramente la conservación del genio de la lengua del original:

(21)

> Las obras traducidas no deben destinarse tanto para enseñarnos à hablar, quanto para mostrarnos como hablan los demás. [...] Entonces el traductor es menos disculpable si nos altera el texto por querer acomodar la elocucion oratoria al gusto local, y frase usual de su nacion, ò si lo sigue con nimia exâctitud, trasladando hasta los idiotismos, hijos del mecanismo gramatical, ò de la esterilidad de la lengua, y no las reglas generales y primitivas de la eloqüencia, que siempre y en todas partes son las mismas, aunque en algunas, por corrupcion del gusto, ò por otras causas físicas, ò morales se han descuidado, ò desatendido, dexando que se tome la sombra por el cuerpo (Capmany 1987 [1776]: 67/68).

Según Capmany existe un mérito de la elocución oratoria que es general y no depende de la *frase nacional* ni del *genio de la lengua* y que el traductor tiene que redescubrir. Sin embargo, "las lenguas tienen un caracter particular que las distingue; y esta diversidad, que aqui llamamos *genio*, ò *índole*, consiste en la desigual aptitud para expresar una misma idea, logicamente hablando, aunque todas pueden acomodarse à los diferentes géneros de estilos, y de obras" (Capmany 1987 [1776]: 68). La lógica, las ideas que expresan podrían considerarse entonces como una medida objetiva de la traductibilidad.

4. La explicación contrastiva del orden de las palabras en el *Discurso sobre las mejoras y menoscabos* de Luis Marcelino Pereira

Las diferencias del orden de las palabras en lenguas diferentes se discuten en la obra de Capmany como dependientes del uso. En vez de esta explicación Luis Marcelino Pereira dedica su atención a las causas lingüísticas de las diferencias.

"¿Pero que es decir las cosas como las contempla el entendimiento?", con esta pregunta se introduce el problema normativo del orden de las palabras en español en un manuscrito poco conocido. Se trata del *Discurso sobre las mejoras y menoscabos que recibió la lengua Castellana en los siglos* XVII *y* XVIII de Luis Marcelino Pereyra [Pereira], que se conserva como manuscrito en la Real Academia de la Lengua. El texto no está datado, pero es fácil determinar el tiempo en que fue escrito. Pereira cita a Jean-François de La Harpe como

"Escritor muy reciente" por su *Lycée, ou Cours de littérature ancienne et moderne* (Pereira s. a.: 94), aparecido en 1798. Consecuentemente tiene que haberlo escrito entre 1798 y finales de siglo.

Pereira parece estar muy bien informado sobre discusiones acerca del orden de las palabras: alude a Adam Smith (Pereira s. a.: 66) y discute las opiniones de Diderot (1751):

(22)

> Pero que es decir las cosas, quisiera yo preguntar á Diderot, como las contempla el entendimiento. ¿Ordenar por venturas las palabras segun se van en la mente las ideas á que responden sucediendo? Que al reves sucede en la lengua de ordinario el mismo lo tiene y lo defiende. ¿Disponerlas conforme a la conexion que en las ideas el animo percibe? Asi es verdad que se hace las mas veces en frances. Pero siendo la coordinacion de los terminos nada mas que un medio aproposito de manifestar esta conexion, la lengua que de él use, no se me alcanza por donde se aventaje á las que se valgan de otros no menos naturales, ni al intento menos afectos (Pereira s. a.: 88).

Sigue la teoría sensualista según la cual el orden de las palabras está determinado por la vivacidad de los sentimientos y por el propósito de la comunicación. Anticipa en este contexto la idea de que el orden más rígido en francés tiene que ver con el uso obligatorio del sujeto. Explica la omisión del pronombre en español por la suposición de que

(23)

> [...] no significasen entonces sino acciones particulares de ciertos y determinados agentes: que *venir* por exemplo, ó *viene* no haya denotado al principio, como ahora denota qualquiera venida, sino precisamente la de aquel por ventura que fuese cabeza de familia, ó del pueblo, ó la de alguna fiera á quien se tuviese miedo extraordinario (Pereira s. a.: 67).

Cada uno de los verbos habrá sido por sí mismo una oración perfecta y acabada y enunciado toda una proposición. Pero desde el momento en que, haciéndose general su significado, empezó a aplicarse a diversos agentes, fue preciso imaginar algún modo de dar a conocer a quién se aplicaba cada vez que ocurría en el discurso. Una posibilidad sería el uso del nombre en el verbo, lo que se simplificaría con los pronombres, pero la solución preferida de Pereira es la expresión del agente por la terminación del verbo. Así, el verbo *vino* expresa muy bien una tercera persona, para lo cual el inglés necesita dos palabras:

(24)

> Con efecto, lo que nos es dado á nosotros decir con esta sola palabra *vino* tiene el Ingles que expresarlo con dos: *he*, o *it came*: y cada vez que habla de una accion de algun tercer, o ha de declarar el nombre de este, ó de poner *he*, ó el *it*, cuya frequente repeticion demas de alargar la oracion, y hacerla mas lenta, no es posible sino que desagrade al oido, y le fatigue (Pereira s. a: 68).

Considera esta característica del inglés un *vicio esencial á aquella lengua*, a sus verbos les faltan inflexiones con las que pueda indicarse la persona en la mayoría de los casos: a quién se atribuye la acción, qué significa. En parte, la simplicidad de las formas verbales inglesas lo compensa. Pero en la lengua francesa, que ha adoptado el uso latino en la conjugación de sus verbos, la antigua costumbre de acompañarlos siempre con un nombre o pronombre sería una complicación innecesaria.

Otra razón para el rígido orden de palabras en la lengua inglesa es la ausencia de más tiempos simples en esta lengua: la excesiva composición de los tiempos ingleses liga cada palabra a un lugar determinado en la frase. El castellano y el francés tienen también menos tiempos simples que el griego y el latín, y si tampoco por esta parte admiten tantas transposiciones como aquellos idiomas, admiten, sin embargo, muchas más que el inglés (Pereira s. a: 101).

Discute Pereira la doctrina de Condillac sobre el orden de las palabras corrigiendo su noción de dependencia entre ellas. Aprecia la posibilidad que tiene la lengua latina de transmitir las palabras según el pensamiento del hablante, pero observa grados de estrechez entre el verbo y los nombres. Según Pereira, es siempre el sujeto el que rige el verbo, por consecuencia su relación es más estrecha que la existente entre el verbo y el objeto. En la frase citada por Condillac (1947–1951, vol. 1: 92), *Darium vicit Alexander*, la conexión entre *vicit* y *Alexander* es más estrecha que entre *vicit* y *Darium*, lo que garantiza su funcionamiento como sujeto. Se niega la obligatoriedad de una relación entre la dependencia y el lugar que ocupa una palabra en la oración, el orden de las palabras es uno más entre los medios de la subordinación:

(25)

> De manera que muy lexos de guardarse en Darium vicit Alexander, como en la otra construccion, el orden de la dependencia de la ideas, se sigue otro que le es de todo punto contrario. Lo que si digo es que aunque mas sea, como lo es en verdad, necesario dar á entender en la oracion clara y distantamente el modo como se lian entre si todas las ideas, y las unas dependen de las otras; ninguna necesidad hay de que se haga esto

> señalando lugar determinado á todas las palabras. Pues ni el orden de estas tiene por naturaleza con la subordinacion, ó dependencia de aquellas relacion alguna: ni es mas sino un medio de que apropósito de declararla podemos como de otros aprovecharnos, tan solo necesarios en falta de ellos (Pereira s. a.: 79–80).

Pereira se expresa en contra de la suposición racionalista de un orden natural de las ideas. El orden en que se presentan estas a la mente es el que con más razón se diría natural en las palabras, o bien *el de su gerarquia, quiero decir el de su mayor o menor importancia en el discurso* (Pereira s. a.: 81), el de la mayor o menor atención que a cada una da el que habla o desea que preste el que escucha. La discusión sobre el orden de las palabras está relacionada con la eficiencia de la comunicación, a la que caracteriza de función principal del lenguaje:

(26)

> Y otra cosa hay en ello: conviene á saber que si es asi que el comunicar los pensamientos es la principal destinacion de todo idioma, y que aquel será mejor, y en mas deberá estimarse en el qual sea mas perfecta la comunicacion; es lo eso mismo que no tan cumplida, y acabadamente se comunican quando solo se manifiesta la relacion que entre si dicen las ideas de que cada uno se compone, como quando se dá demas de esto á conocer en que orden unas á otras en la mente se suceden; y quales mas la ocupan, quales menos (Pereira s. a: 89).

Esta explicación sensualista del orden de las palabras justifica la libertad del orden de las palabras en español y le atribuye entre otros la expresión del orden de las ideas.

5. El resultado y su interpretación

¿Han tenido éxito las tentativas de arreglar el orden de las palabras en las traducciones y reducirlo, por lo menos en la comunicación científica, al orden natural? Puede decirse que en castellano, particularmente en el lenguaje literario, es posible cualquier orden en la colocación de los elementos de la oración. La construcción normal de la frase "tu hermano le ha escrito la semana pasada una carta muy larga a mi padre", se puede alterar poniendo en primer lugar cualquiera de los elementos, si es ese el primero que acude a la mente del que habla: "Una carta muy larga le ha escrito tu hermano a mi padre la semana pasada"; "A mi padre le ha escrito una carta muy larga tu hermano"; etc. En poesía, el uso del hipérbaton o alteración del orden lógico de los elementos de la oración puede llegar al extremo: "Aquí de Elio Adriano, de Teodosio divino, de Silio peregrino, rodaron de marfil y oro las cunas" (oración cuya construcción estrictamente gramatical sería: "las cunas de marfil y oro de Elio Adriano, Teodosio divino y Silio peregrino rodaron aquí") (Moliner 1996: Desarrollos Gramaticales, "construcción"). Reinterpretando la noción de 'natural' en el sentido de Pereira, el español ordena sus palabras no menos naturalmente que el francés o el inglés.

Bibliografía

Capmany i Suris de Montpalau [Capmany y Suris de Montpalau], A. (1786–1794). *Teatro histórico-crítico de la elocuencia castellana*. Madrid: Imprenta de Sancha.

—. (1798). *Comentario con glosas criticas y joco-serias sobre la nueva traduccion castellana de las aventuras de Telemaco*, publicada en la gazeta de Madrid de 15 del presente año. Madrid: Sancha.

—. (1987). *Arte de Traducir el idioma Francés al Castellano (1776)*. Edición comentada por Maria del Carmen Fernández Díaz. Santiago de Compostela: Servicio de Publicaciónes e Intercambio Científico.

Condillac, E. B. de. (1947–1951). *Œuvres philosophiques*. 3 vols. Ed. Georges Le Roy. Paris: Presses Universitaires.

Du Marsais, C. Chesneau. (1971). *Œuvres choisies*. Reproduction en facsimilé des textes tirés de l'édition complète de 1797. Avec une introduction par Herbert E. Brekle. Stuttgart-Bad Cannstatt: Friedrich Frommann Verlag (Günther Holzboog).

—. (1797). *Œuvres de Dumarsais*. Édités par Duchosal & Million. Paris (s. n.).

Gutiérrez Ordóñez, S. (1997). *Temas, remas, focos, tópicos y comentarios*. Madrid: Arco/ Libros.

Lancelot, C. (1650). *Nouvelle méthode pour apprendre (...) la langue latine*. Paris: de l'imprimerie d'Antoine Vitré. Chez Pierre Le Petit.

—. (1656). *Abrégé de la nouvelle méthode pour apprendre facilement & en peu de temps la langue latine: contenant les rudiments, reduits en un nouvel ordre, Avec les Regles pour bien décliner & conjuguer; les Regles des genres, des déclinaisons, des Preterits, de la Syntaxe, de la Quantité, & des Accens Latins*. Cinquième édition. Paris: les frères Perisse.

Lázaro Carreter, F. (1985). *Las ideas lingüísticas en España durante el siglo XVIII*. Barcelona: Editorial Crítica.

Le Laboureur, L. (1669). *Avantages de la langue françoise sur la langue latine*. Paris: G. de Luyne.

Moliner, M. (1996). *Diccionario de uso del español. Edición en CD-ROM*. Madrid: Gredos.

Pereira, L. M. (s. a.). *Discurso sobre las mejoras y menoscabos que recibió la lengua Castellana en los siglos XVII y XVIII*. (Manuscrito, Real Academia Española de la lengua, MS 112).

Real Academia Española (1984). *Gramática de la lengua castellana 1771*. Edición facsímil. Introducción por Ramón Sarmiento. Madrid: Editora Nacional.

Ricken, U. (1978). *Grammaire et philosophie au siècle des Lumières. Controverses sur l'ordre naturel et la clarté du français*. Lille: Presses Universitaires de Lille.

Cecilio Garriga
Universitat Autònoma de Barcelona

EL *CURSO DE QUÍMICA GENERAL* Y LA ESTANDARIZACIÓN DEL LÉXICO QUÍMICO A PRINCIPIOS DEL SIGLO XIX[1]

1. Introducción

La química había experimentado una notable transformación a partir de las propuestas de una nueva nomenclatura formulada por Lavoisier y sus colaboradores. En España las nuevas teorías se habían aceptado sin reticencias, pero el léxico que acompañaba a la nueva química sí que había sido discutido por los diversos químicos traductores de los textos más importantes, llegándose incluso a proponer nuevos términos que pretendían corregir algunas denominaciones fundamentales para la química lavoisieriana. Además se mantenía inicialmente la pugna entre las denominaciones de la química tradicional y la moderna, sobre todo en las obras de química aplicada.

Sin embargo, con el cambio de siglo, el español fija los nuevos términos ya sin vacilaciones. Una prueba de ello lo constituyen los dos volúmenes del *Curso de química general aplicada a las artes* de José María de San Cristóbal y de José Garriga y Buach (1804–1805), texto que se considera la primera obra original en castellano con este enfoque (Portela 1999: 48). En este estudio se comprueba cómo el español avanza sin titubeos hacia la estandarización de la lengua química de acuerdo con la comunidad científica de la época, a partir del examen de una serie de términos fundamentales en algunos de los textos más importantes en la divulgación de la química en español, tomando como punto de llegada el *Curso de química general*. Este proceso de estandarización sigue otro camino paralelo con su introducción en los diccionarios del español, representados especialmente por la propia Academia de la Lengua. Pero todo este proceso solo adquiere sentido si se tiene en cuenta la situación de la ciencia y, más concretamente, de la química, en la España de finales del siglo XVIII.

[1] Este estudio se enmarca en el proyecto de investigación *Catálogo de neologismos del léxico científico y técnico del s. XIX*, financiado parcialmente por el MCYT (BFF2001-2478).

2. La química en España

En el último cuarto del siglo XVIII la Corona se convierte en el motor del desarrollo científico (Peset / Lafuente 1988). El florecimiento de una serie de actividades de aprovechamiento militar y económico, como la fabricación de pólvora, las fundiciones, la medicina y la farmacia militar, etc., contribuye al desarrollo de la química, que se ve beneficiada por las iniciativas reales para el fomento de la ciencia. Así, se envía a científicos españoles para que se especialicen en los laboratorios europeos más importantes,[2] se contrata a científicos y técnicos extranjeros para enseñar química en España o para dirigir las explotaciones mineras o las Reales Fábricas,[3] y se favorece el proceso de institucionalización con la creación de laboratorios y escuelas a la vez que se fomenta la aparición de las Sociedades Económicas de Amigos del País.

Este es el contexto español en el momento en que se está produciendo la llamada "revolución química" (Portela 1999: 33 y ss.), que dota a esta ciencia de mayor rigor en sus investigaciones y que corrige muchas de las conclusiones establecidas. Pero además hay un aspecto fundamental para la lengua, como es la necesidad de establecer una nueva nomenclatura que alejara la química de la terminología de origen alquimista y tuviera como principio la lógica de Condillac. El químico más conocido de ese periodo es Lavoisier, quien junto a Morveau, Fourcroy y Berthollet propondrá una nueva nomenclatura que acabará siendo aceptada por la comunidad científica.[4]

---

2 Los dos más destacados son Carbonell que va a estudiar a Montpellier con Chaptal (Nieto 1996), y Aréjula, enviado a París con Fourcroy (Gago / Carrillo 1979; Carrillo / Gago 1980). Se pueden seguir otros casos en Bertomeu Sánchez / García Belmar (1995) y en Portela (1999: 48 y ss.).

3 Destacan L. J. Proust y F. Chavaneau que llegan para dirigir la cátedra de química de Vergara, C. Storr y J. M. Hoppensack para dirigir las minas de Almadén, etc.; véase Portela (1999: 48) y Gago (1988). Sobre la cátedra de química de Vergara, véase Gago (1978) y Pellón / Gago (1994). Sobre Proust, véase Gago (1990).

4 Sobre Lavoisier, su contexto científico y su influencia, véase Bensaude-Vincent (1995) y los trabajos recogidos en Goupil (1992), en Demeulenaere-Douyère (1995), en Bensaude-Vincent / Abbri (1995) y en Izquierdo *et al.* (1996). Una mirada más amplia sobre la historia de la terminología química en Crosland (1962) y en García Belmar / Bertomeu Sánchez (1999). La influencia de Lavoisier en el español está estudiada en Garriga (1996).

En España, donde el cultivo de la química era prácticamente inexistente y no había seguidores de las teorías tradicionales, las nuevas propuestas fueron acogidas con entusiasmo y prácticamente sin críticas.[5]

De hecho, la crónica de la introducción y de la estandarización de los nuevos conceptos químicos en español se puede seguir a través de las traducciones de los manuales franceses y de los comentarios que estos suscitan. En este sentido, es importante tener en cuenta lo temprano que este fenómeno se produce en España, ya que no se trata solamente de un proceso de traducción de términos ya estandarizados en otras lenguas, sino que con frecuencia los químicos traductores españoles participan del debate sobre la adecuación de los términos.

Es sorprendente, por ejemplo, que Martí i Franquès se refiera al término *oxígeno* (*oxygino*) en una memoria leída ante la Real Academia de Ciencias naturales y Artes de Barcelona el 24 de enero de 1787, tres meses antes de que Morveau lea ante la Academia de Ciencias de París su "Mémoire sur le développement des principes de la nomenclature méthodique" donde explica públicamente, entre otras cosas, por qué se crea este término (*Méthode* 1787).

Pero Martí i Franquès no es un caso aislado. Así, en 1788, solo un año después de su publicación en francés, Pedro Gutiérrez Bueno traduce el *Método de la nueva nomenclatura química* de Morveau, Lavoisier, Berthollet y Fourcroy (*Método* 1788) para utilizarlo en sus clases en el *Real Laboratorio de Madrid.*[6] Otro destacado químico, Aréjula, estaba trabajando en la traducción de la misma obra, y aunque abandona su propósito al conocer la noticia de lo avanzado de la traducción de su colega, publica ese mismo año sus *Reflexiones sobre la nueva nomenclatura química* donde acepta la nueva nomenclatura pero discute algunos de sus principios.[7] Por las mismas fechas, Guardia y Ardévol traduce los *Elementos de química teórica y práctica* de Morveau, Maret y Durande (*Elementos* 1788), texto en el que utiliza ya la nueva nomenclatura.[8] Mientras tanto, otros autores, como Porcel y Chabaneau, rechazaban la teoría de la acidez de Lavoisier y proponían nuevos nombres para el oxígeno, siempre desde la aceptación de la nueva nomenclatura.

---

[5] La situación de la universidad española en este periodo se puede ver en el trabajo clásico de Peset / Peset (1974). También resultan interesantes los estudios sobre diferentes ciencias recogidos en Sánchez Ron (1988).

[6] Este es el motivo por el que, en opinión de Gago (1982: xlviii), se debe considerar a P. Gutiérrez Bueno como el introductor de las teorías de Lavoisier en España.

[7] A este respecto, véase Gago / Carrillo (1979) y Carrillo / Gago (1980).

[8] Un análisis de las dos traducciones de esta obra en Garriga (1998a).

La producción original en castellano se mantiene activa. Dos ejemplos en cierta manera opuestos son los de Aréjula y Martí i Franquès. El primero escribe hacia 1790 su "Memoria sobre una nueva y metodica clasificacion de los fluidos elasticos" (Carrillo / Gago 1980), donde expresa sus propuestas terminológicas alternativas a las de los químicos franceses. El segundo lee, ese mismo año, su "Memoria sobre la cantidad de aire vital que se halla en el aire atmosférico y sobre varios métodos de conocerla" (Martí i Franquès 1790), donde enmienda las inexactas mediciones de Lavoisier sobre la proporción de oxígeno en el aire, pero utilizando sistemáticamente la vieja nomeclatura (Nieto 1996: 179).

Otros hitos son la traducción que García Fernández hace de los *Elementos del arte de teñir*, de Berthollet (1795), añadiendo una nueva traducción del "Diccionario para la nueva nomenclatura química", y la del *Diccionario universal de física* de Brisson que realiza Cladera entre 1796 y 1802.[9]

Todos estos textos han servido de instrumento para describir el proceso de estandarización de la lengua química desde la primera propuesta francesa.[10] En este estudio se comprueba cómo en vísperas de la guerra que marca la ruptura de la línea iniciada con la Ilustración, la lengua de la química muestra en español un nivel de estandarización realmente elevado.

3. El *Curso* de San Cristóbal y Garriga y Buach

Los químicos que nos ocupan se cuentan entre el grupo de pensionados que viajaron a Francia para formarse. Ambos estudiaron con Vauquelin en París, pensionados por la Junta de Comercio de Barcelona (Portela 1999: 48), pero ya antes, Garriga y Buach había estado estudiando en Montpellier, donde se licenció en Medicina, con Chaptal, pensionado por la ciudad de Gerona. Además, parece ser que estuvo en Inglaterra y Alemania pensionado también por Carlos IV.[11] A la vuelta a España fue nombrado director de tintes de la fábrica de Guadalajara, y posteriormente colaboró con el gobierno de José I, lo que supuso

9 Sobre las traducciones de las nomenclaturas al español, véase Garriga (1997), y sobre el diccionario de Brisson, Garriga (1998b).

10 No son los únicos textos químicos de este final de siglo. Como muestra, en 1789 Tadeo Lope y Aguilar realiza una nueva traducción bajo el título *Lecciones de química teórica y práctica* (Morveau / Maret / Durande 1789); en 1793, Hyginio Antonio Lorente traduce los tres volúmenes de los *Elementos de química* de J. A. Chaptal (1793–1794); en 1795, J. M. Munárriz traduce el *Arte de fabricar el salino y la potasa* de A. L. Lavoisier (1795), y tres años después, este mismo químico y militar traduce la obra magna de A. L. Lavoisier (1798): el *Tratado elemental de química* (Portela / Soler 1992; Portela 1999).

11 Véase la biografía de Garriga y Buach en la *Enciclopedia Universal Ilustrada* (1966: s. v.).

su marginación durante el reinado de Fernando VII (García Belmar / Bertomeu Sánchez 2001: 122).

Por su parte, José María San Cristóbal, que había estado en el laboratorio de Vauquelin con Garriga y Buach, volverá más tarde a París (1819) pensionado por el Museo de Ciencias Naturales de Madrid para estudiar los tintes. Como explican García Belmar / Bertomeu Sánchez (2001), la finalidad era establecer en Madrid una Escuela práctica de tintes basada en los principios de la química.

Y es que tanto Garriga y Buach como San Cristóbal tenían en común su interés por la aplicación de los nuevos conocimientos químicos. De ese interés nacen los dos volúmenes del *Curso de química general aplicada a las artes*, publicados en París entre 1804 y 1805. El planteamiento que se sigue en cada capítulo es ofrecer primero una exposición de los conocimientos químicos, seguida de las cuestiones relacionadas con la aplicación. Muestra de ello es el epígrafe 12 del capítulo X, titulado "Consideraciones generales sobre la aplicación de las tierras á la agricultura", el capítulo XIII dedicado a la alfarería o el XIV que versa sobre la vidriería (San Cristóbal / Garriga y Buach 1804–1805).

Pero nuestro interés va más allá del contenido de la obra, y se centra en la lengua utilizada. Hay que tener en cuenta que se trata de un manual de química aplicada, dirigido no solo a especialistas, sino a todos los que participan de las artes aplicadas: "al metalurgista, al alfarero, al fabricante de vidrio, al tintorero, al destilador, al curtidor, etc." (San Cristóbal / Garriga y Buach 1804: XII). Los autores muestran una cierta conciencia de la necesidad de cuidar el lenguaje (San Cristóbal / Garriga y Buach 1804: XVII):

> En quanto al estilo nos hemos esmerado, en quanto nos ha sido posible, en la pureza, claridad y precisión, por estar persuadidos que son las unicas bellezas compatibles con las materias didacticas, y que en ellas toda frase vaga ó superflua, por bella que sea, es un verdadero defecto.

En efecto, el texto en cuestión no es una traducción, pero el enfoque de este estudio no es tanto el de analizar la lengua del mismo, sino el de establecer una comparación entre diversos textos químicos de finales del siglo XVIII, todos ellos traducidos desde el francés, y el *Curso de química general aplicada a las artes*, a partir de una serie de términos señeros en la nueva nomenclatura química y que habían sido discutidos por diversos autores, dándose a veces soluciones distintas para expresar un mismo concepto. Se trata de ver si, después de quince años de la publicación en español de la *Nueva nomenclatura química*, se puede considerar que la lengua de la química está fijada siguiendo los modelos de estandarización propiciados desde el francés.

4. La estandarización de los términos[12]

4.1. *Gas*

El término *gas* había sido creado por van Helmont (1579–1644), pero fue a partir de Stahl (1660–1734) y su teoría del flogisto cuando se convierte en un elemento central de la química (Portela 1999: 13). Sin embargo, en esos años finales del siglo XVIII, el término *gas* aún no era utilizado mayoritariamente en los textos. Así, Martí i Franquès (1787) emplea expresiones como *substancia aerea*, *fluido elastico*, *fluido aeriforme*, o *fluido aereo*. Y es que, como expone Gutiérrez Cuadrado (2002: 2132), el uso de *gas* está asociado en ese momento al valor de 'forma o estado gaseoso', y no al significado genérico como sustantivo no contable: 'cuerpo en forma gaseosa'. Por eso el término *gas* aparece en la primera traducción de la *Nueva nomenclatura* de Gutiérrez Bueno (*Método* 1788) en casos como *gas oxígeno*, *gas hidrógeno*, etc., aunque en las memorias de los químicos franceses que preceden a la *Nomenclatura* se alterna con expresiones como las anteriores. Lo mismo ocurre en la traducción de los *Elementos de química teórica y práctica* que hace Guardia y Ardévol (*Elementos* 1788),[13] así como en las *Reflexiones* de Aréjula (1788).

Pero parece que el término *gas* es menos usado cuando los químicos españoles elaboran textos originales, como Martí i Franquès y Aréjula en sus respectivas memorias de 1790. Por eso resulta importante que San Cristóbal y Garriga y Buach utilicen fundamentalmente *gas*, aunque sigan usando expresiones como *fluido elástico* o *fluido aeriforme* para referirse al estado. Como explican los propios autores del *Curso de química general* (San Cristóbal / Garriga y Buach 1804: 125): "En quanto a la palabra gas advertimos que es una voz generica, consagrada á expresar una modificacion de los cuerpos ó el estado en que se hallan quando se presentan baxo la forma y con las apariencias del ayre". En efecto, el término *gas* se había incorporado al Diccionario de la RAE en el apéndice de la 4ª edición (RAE 1803).

Paralelamente se extiende el uso del adjetivo *gaseoso*, utilizado desde la traducción de la *Nomenclatura* de Gutiérrez Bueno (*Método* 1788), aunque

[12] En la tabla final se reúnen de manera esquemática los términos que compiten y su presencia en cada uno de los autores o traductores, ordenados cronológicamente.

[13] Véase especialmente la "Lección V" del "Capítulo II": *Disoluciones por el aire.*

compitiendo con *aeriforme*, *aéreo*, *vaporoso* o *gaseiforme* (Garriga 2003). Este uso está presente en el *Curso de química general* en expresiones como *forma gasosa* [sic] (San Cristóbal / Garriga y Buach 1804: 127) o *substancias gaseosas* (San Cristóbal / Garriga y Buach 1804: 140), aunque sigue alternando con *aeriforme* (*estado aeriforme* [San Cristóbal / Garriga y Buach 1804: 153]).

4.2. *Oxígeno*

Como he comentado anteriormente, la voz *oxígeno* la usa por primera vez en español Martí i Franquès (1787: 19), aunque solo en una ocasión para referirse al nombre propuesto por Lavoisier (*principio oxygino o acidificante*) a lo que el autor llama en su argumentación *aire puro*, *aire vital*, *aire desflogisticado*. Así, la expresión *gas oxígeno* es la habitual en los autores que siguen la nomenclatura: Gutiérrez Bueno (*Método* 1788), Guardia y Ardévol (*Elementos* 1788), aunque también usa *ayre puro* o incluso *gas bueno para la respiracion* (*Elementos* 1788: 152). Pero hay autores que proponen formas alternativas, a partir del desacuerdo con el principio etimológico que lo justifica (ser generador de ácidos): Aréjula (1788) propone *arxicayo*, Porcel (1788) *comburente* y Chabaneau (1790) *pyrógeno* (Gómez de Enterría 1998: 296). La amenaza más seria para la estandarización de la voz oxígeno en español vino de la propuesta de Aréjula (1788: 23):

> Queda probado que el nombre oxîgeno no le conviene; y así el mas propio, y el que reunira todas las condiciones expresadas, sera el que se deduzca de la propiedad exclusiva y constante de servir á la combustion; por lo que dirémos que la base del ayre vital es el principio que quema [...]; si sacamos del griego el nombre castellano, le daremos el de *Arxicayo*, compuesto de la palabra αρχη, principio, y καιαν, quemante. [...] y así miraremos como sinónimos los nombres *gas arxicayo*, *ayre vital y aire del fuego* [...].

Tras el razonamiento, Aréjula (1788: 23) propone:

> [...] el *oxígeno* de los Franceses será el *arxîcayo* de los Españoles; el oxîgenado de aquellos equivaldrá á nuestro *arxîcayado*; los *cayos* hispánicos reemplazarán los *oxîdos* gálicos [...].

En efecto, *arxicayo* llega a aparecer en el diccionario enciclopédico de Chao (1864: s. v.), pero el momento fundamental para la estandarización de *oxígeno* en castellano está en la traducción que García Fernández hizo de la *Nueva nomenclatura*, y que añadió a los *Elementos del arte de teñir* de Berthollet (1795), donde prefirió *oxígeno* a *arxicayo*. Téngase en cuenta que esta versión de la nomenclatura fue la seguida por Munárriz para su traducción del *Tratado elemental de química* de Lavoisier (1798). Así, en el *Curso de química general* de San Cristóbal y Garriga y Buach (1804–1805) se usa sistemáticamente la forma *gas oxígeno* y sus derivados en expresiones como *substancias oxigenadas* (San Cristóbal / Garriga y Buach 1804: 127), *muriato sobreoxigenado* (San Cristóbal / Garriga y Buach 1804: 128), los verbos *oxidar* (San Cristóbal / Garriga y Buach 1804: 151) y *oxigenar* (San Cristóbal / Garriga y Buach 1804: 127) y la forma *oxido* (San Cristóbal / Garriga y Buach 1804: 127).

4.3. *Ázoe*

Se trata del actual *nitrógeno*, y aunque es otro de los elementos químicos destacados de este periodo, su denominación moderna no se impone hasta años más tarde. Como el oxígeno, también había sido descubierto por los partidarios del flogisto, y así se puede documentar en Martí i Franquès (1787) como *aire flogisticado* o *mofeta atmosférica*. Sin embargo, fueron los químicos franceses los que lo llamaron en primera instancia *gas azotique* (*Méthode* 1787), para denominarlo posteriormente *gas azote* a sugerencia precisamente del químico español Aréjula, tal como el propio Fourcroy reconoce.[14]

En español, las primeras dificultades son para Gutiérrez Bueno (*Método* 1788), quien ya plantea en la "Advertencia" los problemas de homonimia que el francés *azote* crea en la traducción. Así, propone *azoote* (*Método* 1788: v), aunque es revelador que en la primera ocasión que lo menciona lo traduzca como *azóo* (*Método* 1788: 24), corregido luego en la fe de erratas (*Método* 1788: viii). El adjetivo que propone es *gas azotico*, aunque a veces aparezca transcrito como *azootico*.

Por su parte, en las *Reflexiones* de Aréjula (1788: 26), el autor reconoce que:

> [...] la palabra *azoe*, destinada para significar la base del ayre flogisticado, ó la mofeta atmosférica, es la que mas me ha embarazado en la traduccion por no encontrar su significacion adaptable á nuestra lengua [...].

Y añade (Aréjula 1788: 26–27):

> [...] entre nosotros sería equívoco y ridículo llamarle *azote* á la base y *azótico* al gas, por lo que me parece que será menos disonante darle la terminacion de *azoe*, conservando la del original griego; anteponer la palabra gas, quando se quiera dar á conocer en este estado [...].

---

14 Así lo explica el propio Aréjula (1790: 8, n. j.) citando a Fourcroy. También hay noticia de ello en López Piñero *et al.* (1983: 68).

Pero tanto en sus *Reflexiones* (Aréjula 1788) como en su *Memoria* de 1790 (cf. Carrillo / Gago 1980), Aréjula alterna el uso de *azoe* con el de *mofeta atmosférica*, forma utilizada por Martí i Franquès también en 1790. Dice Aréjula (1788: 31):

> Aunque se ha dicho lo que nos parece sobre la palabra *azoe*, en el caso de admitirla, el nombre de *mofeta atmosférica* parece que debe preferirse.

Por su parte, la traducción de Guardia y Ardévol (*Elementos* 1788) utiliza la forma *azoótico* y *gas azoótico*, reproduciendo *azotique*, el primer nombre de los franceses y el utilizado en el original que traduce. También en ese año aparecen las propuestas de Porcel de *nitrígeno* y *amoniágeno*, que de momento no prosperarán. Será de nuevo García Fernández (Berthollet 1795) el que condicione la estandarización del término, al aceptar el *azoe* de Aréjula en detrimento del *azoote* de Gutiérrez Bueno. Así se utilizará sistemáticamente después en el *Tratado elemental de química* de Lavoisier (1798) traducido por Munárriz, en el *Diccionario universal de física* de Brisson (1796–1802) traducido por Cladera, y en el *Curso de química general* de San Cristóbal y Garriga y Buach (1804–1805). Estos mismos autores reflexionan sobre el nombre dado a este elemento (San Cristóbal / Garriga y Buach 1804: 144–145):

> Ya hemos observado que la palabra azóe con que se distingue este gas, se deriva de su propiedad mefítica y aunque esta denominacion no sea la mas exacta, supuesto que divide dicha propiedad con todos los gases deletéreos; sin embargo se la puede abonar hasta cierto punto, observando que contrasta con la propiedad mas radical y eminente que tiene el gas oxigeno, de servir á la respiracion y con el qual està unido en el ayre atmosferico.

En su quinta edición, el diccionario académico (RAE 1817) recoge *azoe* y *azote*, aunque, como los autores más modernos, prefiere el primero. Pero una muestra de la estandarización de este término la da el *Diccionario nacional* de Domínguez (1846) donde se recogen los derivados de la voz *azoe*: *azótico*, *azótidos*, *azotífero*, *azotito*, *azotización*, *azotizado*, *azotizar*, *azotizarse*, *azotóides*, *azotoso*, *azotóxido* y *azoturo*.

4.4. *Hidrógeno*

Aparece utilizado en la traducción de Gutiérrez Bueno (*Método* 1788), pero Aréjula (1788: 25) también lo discute: "El nombre de *hydrógeno* [...] es tan impropio como su antecedente", refiriéndose al de *oxígeno*. Y en su texto demuestra preferir *gas inflamable*, como muestran frases como la siguiente

(Aréjula 1788: 35): "Estas substancias son el *carbon*, el *azufre*, el *fósforo*, y el *gas inflamable*, que ellos llaman hydrógeno". Sin embargo, la presencia de la voz *hidrógeno* en los textos estudiados es habitual. En el capítulo V del *Curso de química general* de San Cristóbal y Garriga y Buach (1804: 174) se introduce la voz *hidrógeno* (ya escrita como en la actualidad), y se utiliza el verbo *hidrogenar* (San Cristóbal / Garriga y Buach 1804: 183). El *Curso* le dedica el capítulo VI, titulado "Del hidrógeno y del gas hidrógeno", donde ni siquiera se discute esta denominación.

5. Conclusión

Como se ha venido demostrando, la traducción juega un papel fundamental en la estandarización de los lenguajes especializados en español. En este sentido, el caso de la química es ejemplar: las traducciones de los manuales químicos van marcando el ritmo de la introducción de los términos, pero también tienen un papel importante los textos escritos originalmente en español, ya que dan muestra del asentamiento de los términos más allá de la influencia ejercida por la traducción directa.

Por esa razón, el *Curso de química general aplicada a las artes* de San Cristóbal y Garriga y Buach tiene una importancia destacada en la descripción de este proceso: se trata de un texto escrito originalmente en español; va dirigido no solo a especialistas, sino también a artesanos, por lo que no utilizará términos que no estén generalmente extendidos; y se sitúa en el límite de la ruptura que supuso para la ciencia española la guerra con Francia y el reinado de Fernando VII.

Una vez analizada la lengua del texto, se observa cómo el proceso de estandarización del léxico químico en español está realmente avanzado, habiéndose superado las tentativas de crear términos diferentes para el español, utilizando inequívocamente la nueva nomenclatura de forma bastante sistemática, y aproximándose de manera clara a las soluciones que finalmente se han consolidado.

Por último, se pone de manifiesto, una vez más, la importancia de la institucionalización de la ciencia para la estandarización de la lengua, al constatar la influencia decisiva que la traducción de la nomenclatura de D.

García Fernández tiene sobre las traducciones posteriores de obras químicas, y la pervivencia de sus soluciones en el *Curso de química general*.[15]

Bibliografía

Aréjula, J. M. (1788). "Reflexiones sobre la nueva nomenclatura química". Madrid: A. de Sancha. Facsímil en Gago, R.; Carrillo, J. L. (1979). *La introducción de la nueva nomenclatura y el rechazo de la teoría de la acidez de Lavoisier en España*. Málaga: Universidad.

Bensaude-Vincent, B. (1995). "Un regard européen sur la revolution chimique". En Puig-Pla, C. *et al.* (eds.) (1995). *Actes de les III trobades d'història de la ciència i de la tècnica als Països Catalans*. Barcelona: SCHCT. 13–22.

Bensaude-Vincent, B.; Abbri, F. (eds.) (1995). *Lavoisier in European Context*. Canton, MA: Science History Publications.

Berthollet, C. L. (1795). *Elementos del arte de teñir* (trad. D. García Fernández). Madrid: Imprenta Real.

Bertomeu Sánchez, J. R.; García Belmar, A. (1995). "Alumnos españoles en los cursos de química del Collège de France (1774–1833)". En Puig-Pla, C. *et al.* (eds.) (1995). *Actes de les III trobades d'història de la ciència i de la tècnica als Països Catalans*. Barcelona: SCHCT. 407–418.

Brisson, M. (1796–1802). *Diccionario Universal de Física*. 10 vols. Traducción de C. Cladera y FXC. Madrid: Benito Cano–Imprenta Real.

Carrillo, J. L.; Gago, R. (1980). *Memoria sobre una nueva y metódica clasificación de los fluidos elásticos permanentes y gaseosos de J. M. de Aréjula*. Málaga: Universidad.

Chao, E. (1864). *Diccionario Enciclopédico de la Lengua Española*. Madrid: Gaspar y Roig.

Chaptal, J. A. (1793–1794). *Elementos de química* (trad. H. Antonio Lorente). Madrid: Vda. e hijo de Marín.

Crosland, M. P. (1962). *Historical Studies in the Language of Chemistry*. London: Heinemann Educational Books.

Demeulenaere-Douyère, Ch. (ed.) (1995). *Il y a 200 ans Lavoisier*. Paris: Technique et documentation.

Domínguez, R. J. (1846). *Diccionario nacional*. Madrid: Miguel Guijarro.

Elementos. (1788). = Morveau, G.; Maret, H.; Durande, J. F. (1788). *Elementos de química teórica y práctica* (trad. M. de Guardia y Ardévol). Madrid: Benito Cano.

Enciclopedia Universal Ilustrada. Madrid: Espasa-Calpe, 1966 (t. XXV).

---

[15] García Fernández, pensionado en París, ocupó después la cátedra de química aplicada a las artes de la Junta de Comercio de Madrid (García Belmar / Bertomeu Sánchez 2001: 115). Aunque tuvo que exiliarse tras el reinado de José I y fue apartado de sus cargos al regresar a España (García Belmar / Bertomeu Sánchez 2001: 123), su traducción de la *Nueva nomenclatura*, añadida a la traducción de los *Elementos del arte de teñir* de Berthollet (1795), se convierte en el hito fundamental de la estandarización del léxico químico, ya que fue la utilizada por J. M. Munárriz para traducir a Lavoisier. La figura de D. García Fernández y su importancia en la fijación del léxico químico del español es objeto de estudio de un trabajo en curso.

Gago, R. (1978). "Bicentenario de la fundación de la Cátedra Química de Vergara. El proceso de constitución". *Llull* 2. 5–18.

—. (1982). "Introducción". En Lavoisier, A. L. (1982). *Tratado elemental de química.* Madrid: Alfaguara. XIII–LXVIII.

—. (1988). "The New Chemistry in Spain". *Osiris* 4. 169–192.

—. (1990). "Luis Proust y la cátedra de química de la Academia de Artillería de Segovia". En Proust, L. (1990). *Anales del Real Laboratorio de Química de Segovia.* Segovia: A. Espinosa [1795]. Facsímil, Segovia: Academia de Artillería. 5–51.

Gago, R.; Carrillo, J. L. (1979). *La introducción de la nueva nomenclatura y el rechazo de la teoría de la acidez de Lavoisier.* Málaga: Universidad.

García Belmar, A.; Bertomeu Sánchez, J. R. (1999). *Nombrar la materia. Una introducción histórica a la terminología química.* Barcelona: del Serbal.

—. (2001). "Viajes a Francia para el estudio de la química, 1770 y 1833". *Asclepio* LIII, 1. 95–140.

Garriga, C. (1996). "Apuntes sobre la incorporación del léxico de la química al español, la influencia de Lavoisier". *Documents pour l'histoire du français langue étrangère ou seconde* 18. 419–435.

—. (1997). "La recepción de la Nueva nomenclatura química en español". *Grenzgänge* 8. 33–48.

—. (1998a). "Química, enseñanza y divulgación de la terminología, las Lecciones de química teórica y práctica de Morveau, Maret y Durande". En Brumme, J. (ed.) (1998). *La historia de los lenguajes iberorrománicos de especialidad (siglos XVII–XIX); soluciones para el presente.* Barcelona: IULA/UPF. 163–174.

—. (1998b). "El Diccionario Universal de Física de Brisson (1796–1802) y la fijación lexicográfica de la terminología química en español". En García Turza, C.; González, F.; Mangado, J. (eds.) (1998). *Actas del IV Congreso Internacional de Historia de la Lengua Española.* Logroño: AHLE – Gobierno de La Rioja – Universidad de La Rioja. 179–190.

—. (2003). "Aspectos de la adaptación de la nueva nomenclatura química al español". Gutiérrez, B. (ed.). (2003). *Aproximaciones al lenguaje de la ciencia.* Salamanca: Universidad (en prensa).

Gómez de Enterría, J. (1998). "Consideraciones sobre la terminología científico-técnica de carácter patrimonial en el español del siglo XVIII". *Boletín de la Real Academia Española* 78. 275–301.

Goupil, M. (ed.) (1992). *Lavoisier et la révolution chimique.* Sabix: École polytechnique.

Gutiérrez Cuadrado, J. (2002). "La expansión de *gas* en español". En Echenique, M. T.; Sánchez, J. (eds.). *Actas del V Congreso Internacional de Historia de la Lengua Española.* Madrid: Gredos. 2127–2141.

Izquierdo, M. *et al.* (eds.) (1996). *Lavoisier i els orígens de la química moderna, 200 anys després (1794–1994).* Barcelona: SCHCT.

Lavoisier, A. L. (1795). *Arte de fabricar el salino y la potasa* (trad. J. M. Munárriz). Segovia: Imprenta de Espinosa.

—. (1798). *Tratado elemental de química* (trad. de J. M. Munárriz). Madrid: Imprenta Real.

López Piñero, J. Mª.; Glick, T.; Navarro, V.; Portela, E. (1983). *Diccionario histórico de la ciencia moderna en España.* Barcelona: Península.

Martí i Franquès, A. (1787). "Sobre algunas producciones que resultan de la combinación de varias sustancias aeriformes". En Quintana, A. (1935). *Antoni de Martí i Franquès;*

memòries originals, estudi biogràfic i documental. Barcelona: Acadèmia de Ciències i Arts. 11–20.

—. (1790). "Sobre la cantidad de aire vital que se halla en el aire atmosférico y sobre varios métodos de conocerla". En Quintana, A. (1935). *Antoni de Martí i Franquès; memòries originals, estudi biogràfic i documental*. Barcelona: Acadèmia de Ciències i Arts. 21–36.

Méthode. (1787). = Morveau, L.; Lavoisier, A. L.; Berthollet, C.; Fourcroy, F. (1787). *Méthode de nomenclature chimique*. Paris: Cuchet.

Método. (1788). = Morveau, L.; Lavoisier, A. L.; Berthollet, C.; Fourcroy, F. (1788). *Método de la nueva nomenclatura química* (trad. P. Gutiérrez Bueno). Madrid: Antonio de Sancha.

Morveau, G.; Maret, H.; Durande, J. F. (1789). *Lecciones de química teórica y práctica* (trad. T. Lope y Aguilar). Madrid: Antonio Espinosa.

Nieto, A. (1996). "Martí i Franquès, Carbonell i Bravo, i els usos de la nova química a la Catalunya il.lustrada". En Izquierdo, M. *et al.* (eds.). *Lavoisier i els orígens de la química moderna, 200 anys després (1794–1994)*. Barcelona: SCHCT. 159–184.

Pellón, I.; Gago, R. (1994). *Historia de las Cátedras de Química y Mineralogía de Bergara a finales del siglo XVIII*. Bergara: Ayuntamiento.

Peset, J. L.; Lafuente, A. (1988). "Las actividades e instituciones científicas en la España ilustrada". En Sellés, M.; Peset, J. L.; Lafuente, A. (eds.). *Carlos III y la ciencia de la Ilustración*. Madrid: Alianza. 29–79.

Peset, M.; Peset, J. L. (1974). *La universidad española (siglos XVIII–XIX)*. Madrid: Taurus.

Portela, E. (1999). *La química ilustrada*. Madrid: Akal.

Portela, E.; Soler, A. (1992). "La química española en el siglo XIX". En López Piñero, J. M. (ed.). *La ciencia en la España del siglo XIX*. Madrid: Marcial Pons. 85–107.

RAE. (1803). *Diccionario de la lengua castellana*. 4ª ed. Madrid: Vda. de Ibarra.

RAE. (1817). *Diccionario de la lengua castellana*. 5ª ed. Madrid: Imprenta Real.

San Cristóbal, J. M.; Garriga y Buach, J. (1804–1805). *Curso de química general aplicada a las artes*. 2 vols. Paris: Imprenta de Carlos Crapelet.

Sánchez Ron, J. M. (ed.) (1988). *Ciencia y sociedad en España, de la Ilustración a la Guerra Civil*. Madrid: El Arquero.

	gas	oxígeno	ázoe (nitrógeno)	hidrógeno
Martí i Franquès (1787)	-substancia aerea -fluido elastico -fluido aeriforme -fluido aereo	-aire puro -aire vital -aire desflogis-ticado -principio oxygino -principio acidificante	-aire flogisticado -mofeta atmosférica	
Gutiérrez Bueno (1788)	-gas -ácido gaseoso	-gas oxîgeno -oxigenado -oxide	-azóo -azoote/ azóote -gas azotico -gas azootico	-gas hydrogeno
Aréjula (1788)	-fluido elastico -gas	-arxicayo -arxicayado -cayo	-mofeta atmosférica (preferido) -azoe	-hydrógeno -gas inflamable (preferido)
Porcel (1788)		-comburente -combusto -combusto	-nitrígeno -amoniágeno	-hidrógeno
Guardia y Ardévol (1788)	-gas	-oxîgeno -ayre puro	-gas azoótico	-hidrogeno
Martí i Franquès (1790)	-substancia aerea -fluido aeriforme -gas (nitroso) -ayre (nitroso)	-ayre vital	-mofeta	
Chabaneau (1790)		-pyrógeno	-azoe	
Aréjula (1790)	-fluido elastico -fluido aeriforme -fluidos gaseosos -gas -materia gaseosa	-arxicayo o principio quemante -arxicayo (oxigeno) -gas arxicayo (gas deflogisti-cado) -arxicayado	-mofeta atmosférica -gas azoe	
García Fernández (1795)	-gas	-gas oxîgeno -oxigenado	-gas azoe	-gas hydrogeno

Cladera (1796-1802)	-gas	-gas oxîgeno -oxigenado	-gas ázoe	-gas hydrogeno
San Cristóbal / Garriga y Buach (1804-1805)	-gas -fluido aeriforme (alguna vez) -fluido elástico (alguna vez)	-oxígeno -oxigenado -oxido -sobreoxigenado -oxidar -oxigenar	-azóe	-hidrogeno -hidrogenar

Francisca Bajo Santiago
Universitat Rovira i Virgili. Tarragona

LOS TÉRMINOS ENOLÓGICOS PROPUESTOS POR SANCHEZ SALVADOR EN LA TRADUCCIÓN DE *L'ART DE FAIRE LE VIN* (1800) DE CADET-DE-VAUX[1]

1. El nacimiento de la enología en España

A finales del siglo XVIII tiene lugar en Francia el nacimiento de la química moderna. La aplicación de las nuevas teorías químicas al proceso de elaboración de vinos favoreció la aparición de una nueva ciencia: la enología.[2]

En este periodo reina en España un ambiente muy favorable al desarrollo científico (Portela 1998: 48–49). Los estudiosos españoles se apresuraron a traducir los tratados de química europea[3] y también los textos de enología. Como anota Pan-Montojo (1989: 12) "La lectura de la literatura extranjera produjo un cambio substancial en el talante, preocupaciones y estilo de los tratadistas españoles". A modo de ejemplo puede citarse el *Opusculo sobre la vinificacion* del francés Juan Antonio Gervais publicado en 1820, y traducido al español por Antonio Camps sólo un año después de la aparición del original francés (1821).[4]

Otro ejemplo es la obra del francés Cadet-de-Vaux "primera obra enológica realmente moderna, traducida en nuestro país a los tres años de su publicación"

---

1 Este trabajo ha sido posible gracias a la concesión de una beca predoctoral de Formación de Investigadores (FI-CIRIT, 1997FI-00952) por la Generalitat de Catalunya y al proyecto *Catálogo de neologismos del léxico científico y técnico del s. XIX* (MCYT, BFF 2001-2478). Quiero agradecer al profesor C. Garriga la ayuda prestada para el presente estudio.

2 Pueden consultarse los trabajos de Peynaud (1988: 88), Riera (1993: 83) y Pan-Montojo (1989: 12).

3 Véase al respecto los trabajos de Garriga (1996, 1997, 1998a, 1998b).

4 Así se justifica el traductor: "El aparato-Gervais acaba de obrar en Francia una revolucion completa en el modo de hacer el vino. Este nuevo sistema de proceder á la fermentacion de la vendimia se ha generalizado en ese pais con tanta rapidez que ya no es permitido desconocer sus grandes ventajas" (Gervais 1821: Aviso al público). Pero además nos informa de la premura con que dicho aparato se introducirá en España, siendo el mismo traductor el responsable de ello, gracias a una concesión del Gobierno: "me cabe la satisfaccion de anunciarle que he logrado del Gobierno una patente esclusiva para introducir en esta monarquia el mismo aparato vinificador y condensador de la Sra. Elisabeth Gervais" (Gervais 1821: Aviso al público).

(Pan-Montojo 1989: 12). El traductor fue Don Manuel Pedro Sanchez Salvador, quien justifica así la necesidad de traducir la obra francesa:

> El arte de hacer el vino según el método del sabio C. Chaptal, ordenado por Cadet-de-Vaux, y distribuido por el gobierno en toda la República Francesa, y aun en la Cisalpina, me ha parecido tan util, que no he podido resistir al deseo de comunicar sus luces á mis Compatriotas (Cadet-de-Vaux 1803: III–IV).

Se confirma así el interés que los estudiosos españoles tenían a principios del siglo XIX acerca de los nuevos aires que recorrían la vinificación europea, especialmente la francesa.

2. La traducción de Sanchez Salvador de *L'art de faire le vin* de Cadet-de-Vaux

En la traducción realizada por Sanchez Salvador se han observado cambios con respecto al original francés. Como señala Moreno (1997: 24), recogiendo las palabras de Lépinette y San Vicente, "los traductores de este período quisieron imprimir a sus traducciones científicas cierto carácter nacional, incorporando datos personales o específicamente españoles, con el propósito de distanciarse de las fuentes originales".

Algunos de estos cambios vienen motivados por cuestiones ideológicas. Así en el original francés se lee "Je divisais ainsi les familles; *diviser pour régner*!" (Cadet-de-Vaux 1800: 31) y en la traducción española "Yo dividia asi las familias, pero para su felicidad" (Cadet-de-Vaux 1803: 58). Otro ejemplo puede encontrarse en la eliminación del adjetivo *libérale*:

> et il n'appartient qu'au l'homme qui a reçu une éducation libérale, d'entendre le langage de la science (Cadet-de-Vaux 1800: 61).

> y solo el hombre que ha tenido una buena educacion podrá entender el lenguaje de las ciencias (Cadet-de-Vaux 1803: 109).

Se han observado dos clases de modificaciones textuales, por un lado eliminaciones de texto, y por otro, ampliaciones de texto. En primer lugar, se atenderán los casos de eliminación de texto. En la versión española no se ofrecen los siguientes apartados del original: "Lettre du C. Colas", "Observations sur les heureux effets de cette amélioration", "Observation sur une cuve obliée" y "Des maladies du vin".

Sanchez Salvador decide no traducir tampoco determinados fragmentos del texto francés, como las aclaraciones de carácter lingüístico que no afectan al español:

> et à Aï surtout, les vins de la seconde classe, qu'on appelle communément vins de vigneron, s'élevérent, quoique la récolte ne fût pas médiocre, à un prix jusqu'alors ignoré dans les fastes de notre agriculture (Cadet-de-Vaux 1800: 44).

> y sobre todo en Aï los vinos de segunda clase, aunque la cosecha no fué ni mediana, se levantaron á un precio no conocido hasta entonces en los fastos de nuestra agricultura (Cadet-de-Vaux 1803: 79).

Por otro lado, Sanchez Salvador amplía el texto original con aportaciones propias, como la dedicatoria a Chaptal[5] que se encuentra al principio de la traducción o la nota final[6] que cierra el libro. Incorpora también un escrito dirigido "Al Illmo Reyno de Navarra" donde dice lo siguiente:

> He procurado, que la traducción no desfigure al original, y que su claridad la ponga al alcance de todos los cosecheros (Cadet-de-Vaux 1803: IV).

Ya en el interior de la obra añade un capítulo titulado "Del modo de clarificar el vino", que justifica de la siguiente manera:

> Aunque pudiera contentarme con solo traducir la presente instrucción; como mi objeto, y el de todo buen Ciudadano debe ser la utilidad pública, me ha parecido muy necesario el añadir aquí un método para clarificar los vinos, operacion tan importante, como poco conocida del comun de los cosecheros (Cadet-de-Vaux 1803: 134).

Además, a lo largo de la traducción Sanchez Salvador incorpora numerosas notas al pie.[7] Especial interés tienen para este estudio aquellas en las que se definen distintos términos, como ocurre con *vinosidad*:

> Se entiende por vinosidad los espíritus que constituyen ó forman el vino, y su fortaleza (El traductor). (Cadet-de-Vaux 1803: 25).

---

[5] "Los labradores gozan ya de los beneficios de vuestro gobierno, y nada les resta, sino recoger el fruto de vuestras luces. Dedic. Al C. Chaptal" (Cadet-de-Vaux 1803: II).

[6] "En esta obra de pura instrucción ha sido indispensable el usar de repeticiones, lo que y la poca delicadeza de estilo deben perdonarse en favor de la claridad y la sencillez, requisitos mas esenciales" (Cadet-de-Vaux 1803: 144).

[7] Se han contabilizado 17 notas al pie, que se acompañan de la expresión "El traductor" entre paréntesis, exceptuando las notas 16 "Vease la nota á este mismo capítulo en el resumen" y 17 "Este capítulo es añadido por el traductor".

Algunas notas sirven también para indicar las modificaciones que realiza el traductor:

> Se ha mudado este pasage del original, por no ser justo el abusar de los textos sagrados, para esplicarse con gracia tan fuera de proposito. (El traductor). (Cadet-de-Vaux 1803: 50).

Otras notas se emplean para hacer aclaraciones, como la que acompaña a *tonel*:

> Medida de 280 azumbres. (El traductor). (Cadet-de-Vaux 1803: 62).

Finalmente, en otras notas al pie Sanchez Salvador expresa su opinión:

> Esta misma razon, y aun mayor hay en España para fomentar el mejoramiento de nuestros vinos, que necesitan tan poco para perfeccionarse. (El traductor). (Cadet-de-Vaux 1803: 3).

Entre las ampliaciones de texto destacan los juicios del traductor en los que expresa su acuerdo o desacuerdo con determinadas técnicas enológicas. Véase el siguiente ejemplo:

> Si la cuve a été couverte, on peut mêler le chapeau de la vendange et le marc pour les presser et en réunir le vin. Si la cuve n'a pas été couverte, il faut presser à part le chapeau (Cadet-de-Vaux 1800: 13).

> Si el cubo ha estado cubierto, como debe, se puede mezclar la capa ó superficie de las brisas con estas para juntar el vino. Si el cubo no ha estado cubierto, lo que es un gran defecto, será preciso separar esta capa primera y prensarla aparte (Cadet-de-Vaux 1803: 23).

Especial importancia tienen para nuestro estudio las aclaraciones de tipo lingüístico, como la que se ofrece a continuación:

> Plus un vin a de vinosité, meilleur il est, mieux il se conserve, enfin mieux il se vend (Cadet-de-Vaux 1800: 14).

> Quanto mas vinosidad tenga el vino, esto es quantos mas espíritus tenga, mejor es, se conserva mejor, y en fin mejor se vende (Cadet-de-Vaux 1803: 26).

3. La traducción de los términos enológicos

En este apartado se tratan algunas de las soluciones terminológicas que Sanchez Salvador ha propuesto para traducir determinados términos franceses. Se ha observado cómo el traductor opta por términos sintagmáticos verbales para traducir algunos verbos franceses. Como ejemplo *égrapper* que se traduce por *quitar la raspa*:

> On peut égrapper si le raisin est parfaitement mûr, et dans le cas où l'on veut un vin plus délicat et plutôt prêt à boire (Cadet-de-Vaux 1800: 6).

> Se puede quitar la raspa, si la uva está perfectamente madura, quando se quiere hacer un vino delicado, y que se pueda beber mas pronto (Cadet-de-Vaux 1803: 9).

También emplea *quitar la raspa* como equivalente del francés *érafler*:

> Mais qu'on y ajoute de la matiére sucrée, alors on peut érafler, et on aura du vin spiritueux, susceptible de se garder (Cadet-de-Vaux 1800: 39).

> Pero echesele materia azucarada, entonces se puede quitar la raspa, y á pesar de esto se conseguirá vino espiritoso (Cadet-de-Vaux 1803: 68).

Otros autores enológicos del siglo XIX expresan este mismo concepto a través de términos como *derraspar* (Manso / Díaz 1895: 36), *descobajar* (Boutelou 1806: 92; Carbonell 1820: 100; Aragó 1871: 168) o *despalillar* (Boutelou 1806: 22; Bonet 1858: 51; Castellet 1865: 68–69: Aragó 1871: 166). El *Diccionario de la Lengua Castellana* de la RAE recoge el término *descobajar* en la edición de 1791. El término *despalillar* se introduce en 1925 y *desraspar* en 1936. Los términos *descobajar y despalillar*[8] se han datado en Chao (1853–1855), Domínguez (1875), Serrano (1875–1882) y Montaner y Simón (1887–1898). Resulta extraño que el traductor no acudiese al verbo *descobajar* como equivalente de los términos franceses *égrapper* y *érafler*.

Sanchez Salvador recurre a la perífrasis *quitar la raspa* para traducir *égrappage*:

> La vendange; L'égrappage; Le foulage (Cadet-de-Vaux 1800: 47).

> La vendimia. El quitar la raspa. El pisar (Cadet-de-Vaux 1803: 84).

Para designar el proceso de 'quitar la raspa' otros autores enológicos del siglo XIX emplean los términos *derraspado* (Manso / Díaz 1895: 36) y *despalillado* (Bonet 1858: 50; Castellet 1865: 69–70; Aragó 1871: 167; Manso / Díaz 1895: 36). Éste último se incluye en el *Diccionario Enciclopédico Hispano-Americano* (Montaner y Simón 1887–1898) con la marca de *enología*.

---

[8] En el *Diccionario nacional* (Domínguez 1875) se presenta el término *despalillar* en el apéndice.

Otro ejemplo es el término francés *décuver* que se traduce por *sacar el vino*:

> Il peut fermer les portes et fenêtres de sa foulerie, et n'y rentrer que pour décuver (Cadet-de-Vaux 1800: 9).
>
> puede cerrar las puertas y ventanas de su pisadero, y no volver á entrar en él hasta el tiempo de sacar el vino (Cadet-de-Vaux 1803: 15).

Sólo en una ocasión se ha optado por traducir *décuver* por *sacar del cubo*:

> Un pareil vin, qui se trouvait être en quelque sorte usé quand on l'a décuvé, ne peut pas soutenir le travail qui l'attend dans le tonneau (Cadet-de-Vaux 1800: 70).
>
> Un vino que estubiese gastado, digamoslo asi, quando se saca del cubo, no podria resistir el movimiento que le espera en la cuba (Cadet-de-Vaux 1803: 125).

Para traducir el término francés *décuvage* que designa el proceso de 'sacar el vino de la cuba' Sanchez Salvador recurre a *sacar el vino del cubo*:

> Les procédés de l'art de faire le vin consistent dans La vengange. La Fermentation. Le Foulage. La manière de bien gouverner la fermentation. Le Décuvage (Cadet-de-Vaux 1800: 5).
>
> El arte de hacer el vino consiste en las operaciones siguientes. Vendimia. Fermentacion. Pisar la uba. Dirigir la fermentacion. Sacar el vino del cubo (Cadet-de-Vaux 1803: 7).

En otras ocasiones se utiliza simplemente *sacar el vino*:

> *Du Décuvage*. On hésite sur le moment du décuvage (Cadet-de-Vaux 1800: 12).
>
> *De sacar el vino*. Se duda acerca del tiempo de sacar el vino (Cadet-de-Vaux 1803: 21).

También se ha documentado *sacar del cubo*:

> Mon vin, au décuvage, était chaud à 24 degrés du thermomètre, au degré de l'eau d'un bain (Cadet-de-Vaux 1800: 26).
>
> Mi vino al sacarlo del cubo estaba en veinte y quatro grados de calor del thermometro, como el agua de un baño (Cadet-de-Vaux 1803: 48).

Otra de las opciones empleadas por Sanchez Salvador es *sacar el vino á las cubas*:

> Je retrouve dans unes notes que la chaux doit être ajoutée dans le vin au décuvage plutôt que dans la cuve même (Cadet-de-Vaux 1800: 78).
>
> He observado, que la cal debe echarse al vino al sacarlo á las cubas (Cadet-de-Vaux 1803: 143).

En la obra de Manso / Díaz (1895) se han documentado los términos *descubar* y *descube*:

> CRIANZA Y CONSERVACIÓN DE LOS VINOS. Al descubarlos no son áun propiamente tales; de aquí ha nacido llamarles en muchas localidades mostos, y nosotros los hemos llamado mosto-vino; necesitan proseguir su fermentación para depurarse mejor, clarificarse, abrillantarse y ponerse en condiciones de darlos al consumo (Manso / Díaz 1895: 86).

> También se construyen mostímetros que tienen una escala única con divisiones en grados, medios grados y cuartos, que representan la cantidad de alcohol que tendrá (si fermenta bien) el vino resultante, y en el 0° de la escala marcado el descube, trasiego, suelta ó saca, como denominan en distintos países á la separación del ollejo después de la fermentación tumultuosa (Manso / Díaz 1895: 55).

Para traducir el término francés *cuver* Sanchez Salvador opta por distintas soluciones. Así se ha documentado el equivalente *manejar el vino en el cubo*:

> C'est surtout un vin coloré que recherchent les vignerons, et leur maniére de cuver est un puissant obstacle à sa coloration (Cadet-de-Vaux 1800: 26).

> Los viñadores apetecen sobre todo un vino de color, y su modo de manejarlo en el cubo es el mayor obstaculo, para que lo tome (Cadet-de-Vaux 1803: 47).

También emplea *tener el vino en el cubo*:

> Il a cuvé *treize jours*: tout en se frayant un sentier nouveau, on suit de l'oeil le sentier battu, dans la crainte de trop s'écarter (Cadet-de-Vaux 1800: 39).

> Aquel tubo el vino trece dias en el cubo: las mas veces al tomar una senda nueva, se mira con atencion al camino abandonado por el temor de separarse demasiado de el (Cadet-de-Vaux 1803: 67).

Otra de las opciones es *estar en el cubo*:

> Les vins mousseaux de la Champagne ne cuvent guères que vingt-quatre heures (Cadet-de-Vaux 1800: 71).

> El vino espumoso de Champaña no está en el cubo mas de veinte y quatro horas (Cadet-de-Vaux 1803: 127).

Para el término francés *cuver* Sanchez Salvador propone como equivalente la expresión *poner en un cubo*:

> Séparer les raisins verts et pourris pour les cuver à part, leur mêlage altére la qualité du vin (Cadet-de-Vaux 1800: 50).

> Separar las uvas verdes, y pudridas, para ponerlas en un cubo aparte, porque su mezcla altera la calidad del vino (Cadet-de-Vaux 1803: 89).

Más tarde opta por la expresión *estar en el cubo*:

> La rafle, sans avoir cuvé avec le moût, lui communique une partie de son principe acerbe et rend ce vin plus susceptible de se garder (Cadet-de-Vaux 1800: 62).

> La raspa que no ha estado en el cubo con el mosto, comunica una parte de su principio aspero, y hace á este vino mas capaz de guardarse (Cadet-de-Vaux 1803: 111–112).

Sanchez Salvador emplea el término *encubar* como equivalente a *verser dans le tonneau*:

> Sur quatre pièces de vin rouge et sur une des deux de mon vin blanc, j'ai ajouté, au moment où on le versait dans le tonneau, une once et demie de chaux vive récemment éteinte (Cadet-de-Vaux 1800: 26–27).

> A cien cantaros de vino colorado, ó tinto, y veinte y cinco de mi vino blanco todo junto, eché al mismo tiempo de encubarlo onza y media de cal viva recien apagada (Cadet-de-Vaux 1803: 49).

Para traducir el término sintagmático nominal *mise en tonneaux* recurre también a *encubar*:

> Les demandes innombrables faites pendant les vendanges firent penser que la vente serait rapide, et on ne s'était pas trompé dans cette conjecture, puisqu'elle fut presque entièrement effectuée aussitôt après la mise en tonneaux (Cadet-de-Vaux 1800: 44).

> Los inumerables encargos hechos durante las vendimias, hicieron esperar que la venta seria rápida, y no fué engañosa esta esperanza, pues se efectuó casi enteramente á luego de haberse encubado (Cadet-de-Vaux 1803: 78).

El término *encubar* se encuentra en el diccionario de la RAE desde *Autoridades* (1726–1739). También se define en Chao (1853–1855), Domínguez (1875), Serrano (1875–1882) y Montaner y Simón (1887–1898). Resulta extraño que Sanchez Salvador no acuda a *encubar*, afianzado en el uso de la lengua, para traducir el término francés *cuver*, y sí lo emplee en otros casos en los que el original francés utiliza expresiones como *verser dans le tonneau*.

Para designar el proceso de 'introducir el vino en las cubas' el francés emplea el término *cuvage*. El traductor opta por distintas soluciones, como *tener en el cubo*:

> Qui, certes, il faut en prolonger le cuvage, pour, au défaut des pirituosité (sic), leur donner fermeté et même dureté (Cadet-de-Vaux 1800: 39).

> Ciertamente es necesario prolongar el tenerlo en el cubo, para que en defecto de espiritosidad se le dé fortaleza, y aun aspereza (Cadet-de-Vaux 1803: 68).

También se ofrece como equivalente *detencion en el cubo*:

> Mais qu'on y ajoute de la matiére sucrée, alors on peut érafler et on aura du vin spiritueux, susceptible de se garder, et dont le cuvage pourra se restreindre à trois ou quatre jours au plus (Cadet-de-Vaux 1800: 39).

> Pero echesele materia azucarada, entonces se puede quitar la raspa, y á pesar de esto se conseguirá vino espiritoso, capaz de guardarse, y cuya detencion en el cubo podrá reducirse á tres, ó quatro dias á lo mas (Cadet-de-Vaux 1803: 68–69).

En la obra de Lecannu *Preceptos generales para la buena vinificacion* (1871) traducida por Torres Muñoz de Luna se han documentado los términos *encubacion* (Lecannu 1871: 92) y *encubamiento* (Lecannu 1871: 84) para designar este proceso. Ninguno de estos términos se recoge en el Diccionario de la RAE. En cambio, en Domínguez (1875) y Serrano (1875–1882) sí se define el término *encubamiento*.

En francés se emplea el término *foulage* para designar el proceso de 'pisar la uva'. Sanchez Salvador opta por traducirlo empleando el verbo *pisar* o la perífrasis *pisar la uba*:

> Ceci prouve combien on a eu raison de dire que le vigneron, par sa méthode vicieuse de foulage et décuvage, faisait vin et vinaigre (Cadet-de-Vaux 1800: 73).

> Esto prueba con quanta razon se ha dicho, que el cosechero ignorante con su método vicioso de pisar, y de sacar el vino hace vinagre en lugar de vino (Cadet-de-Vaux 1803: 132).

> Les procédés de l'art de faire le vin consistent dans La Vendange. La Fermentation. Le Foulage (Cadet-de-Vaux 1800: 5).

> El arte de hacer el vino consiste en las operaciones siguientes. Vendimia. Fermentacion. Pisar la uba (Cadet-de-Vaux 1803: 7).

En otros textos enológicos del siglo XIX se emplean los términos *pisado* y *pisa* para designar ese mismo proceso. El término *pisado* se ha documentado en Bonet (1858: 53), Castellet (1865: 101–102), Lecannu (1871: 83) y Manso / Díaz (1895: 10). El término *pisa* es utilizado por Boutelou (1806: 19), Bonet (1858: 52), Aragó (1871: 171) y Manso / Díaz (1895: 38). En el diccionario de la Real Academia Española se recoge este término desde *Autoridades* (1726–1739). En los diccionarios no académicos del siglo XIX también sólo se encuentra *pisa*: Chao (1853–1855), Domínguez (1875), Serrano (1875–1882),

Montaner y Simón (1887–1898). Resulta curioso que Sanchez Salvador no acuda a esta solución terminológica como equivalente de *foulage*.

El adjetivo francés *fermentescible* se traduce por *de fermentacion*:

> Il est vrai que j'ai ajouté de la matiére sucrée qui a beaucoup ajouté au mouvement fermentescible (Cadet-de-Vaux 1800: 39).

> es verdad, que le eché materia azucarada, lo que le ayudó mucho al movimiento de fermentacion (Cadet-de-Vaux 1803: 67).

Este término se ha documentado en español en las obras de Castellet (1865: 75), Lecannu (1871: 85–86) y Aragó (1871: 98). Se encuentra definido en Chao (1853–1855), Domínguez (1875) y Serrano (1875–1882). De manera similar el adjetivo *oenologique* se traduce por el sintagma preposicional *de la enología*:

> Un des services les plus signalés qu'aient rendus à nos cantons la nouvelle doctrine oenologique, c'est d'avoir développé la nature du sucre et d'avoir fixé la maniére de l'employer (Cadet-de-Vaux 1800: 43).

> Uno de los mayores servicios que la nueva doctrina de la Enología ha hecho á nuestro pais ha sido el haber descubierto la naturaleza del azucar, y de haber fijado el método de emplearlo (Cadet-de-Vaux 1803: 76–77).

El término *eonologica* se ha documentado en Boutelou (1806: portada) y bajo la variante *enológico/a* en Aragó (1871: 124–125) y Manso / Díaz (1895: viii). Este término se introduce en el *Diccionario de la lengua Castellana* de la RAE en la edición de 1899. Se encuentra definido en el diccionario de Serrano (1875–1855) bajo el lema *oenológico, ca*. Quizás los equivalentes españoles *fermentescible* y *enológico* no estaban aun afianzados en el uso, de ahí que Sanchez Salvador optase por utilizar un complemento preposicional. Sin embargo, el traductor no tiene problemas a la hora de traducir el sustantivo *oenologiste* por *enologista*.[9]

4. Conclusión

La obra de Cadet-de-Vaux se sitúa en un momento clave para la enología: su nacimiento. Este estudio ha permitido conocer mejor la terminología enológica de principios del siglo XIX, cuando a la antigua terminología de la elaboración de

---

[9] "Le cit. Perrier croit, ce dont tout oenologiste est bien convaincu, que la fabrication des vins mousseux de Champagne est fort susceptible de perfection" (Cadet-de-Vaux 1800: 46). "Cree el C. Perrier, como todo Enologista, que la fabricacion de los vinos espumosos de Champaña es muy susceptible de perfeccion" (Cadet-de-Vaux 1803: 81).

vinos se suman nuevas propuestas lingüísticas fruto de la incorporación de la ciencia. Así por ejemplo, llama la atención que Sanchez Salvador no traduzca los términos franceses *égrapper* y *érafler* por *descobajar*, documentado en el *Diccionario de la Lengua Castellana* de la Real Academia Española en la edición de 1791. Por otro lado, es comprensible que opte por traducir los adjetivos franceses *fermestescible* y *oenologique* por los complementos preposicionales *de fermentacion* y *de la enología*, ya que los equivalentes españoles *fermentescible* y *enológico* posiblemente no estaban aún afianzados en el uso. Sin embargo, no tiene problemas al traducir el sustantivo *oenologiste* por *enologista*. Los ejemplos estudiados ponen de manifiesto las dificultades terminológicas a las que se enfrentaban los traductores de los textos enológicos del siglo XIX.

Bibliografía

Aragó, B. (1871). *Tratado completo sobre el cultivo de la vid y elaboracion de vinos de todas clases*. Madrid: Librería Central de D. Mariano Escribano.

Bonet, M. (1858). *De la fermentacion alcohólica del zumo de la uva*. Madrid: Imprenta de E. Aguado.

Boutelou, E. (1806). *Idea de la practica eonologica de Sanlucar de Barramed*. Sin lugar: sin editorial. (Ed. facsímil. Sanlúcar de Barrameda: Bodegas Antonio Babardillo 1994).

Cadet-de-Vaux, A. A.-F. (1800). *L'art de faire le vin*. Paris: Bureau de la Décade Philosophique.

—. (1803). *Arte de hacer el vino*. [Trad. M. P. Sanchez Salvador]. Pamplona: Imprenta de la Viuda de Longás. (Ed. facsímil. San Sebastián: Editorial Txertoa 1983).

Carbonell, F. (1820). *Arte de hacer y conservar el vino*. Barcelona: Antonio Brusi (Ed. facsímil, Catalunya: Institut Català de la Vinya i el Vi 1992).

Castellet, B. (1865). *Enología española o Tratado sobre los vinos de España y su bonificacion*. Barcelona: Imprenta de Gomez é Anglada.

Chao, E. (dir.) (1853–1855). *Diccionario enciclopédico de la lengua española*. Madrid: Imprenta y librería de Gaspar Roig.

Domínguez, R. J. (1875). *Diccionario nacional*. Madrid: Imprenta y librería de M. Guijarro.

Garriga, C. (1996). "Apuntes sobre la incorporación del léxico de la química al español: la influencia de Lavosier". *Documents pour l'histoire du française langue étrangere ou seconde* 18. 419–435.

—. (1997). "La recepción de la nueva nomenclatura química en español". *Grenzgänge* 4. 33–48.

—. (1998a). "El Diccionario Universal de Física de Brisson (1796–1802) y la fijación lexicográfica de la terminología en español". En García Turza, C. et al. (eds.) (1998). *Actas del IV Congreso Internacional de Historia de la lengua Española*. Vol. II. Logroño: Universidad de la Rioja. 179–190.

—. (1998b). "Química, enseñanza y divulgación de la terminología: las *Lecciones de química teórica y práctica* de Morveau, Maret y Durande". En Brumme, J. (ed.) (1998). *La història dels llenguatges iberorromànics d'especialitat (segles* XVII–XIX*); solucions per al present.* Barcelona: UPF. 163–174.

Gervais, J. A. (1821). *Opusculo sobre la vinificacion* (trad. A. Camps). Barcelona: Antonio Brusi.

Lecannu, R. L. (1871). *Preceptos generales para la vinificacion* (trad. T. Muñoz de Luna). Madrid: Imprenta de la Sra. V. é Hijas de D. A. Peñuelas.

Manso, V. C. y Díaz, M. (1895). *Conferencias enológicas.* Madrid: Imprenta de los Hijos de M. G. Hernández.

Montaner y Simón. (1887–1898). *Diccionario Enciclopédico Hispano-americano de literatura, ciencia y artes.* Barcelona: Montaner y Simón.

Moreno, J. A. (1997). "El Essai sur l'électricité des corps (1746) de Jean-Antoine Nollet: Primer texto sobre física eléctrica traducido al español". *Grenzgänge* 4. 17–32.

Pan-Montojo, J. (1989). *La vitivinicultura en España (1700–1988).* Madrid: Ministerio de Agricultura, Pesca y Alimentación.

Peynaud, E. (1988). *Le vin et les jours.* Paris: Bordas.

Portela, E. (1998): *La química en el siglo* XIX. Madrid: Akal.

Real Academia Española. (1726–1739). *Diccionario de la lengua castellana.* [*de Autoridades*]. Madrid: Imprenta de Francisco del Hierro. En Real Academia Española. (2001). *Nuevo Tesoro de la Lengua Española.* Madrid: Espasa-Calpe.

—. (1791). *Diccionario de la lengua castellana.* Madrid: Viuda de Joaquin Ibarra. En Real Academia Española. (2001). *Nuevo Tesoro de la Lengua Española.* Madrid: Espasa-Calpe.

—. (1869). *Diccionario de la lengua castellana.* Madrid: Imprenta de D. Manuel Rivadeneyra. En Real Academia Española. (2001). *Nuevo Tesoro de la Lengua Española.* Madrid: Espasa-Calpe.

—. (1899). *Diccionario de la lengua castellana.* Madrid: Imprenta de los Sres. Hernando y Compañía. En Real Academia Española. (2001). *Nuevo Tesoro de la Lengua Española.* Madrid: Espasa-Calpe.

—. (1925). *Diccionario de la lengua española.* Madrid: Espasa-Calpe.

—. (1936). *Diccionario de la lengua española.* Madrid: Espasa-Calpe.

—. (1992). *Diccionario de la lengua española.* Madrid: Espasa-Calpe.

Riera i Tuèbols, S. (1993). "L'entrada de la ciència moderna a l'enologia". En Giralt, E. (coord.) (1993). *Vinyes i vins. Mil anys d'història.* Vol. I. Barcelona: Universitat de Barcelona. 83–102.

Serrano, N. M. (1875–1882). *Diccionario universal de la lengua castellana, ciencias y artes.* Madrid: Biblioteca Universal Ilustrada. Astort Hermanos Editores.

Sandra Iglesia Martín
Universitat Rovira i Virgili

LA INFLUENCIA DE LA TRADUCCIÓN EN LA ELABORACIÓN DE TEXTOS LEXICOGRÁFICOS: LOS TÉRMINOS DE LA QUÍMICA EN DOMÍNGUEZ Y BESCHERELLE[1]

1. Introducción

La traducción científico-técnica tiene gran importancia para la fijación de la terminología. A lo largo de la historia, este tipo de traducción ha hecho posible la circulación de teorías científicas y, en consecuencia, de términos asociados a éstas, como ocurre en el caso que me ocupa: la nomenclatura química del siglo XIX.

La aparición en 1787 del *Méthode de Nomenclature Chimique* de Guyton de Morveau, Berthollet, Fourcroy y Lavoisier fue el primer paso para el establecimiento de una nueva nomenclatura química que se vio culminado con la aparición del *Traité élémentaire de Chimie* de Lavoisier en 1789. Estos trabajos hicieron posible que la nueva nomenclatura química traspasara las fronteras francesas, ya que ambos circularon largamente a finales del XVIII y principios del XIX, y fueron traducidos al inglés, alemán, italiano y español. De hecho, España fue uno de los primeros países en adoptar la nueva teoría química de Lavoisier y, por lo tanto, la nomenclatura que la expresaba. Su aceptación fue rápida y se llevó a cabo prácticamente sin oposición.[2] Así pues, la formación de la química española del siglo XIX y, por supuesto, de su terminología, está íntimamente relacionada con estas traducciones de obras francesas.

En este estudio no voy a partir del análisis de la traducción de obras químicas sino que me propongo analizar un corpus de acepciones de voces relacionadas con esta ciencia extraídas de dos diccionarios del siglo XIX: el *Diccionario Nacional* de Ramón Joaquín Domínguez (1846–1847) y el *Dictionnaire national* de Bescherelle (1843).

---

[1] Este trabajo forma parte del proyecto de investigación *Catálogo de neologismos del léxico científico y técnico del s. XIX* (MCYT, BFF 2001-2478), financiado por el MCYT.

[2] Como indican Gago / Carrillo (1979: 24): "Este hecho se puede explicar si tenemos en cuenta que la recuperación científica española es contemporánea de la revolución química de Lavoisier".

El corpus que se analiza en este estudio se ha confeccionado tras el cotejo de ambos diccionarios y la selección de las acepciones en que era clara la influencia del *Diccionario* de Bescherelle en Domínguez. Para ello, se ha seleccionado un total de 125 acepciones del *Diccionario Nacional* de Domínguez, todas ellas de la letra A (concretamente en la sección A–ALE), relacionadas de algún modo con la Química.[3] Estas acepciones se han contrastado con las que presenta el *Dictionnaire national* de Bescherelle y se ha constituido el corpus de coincidencias entre ambos diccionarios, resultando un total de 58 acepciones relacionadas. Esto representa un 46,4% de las acepciones seleccionadas en un primer momento.[4] Los datos que se van a analizar son aquellos que se extraen del análisis de las definiciones de ambos diccionarios, ya que si existe un aspecto en el que poder medir realmente el grado de unión entre ambas obras, ese es el ámbito de la definición de los términos.

El primer investigador que relacionó estos dos diccionarios fue Seco (1987a: 161) que indicó que Bescherelle influyó en la obra del español como modelo en el principio de la extensión cuantitativa. Señala Seco (1987a: 161) que la influencia de Bescherelle puede verse incluso en el título de la obra de Domínguez y en el grabado que incluye en su portada. Resulta evidente, pues, que Domínguez debió, en algún momento, consultar la obra del francés para llevar a cabo la suya propia. No debe olvidarse el dominio que Domínguez tenía de la lengua francesa, puesto que era autor de una gramática de esa lengua (cf. Domínguez 1844) y su primera experiencia lexicográfica había sido justamente la confección del *Diccionario universal francés-español* y *español-francés*, publicado entre 1845 y 1846, en 6 volúmenes, en Madrid (Seco 1987a: 156).

No obstante, es el *Diccionario Nacional* la obra más importante de Domínguez. Tuvo una gran repercusión en el momento de su publicación. Como indica Seco (1987a: 157), es uno de los diccionarios que más ediciones alcanzó, diecisiete entre la fecha de su publicación (1846–1847) y 1890. A pesar de ello,

3 Para la selección de estas 125 acepciones se ha tenido en cuenta el corpus que se constituyó en mi trabajo de investigación titulado "Las voces de la química en el *Diccionario Nacional* de Ramón Joaquín Domínguez: la marcación y la definición". Este corpus consta de 2528 acepciones relacionadas con la química extraídas del *Diccionario nacional*. Dada la ingente cantidad de datos, para este estudio se han seleccionado, por riguroso orden alfabético, 125 acepciones incluidas en la letra A de dicho diccionario.

4 Por coincidencia considero aquí que se trata de acepciones en las que se puede ver la influencia de Bescherelle en Domínguez. Por lo tanto, no se trata de que Bescherelle no contemple algunas de las acepciones que no se encuentran aquí relacionadas sino que no se ha podido constatar una influencia del diccionario francés en el diccionario de Domínguez.

esta obra ha recibido poca atención por parte de los estudiosos. Si bien es cierto que la mayoría de los investigadores que se dedican al estudio de la lexicografía en el siglo XIX lo citan en sus páginas y reconocen su importancia, pocos son los que dedican un análisis exhaustivo a este diccionario.[5]

Por su parte, el *Dictionnaire national* de Bescherelle (1843) es una obra poco estudiada y valorada. Las palabras que Matoré (1968: 117) dedica a este diccionario en su obra "Histoire des dictionnaires français" son muy significativas ya que afirma que el *Dictionnaire national* de Bescherelle "est riche et mediocre".

Así pues, el objetivo de esta comunicación es el de comprobar la verdadera implicación de ambos diccionarios. Además, atenderé a los aspectos de traducción que puedan desprenderse de la relación de ambas obras.

2. Análisis de los datos

No resulta fácil establecer unos grupos estancos en cuanto a la relación de las definiciones de ambos diccionarios, pero sí se observan unas tendencias bien dibujadas en el *Diccionario nacional* de R. J. Domínguez al explotar los recursos existentes en el diccionario de Bescherelle. Así, puede decirse que las dos tendencias básicas son la traducción literal de las definiciones (plagio) y la modificación de los datos proporcionados por el autor francés. Aun así, existen definiciones que comulgan con ambos aspectos y otras que destacaré por su especial tratamiento.

a) *Traducción literal y pequeña modificación.* Domínguez traduce literalmente 15 definiciones, lo que representa un total del 25,86% de las acepciones comunes entre los dos diccionarios. A pesar de ello, existen casos en que elimina alguna de las informaciones que Bescherelle incluye en su definición, aunque se puede decir que los datos que respeta los traduce literalmente. Éste es el caso de (1)[6] *aériforme-aeriforme.* Domínguez traduce literalmente la definición de Bescherelle pero elimina los ejemplos de uso del adjetivo en compuestos como *cuerpo aeriforme, substancia aeriforme o fluido aeriforme* que sí contempla el autor francés en su diccionario.[7]

---

[5] En Contreras (1997), Seco (1987a y 1987b) y Esparza (1999) se hace un estudio particular del *Diccionario nacional*, y, aunque en Azorín (2000) se dedican algunas páginas a este diccionario, éste no recibe demasiada atención.

[6] Ésta es la posición que ocupa este ejemplo en el Anexo de casos comentados.

[7] Entre los datos que se manejan para este estudio (que no han podido incluirse en el mismo, pero que pueden consultarse en las obras que se analizan) pueden verse otros casos semejantes en *alcaloïde ou alcalide-alcaloide*, *acanor-acanor, acestides-acéstide, acidifère-acidífero, alcalimètre-alcalímetro, alcalinule-alcalínulo* y *alcoolate-alcoolato*.

Otro caso semejante es el de (2) *alcool-alcool*, en el que Domínguez traduce más o menos literalmente la definición de Bescherelle, pero opta por recortar datos demasiado concretos y generalizar un poco más que el autor francés, es decir, a pesar de traducir, reforma la definición en alguna medida.[8] Si se observan estas definiciones, puede constatarse que los primeros datos científicos relativos a la consistencia, el peso, el color y el sabor[9] son idénticos en ambos diccionarios (aunque Domínguez incluye alguno más como *sabor acre y picante*) y aparecen en el mismo orden. No obstante, posteriormente, los datos se generalizan más en Domínguez que opta por no mencionar los lugares concretos que aparecen en Bescherelle ni por incluir, aunque parezca paradójico dado el alto grado de informaciones subjetivas que aparecen en el *Diccionario nacional* del autor español, la sentencia final en la que se indica que el *alcool* es el monarca de todos los líquidos y lleva hasta el último grado la exaltación palatal. Quizás Domínguez no estuviera de acuerdo con esto.

También he documentado un caso en que dos acepciones diferentes en Bescherelle se convierten en dos entradas distintas en Domínguez y el plagio se da en una de las dos, mientras que la otra acepción aparece un poco reformada: es el caso de (3) *acétifier-acetificar/acetificarse.* La primera acepción de Bescherelle, como verbo activo, se traduce literalmente en Domínguez en la entrada *acetificar*, mientras que la segunda acepción de Bescherelle, como verbo pronominal, se adiciona en Domínguez, en la entrada correspondiente a *acetificarse*, ya que se introduce un sinónimo de *convertirse, transformarse*, que no aparece en la definición del autor francés. Por lo demás, las definiciones restantes son traducciones literales de la definición francesa.[10]

Algunos casos interesantes son las definiciones de (4) *album graecum-album grecum*, (5) *alcoates-alcoates* y (6) *alcoolime-alcoólimo.*

---

8 Un caso semejante es el de *alcoolat-alcoolado*, en que Domínguez recorta la definición y opta por no incluir la referencia al *agua de Colonia* ni la remisión que aparece en Bescherelle. Sin embargo, todos los demás datos que aparecen en ambas definiciones son idénticos, aunque se encuentran dispuestos de forma distinta. Es decir, la ordenación de los datos de la definición no es la misma, a pesar de que se observa claramente la relación directa entre ambas.

9 Como indica Crosland (1962: 68–78), los rasgos típicos de las sustancias y los cuerpos que motivaban los nombres que acuñaban eran el color, la consistencia y la forma cristalina, el olor, el sabor y el tacto. Como puede observarse, algunos de estos rasgos aparecen también en la definición de estos términos.

10 Más casos semejantes son las acepciones de *Aconitate-Aconitato, albuminiforme-albuminiforme, albuminine-albuminina* y *alcalicité-alcalidad.*

b) *Adaptación de definiciones*. La mayor parte de las definiciones analizadas se encuentran reformadas en su paso del *Dictionnaire* de Bescherelle al *Diccionario* de Domínguez. Esto no significa que no pueda constatarse una influencia directa del diccionario francés en la obra española. Como ya se ha visto anteriormente, algunas definiciones presentan un recorte en los datos que incluyen con respecto a los que aparecen en la definición francesa. No obstante, en este caso, la traducción de la definición es algo más libre que las comentadas hasta ahora.[11]

Un ejemplo claro de lo que se acaba de afirmar es la definición de (7) *affinité-afinidad*. No cabe lugar a dudas de que Domínguez tuvo presente la definición de Bescherelle al redactar la suya propia. Seguramente los sinónimos que presenta el autor francés en los que aparece el término *atraction* influyeron en que Domínguez incluyera esta voz como hiperónimo del término que define. Por otro lado, la parte final de la definición francesa es obviada por el lexicógrafo gallego en la suya. Además, es relevante que la definición de Domínguez incluya elementos, podría decirse que subjetivos, tal como puede interpretarse el sintagma *fuerza misteriosamente natural*.

Otro caso relevante es el de la definición de (8) *alcalino-terreux, euse-alcalino-térreo*. Llama la atención el hecho de que Domínguez, al igual que Bescherelle, indique que se trata de un adjetivo, pero que, a diferencia del autor francés, la definición correspondiente en el diccionario español sea la de un sustantivo. Así Domínguez incluye *Tierra alcalina* como hiperónimo en la definición de *alcalino-térreo*. Esto puede explicarse si se observa la definición de Bescherelle en la que incluye dos sinónimos a la voz que está definiendo como son *Base alcalino-terreuse* y *terre alcaline*. Parece ser que éste último es el que hace que Domínguez se decante hacia la definición tal y como la presenta.

Cabe destacar también la adaptación que hace Domínguez de la definición de (9) *alcoolique* que propone Bescherelle. Resulta interesante destacar que Domínguez adiciona la primera parte de la definición de Bescherelle, pero para eliminar la parte final de la definición francesa, Domínguez opta por incluir un *etc.* final que deja la definición abierta. Esto puede contrastarse con el caso de (1) *aeriforme*, comentado anteriormente, en el que Domínguez no incluye los ejemplos de Bescherelle pero no opta por seguir el ejemplo de éste y cerrar la

[11] Otros casos semejantes son *acetate-acetato, acétique-acético, acidifiable-acidificable, acidification-acidificacion, acidifier* (acepción 1 y 2)-*acidificar/acidificarse, adipocire-adipocire, alcalinité-alcalinidad*.

definición con un *etc.* final. En cambio, en *alcoólico*, Bescherelle tiene algunos ejemplos que no cierra con un *etc.* final que después es incluido por Domínguez en su definición.

De esta forma, puede decirse que una gran parte de las definiciones adaptadas por Domínguez del Diccionario de Bescherelle presentan un recorte en los datos que aportan con relación a los que aparecen en la definición francesa. No obstante, la mayor parte de definiciones recogidas por Domínguez podrían calificarse de adaptación totalmente libre de las que aparecen en el Diccionario de Bescherelle.[12] Un caso interesante se da en la definición de (10) *agustine ou agoustine-agustino, na*. Puede observarse que, a pesar de que se reconoce la definición de Bescherelle en la de Domínguez, resulta ésta última más general que la anterior, dado que omite los datos concretos sobre el químico que acuñó el término y el lugar en el que se encontró la determinada tierra a que da nombre. También resulta interesante el hecho de que Bescherelle indique que se trata de una *pretendue terre*, es decir, ya desde un principio llama la atención sobre la falsedad de la creencia química, mientras que Domínguez omite este rasgo.

Además, existen definiciones en las que en ambos diccionarios se presentan los mismos datos, aunque éstos se encuentran ordenados de distinta forma. Este es el caso de (11) *albúmina*, en el que el autor español respeta la primera parte de la definición francesa, adicionándola, pero posteriormente los datos aparecen de forma distinta en las dos definiciones. También cabe destacar que en este caso vuelve a utilizar la técnica de incluir un *etc.* final en la definición que podría tener su analogía con el que presenta Bescherelle al final de la secuencia de *liquides séreux, dans la matière cerebrale et nerveuse, l'humeur vitree de l'oeil, dans l'eau des hydropiques, etc.* Resulta interesante, también, observar que en la definición española el hiperónimo es *flúido*, mientras que en la francesa los hiperónimos son *liquide ou solide*. Esta opción de Domínguez debe considerarse una opción de sentido terminológico si se tiene en cuenta la definición que hace éste de *Flúido* en su diccionario:

---

[12] Otros casos semejantes son *aabam-aabám* o *aabán, alcali de la soude (s. v. alcali)-álcali sosa (s. v. álcali), alcali fixe (s. v. alcali)-álcali fijo (s. v. álcali), alcalifiable-alcalificable, alcalifiant-alcalificante, alcalimètrique-alcalimétrico, alcaline-alcalino, alcalisation-alcalización, alcooliser-alcoolar, aldehydique-aldehídrico* y *alembroth-alembroth.*

> Epíteto aplicado á los cuerpos ó sustancias levísimas, ligeras, sumamente móviles, poco ó nada adherentes entre sí, separables sin el menor esfuerzo, ora de naturaleza seca como el aire, ora de naturaleza húmeda como el agua y otros líquidos, que todos puéden ser flúidos, aunque no viceversa.

El autor español no contempla la naturaleza sólida de los fluidos que sí aparece en Bescherelle. Además, Domínguez opta por no incluir la remisión que hace Bescherelle a los términos *fibrine, glutine* y *albumino-caséeux*, a pesar de que el autor español también los incorpora en su diccionario, excepto *fibrine,* en las formas *glucina* y *albúmino-caseoso.* Sobre éste último término (12) cabe destacar el tratamiento que ofrece Domínguez de los datos que aparecen en la definición de Bescherelle. El autor francés ofrece una definición del término en la que incluye la mención del sinónimo *amygdaline* y remite a éste. Domínguez opta por eliminar la definición en esta voz y remitir directamente a *amigdalina*, cuya definición no tiene relación alguna con la que aparece en el diccionario francés.

Resulta interesante también el análisis de las definiciones de (13) *alcalescent,e* y *alcalescence* (acep. # 2) y su relación con la definición de *alcalescente* en el diccionario de Domínguez. El lexicógrafo español opta por incluir dos acepciones distintas pertenecientes a dos términos distintos en una única acepción y definición. Además, en el diccionario de Bescherelle, *alcalescent,e* es un adjetivo y *alcalescence* es un sustantivo, con lo que la definición es diferente. En Domínguez se observa que la definición es la de un adjetivo para los dos casos. Se podría decir que se trata de una definición doble, motivada por la reunión de dos acepciones distintas en el diccionario fuente. Además, se observa el paralelismo entre ambas definiciones en la traducción de *se dit de* por *dícese*, forma en nada ajena a la lexicografía española del momento. En este caso, tampoco recoge Domínguez las remisiones que aparecen en la acepción del diccionario francés.

Además, existe un grupo de definiciones que resultan interesantes por el tratamiento que hace Domínguez de los datos que aparecen en Bescherelle. Entre estos casos se encuentra la correspondencia entre las definiciones de los términos (14) *acide* y *ácido.* Bescherelle presenta una disertación acerca de la propuesta de definición que hace en su diccionario, criticando otras definiciones basadas en el sabor acre del cuerpo o en la capacidad de enrojecer los colores azules vegetales. Por su parte, Domínguez, a pesar de que se observa claramente la influencia de la definición francesa sobre la de su obra, hace caso omiso de la disertación del lexicógrafo francés e incluye estos rasgos en su definición. Puede verse claramente la implicación de la ciencia y de sus avances en la confección de este tipo de diccionarios acumulativos y enciclopédicos y en la distinta opción teórica que puede subyacer en una definición.

Por último, también resulta interesante comentar el intrincado mundo de relaciones que establece Domínguez a partir de las definiciones que aparecen en Bescherelle. Me refiero al caso concreto de (15) *alcalifiant,e/alcaligène-alcalificante/alcalígeno*. La segunda acepción del término *alcalifiant,e-alcalificante* es distinta en ambos diccionarios. Mientras Bescherelle se limita a dar información gramatical sobre el empleo del término como sustantivo y a remitir a *alcaligène*, en el que se encuentra la definición correspondiente a este empleo, Domínguez, sin remitir a *alcalígeno*, recoge la primera parte de la definición de éste en Bescherelle y la adapta para incluirla como segunda acepción en *alcalificante*. En *alcalígeno,na*, Domínguez separa dos acepciones que en Bescherelle están incluidas como una sola. Puesto que la primera parte de la definición francesa (hasta el punto) ya la ha incluido en el término *alcalificante*, opta por seguir las indicaciones etimológicas que aparecen en el diccionario francés que dice que proviene de *alcali et gennao* que significa '*j'engendre*'. De aquí quizás Domínguez extraiga la definición como engendrador u originador de álcalis. Además, Domínguez utiliza la información que proporciona Bescherelle sobre la historia de este término (segunda parte de la definición) para hacer una segunda acepción de *alcalígeno*.

Además, se ha visto anteriormente que Domínguez ignora las advertencias o razonamientos de Bescherelle en una definición (*vid. acide-ácido*), pero también existen casos en que Domínguez considera que las propuestas de Bescherelle son correctas y las adopta en su diccionario. Esto ocurre en las definiciones de (16) *alcoolides-alcoolido*. Bescherelle introduce el término *alcoolides* en plural en su Diccionario, pero en la definición del mismo incluye una reflexión gramatical muy interesante en la que considera que debiera haberse incluido también en singular puesto que también resulta necesario para referirse a un compuesto concreto. Esta reflexión, sin duda, es la que lleva a Domínguez a incluir en su diccionario el lema *alcoólido* en singular.

3. Conclusiones

El análisis de los datos permite extraer las siguientes conclusiones:

1. El *Dictionnaire national* de Bescherelle es una de las fuentes principales en las que se basó Domínguez para la realización de su *Diccionario nacional*, por lo menos en cuanto a lo que se refiere a las voces de la química.
2. La traducción de las definiciones francesas por parte de Domínguez no provoca, en general, problemas graves de terminología, aunque sí se han podido documentar algunos casos en que las reflexiones teóricas del lexicógrafo francés influyen en la posterior definición del lexicógrafo español.
3. Los datos corroboran una cantidad importante de acepciones del *Diccionario nacional* que dependen del diccionario de Bescherelle. Debe tenerse en cuenta que se ha consultado una mínima parte de ambos diccionarios, con lo que los datos deben relativizarse. No obstante, si se hiciera una proyección de estos datos numéricos a todas las voces de la química presentes en ambos diccionarios, resultaría que más del 40% están relacionadas. Este dato debe corroborarse —y para ello estoy trabajando— pero permite asegurar la relación entre ambos diccionarios más allá de su portada y su título.
4. Por último, se ha puesto de manifiesto la importancia del estudio de las obras lexicográficas en aspectos de historia de la terminología y para la historia de la traducción.

Bibliografía

Azorín, D. (2000). *Los diccionarios del español en su perspectiva histórica*. Alicante: Publicaciones Universidad de Alicante.

Bescherelle, L. N. (1843). *Dictionnaire national ou grand dictionnaire critique de la langue française*. Paris.

Contreras, N. (1997). *Los términos de la Física en la 12ª edición del* DRAE *y en el* Diccionario Nacional *de R. J. Domínguez. Estudio comparativo*. Jaén: Universidad de Jaén (Memoria de iniciación a la Investigación inédita).

Crosland, M. P. (1962). *Historical studies in the language of chemistry*. London: Heinemann Educational Books Ltd.

Domínguez, R. J. (1844). *Nueva Gramática francesa, compuesta para el uso de los españoles*. Madrid: Imprenta de T. Aguado.

—. (1853). *Diccionario nacional o gran diccionario clásico de la lengua española*. Madrid-París: Establecimiento de Mellado. 5ª edición. En RAE. (2000). *Nuevo tesoro lexicográfico de la lengua española*. Madrid: Espasa. Edición DVD.

Esparza Torres, M. A. (1999). "Notas sobre el *Diccionario Nacional* de Ramón Joaquín Domínguez". En Esparza Torres, M. A. *et al.* (eds.). (1999). *Estudios de historiografía*

Lingüística Hispánica ofrecidos a Hans-Josef Niederehe. Vigo: Publicaciones del Área de Lengua Española de la Universidad de Vigo, 39–64.

Gago, R.; Carrillo, J. C. (1979). *La introducción de la nueva nomenclatura química y el rechazo de la teoría de la acidez de Lavoisier en España*. Málaga: Universidad.

Guyton de Morveau, L.; Lavoisier, A. L.; Berthollet, C.; Fourcroy, F. (1787). *Méthode de nomenclature chimique*. Paris: Cuchet.

Iglesia Martín, S. (2002). *Las voces de la química en el Diccionario Nacional de Ramón Joaquín Domínguez: la marcación y la definición*. Barcelona: Institut Universitari de Lingüística Aplicada (IULA) de la Universitat Pompeu Fabra (trabajo de investigación inédito).

Lavoisier, A. L. (1789). *Traité élémentaire de Chimie*. 2 vols. Paris: Cuchet.

Matoré, G. (1968). *Histoire des dictionnaires français*. Paris: Librerie Larousse.

Seco, M. (1987a). "Ramón Joaquín Domínguez". En Seco, M. (1987). *Estudios de lexicografía española*. Madrid: Paraninfo. 152–164.

—. (1987b). "La definición lexicográfica subjetiva: el *Diccionario* de Domínguez". En Seco, M. (1987). *Estudios de lexicografía española*. Madrid: Paraninfo. 165–177.

Anexo. Casos comentados

1)

AÉRIFORME, adj. des 2 g. Phys. et Chim. Qui a la forme de l'air. Se dit des fluides qui, differant de l'air atmosférique par leur nature prope, lui ressemblent par leur transparence, l'elasticité, la compressibilité de leur constitution physique. Corps aériforme, substance aériforme, fluide aériforme, êtat aériforme, etc.

Aeriforme, adj. Fís. y Quím. Que tiene la forma, la sutileza, la fluidez del aire. Se aplica á los flúidos que, diferenciándose del aire atmosférico por su naturaleza propia, se le parecen en la trasparencia, elasticidad y comprensibilidad de su constitucion física.

2)

ALCOOL ou ALCOHOL, s. m. L'alcool est un liquide volatil, inflammable, plus léger que l'eau, incolore, transparent, d'une saveur chaude et brûlante, d'une odeur aromatique. Il est plus généralement le produit médiat ou immédiat de la distillation du vin; on l'extrait aussi de la bière, du cidre, du poiré de riz (rack), et generalement des fruits, graines et racines qui contiennent du sucre et sont susceptibles de fermentation. En Angleterre et dans le nord de l'Europe,

Alcool, s. m. Quím. Líquido volátil, inflamable, mas ligero que el agua, incoloro, diáfano, de sabor acre y picante, cálido y ardiente, de un olor aromático: resulta por destilacion del vino y otros licores espirituosos, á lo cual debió la denominacion de espíritu de vino y espíritu ardiente. Puede estraerse tambien de la cerveza, de la sidra y, en general, de todos los frutos que contienen azúcar y son susceptibles de fermentacion.

on l'extrait des céréales; dans les deux Indes, du sucre ou du suc même de la canne (V. RHUM et TAFIA). L' *alcool* est le monarque des liquides et porte au dernier degré l'exaltation palatale.

3)

ACÉTIFIER, (1), v. a. 1 conj. Chim. Convertir en acide acétique.

Acetificar, v. a. Convertir en ácido acético.

ACÉTIFIER, (2) v. pron. S'ACETI-FIER. Se convertir en acide acétique.

Acetificarse, v. pron. Convertirse, trasformarse en ácido acético.

4)

ALBUM GRAECUM, s. m. Chim. Phosphate calcaire qui se trouve dans les excrements du chien.

Album grecum, s. m. Quím. Fosfato calcáreo que se encuentra en los escrementos del perro.

5)

ALCOATES, s. m. pl. Chim. Combinaisons de l'alcool et d'un sel obténues par Th. Graham.

Alcoates, s. m. pl. Quím. Combinaciones obtenidas por Th. Graham del alcool y de una sal.

6)

ALCOOLIME, s. m. Chim. L'alcool proprement dit.

Alcoólimo, s. m. Quím. El alcool propiamente dicho.

7)

AFFINITÉ, s. f. Chim. Syn. d' *attraction moléculaire*, ou *attraction de composition*. Force par laquelle les molécules des corps se recherchent, s'attirent et s'attachent entre elles d'une manière plus o moins solide. On n'a pu découvrir jusqu'ici sa nature essentielle; on a seulement reconnu qu'elle dépend beaucoup des forces électriques.

Afinidad, s. f. Quím. Atraccion, fuerza misteriosamente natural con que se atraen y unen recíprocamente con mas o menos intimidad las moléculas de los cuerpos.

8)

ALCALINO-TERREUX, EUSE, adj. Qui tient à la fois et de la nature des alcalis et de celle des terres. Base alcalino-terreuse, ou terre alcaline.

Alcalino-terreo, adj. Quím. Tierra alcalina que goza al mismo tiempo de las propiedades de los álcalis y de las tierras.

9)

ALCOOLIQUE, adj. des 2 g. Qui contient de l'alcool. Substances alcooliques. On nomme *liqueurs alcooliques*, l'eau-de-vie, les ratanats et toutes les liqueurs de table.

Alcoólico, ca, adj. Quím. Que es de alcool ó lo contiene, etc.

10)

AGUSTINE ou AGOUSTINE, s. f. Chim. Nom que Tromsdorff a donné à une pretendue terre trouvée en Saxe, et qui formait, disait-on, des sels insipides. On a prouvé depuis que c'était du phosphate de chaux.

Agustino, na, adj. Quím. Nombre dado por los antiguos á una tierra insoluble, que con el tiempo resultó ser el sulfato de cal.

11)

ALBUMINE, s. f. Liquide ou solide visqueux, blanchâtre, d'une saveur un peu salée, et qui constitue l'un des matériaux immediats des corps organisés (animaux et vegetaux). Il constitue presque à lui seul le blanc d'oeuf; on le trouve dans les liquides séreux, dans la matière cérébrale et nerveuse, l'humeur vitree de l'oeil, dans l'eau des hydropiques, etc. On trouve l'albumine dans dans plusieurs sucs de plantes. Elle est regardée par les chimistes comme un composé d'azote, d'hydrogène et de carbone. V. FIBRINE, GLUTINE et ALBUMINE-CASÉEUX.

Albúmina, s. f. Quím. Flúido viscoso, incoloro, diáfano, algo salobre, soluble ó desleible en el agua, en los ácidos y en los álcalis, coagulable por el calor y por el contacto del ácido muriático oxigenado; constituye una de las materias inmediatas á los cuerpos orgánicos, tanto animales como vejetales, y se cree que es un compuesto de ázoe, hidrógeno y carbono. Encuéntrase dicha sustancia en la clara, de la que es casi el único constituyente, en los líquidos serosos, en la sustancia cerebral y nerviosa, en el humor vítreo del ojo, en el jugo de muchas plantas, etc.

12)

ALBUMINO-CASÉEUX, s. m. Chim. Substance particulière trouvee dans les amandes, et nommee pour cette cause amygdaline. V. ce mot. Elle tient de l'albumine et de la matière caseuse, qui a d'ailleurs beaucoup d'analogie avec la prèmiere de ces substances.

Albúmino-caseoso, s. m. Quím. V. AMIGDALINA

13)

ALCALESCENT, E, adj. Chim. Se dit des substances susceptibles de contracter, ou que on déjà les proprietés des alcalis, c'est-a-dire, une saveur ácre et brùlante. V. ALCALIN et ALCALESCENCE.

ALCALESCENCE, (2) -On nommait autrefois *alcalescence* la disposition des corps à la fermentation alcaline et putride. Alcalescence des humeurs.

Alcalescente, adj. Quím. Que tiende á la fermentacion alcalina y pútrida. Dícese de un cuerpo que ha contraido ó puede contraer en cualquier grado las propiedades de los álcalis.

14)

ACIDE s. m. Chim. Corps qui jouit de la propriété de se combiner avec un oxyde ou à une base salifiable pour former un sel, et qui se rend au pôle positif de la pile électrique quand le composé qui résulte de cette combinaison est soumis à l'action de celle-ci. Telle est, ce nous semble, la meilleur définition de ce mot: toutes les autres propriétés sur lesquelles on a prétendu asseoir la définition de l'acide font défaut dans des cas particuliers; celle de laquelle le vulgaire fait dépendre le mot même d'acide, la saveur âcre de certaines substances, celle du vinaigre en particulier, manque nécessairement dans les acides insolubles dans l'eau, et par conséquent dans la salive: tel est l'acide silicique. L'absence de cette propriété entraîne celle de rougir la couleur bleue de tournesol, caractère auquel on pense généralement reconnaître un acide.

Ácido, da, adj. Que tiene un sabor agrio, picante, que tiene la propiedad de enrojecer los colores azules vejetales, y se une á otros cuerpos llamados *bases salificables* para formar compuestos que llévan el nombre de sales. Los *ácidos* son formados de dos, tres, ó cuatro elementos; los *ácidos binarios* pertenecen ordinariamente á la naturaleza inorgánica, los ternarios á los vejetales, y los cuaternarios, á las sustancias animales.

Enfin, si l'on pénètre dans la composition même de ce corps, on recontre les mêmes difficultés. [...]

15)

ALCALIFIANT, E, (1) adj. Chim. Qui est prope à determiner des propriétés alcalines, à changer en alcali.

ALCALIFIANT, E, (2) adj. Chim. Il s'emploie aussi substantivement. V. ALCALIGÈNE.

ALCALIGÈNE adj. des 2 g. Chim. Qui donne naissance aux alcalis. Fourcroy avait proposé l'expression *principe alcaligène* pour désigner l'azote, parce qu'on croyait de son temps que l'azote formait la base de tous les alcalis.

Alcalígeno, na (1) adj. Quím. Engendrador, generador ú originador de los álcalis, que les da nacimiento, etc.

Alcalígeno, na, (2) adj. Nombre que daban antiguamente al ázoe, porque le consideraban como la base de todos los álcalis.

Alcalificante, (1) adj. y part. pres. de Alcalificar. Que alcalifica ó es propio para alcalificar.

Alcalificante, (2) s. m. El principio constituyente de los álcalis, lo que los forma.

16)

ALCOOLIDES, s. m. pl. Chim. Famille de composés organiques qui renferment de l'alcool. (Compl. de l'Acad.) Le Complément aurait dú, ce nous semble, écrire ce mot ou singulier; car on purra dire et on peut avoir besoin de dire un *alcoolide* comme un *alcoolat*.

Alcoólido, s. m. Compuesto orgánico que contiene alcool.

Paz Battaner / Laura Borrás
Universitat Pompeu Fabra. Barcelona

TRADUCCIONES Y ADAPTACIONES DE DICCIONARIOS Y OTRAS OBRAS DE HISTORIA NATURAL EN EL SIGLO XIX[1]

1. Introducción

El interés encontrado en los diccionarios especializados traducidos en el siglo XIX (Battaner 2001), que San Vicente (1995 y 1996) ya había puesto de manifiesto para el siglo XVIII, en cuanto a voluntad de modernización, por parte de los editores y de los traductores de dichas obras, de la sociedad a la que iban destinados y en cuanto a intervención consciente en la lengua española, hacen explicable el seguir analizando y localizando empresas de este tipo llegadas a buen fin. Ahumada (2000: 93) señala, en su presentación histórica de los diccionarios de especialidad, "la escasez de proyectos nacionales frente a la abundancia de traducciones"; Gutiérrez Rodilla (2001: 203–204), por el contrario, encuentra originalidad y diferente finalidad en los diccionarios especializados de medicina en el siglo XIX español que en otras lenguas y en otros países europeos.

Nos fijaremos para este estudio en el mismo periodo de tiempo que en el coloquio anterior, el siglo XIX español (Battaner 2001), y nos centraremos en obras enciclopédicas y diccionarios especializados en Historia Natural, también enciclopédicos.[2] El sintagma *historia natural* queda fijado a partir de Plinio en autores como el cosmógrafo Henrico Martínez, en José de Acosta, en obras ya de naturalistas propiamente, desde Terreros y Pando traductor (*Espectáculo de la naturaleza* 1753–1755), a Cavanilles (1795–1797) o Viera y Clavijo (1810).[3] La obra de Buffon, *Histoire naturelle, générale et particulière* (1749–1804), traducida por Clavijo y Fajardo entre 1785 y 1805 (Buffon 1785–1805), había dado carta de naturaleza a la denominación *historia natural*, que aportaba el sentido propio de "búsqueda activa, investigación", por la etimología de la

---

[1] Este trabajo se inscribe en el proyecto BFF2000-0834 del MCYT.

[2] El contenido de estos diccionarios, fácilmente divulgativo, hace que todas las obras comentadas sean enciclopédicas y no propiamente de investigación científica.

[3] El trabajo de San Vicente (1995) pone de manifiesto en el apartado Biología (Botánica / Historia Natural) el número considerable de diccionarios o de repertorios léxicos sobre estos temas que se publicaron en la segunda mitad del siglo XVIII y los primeros años del siglo XIX (San Vicente 1995: 46–50).

palabra *historia*.[4] La palabra *historia* daba un carácter dinámico a los estudios sobre la Naturaleza.

Para enlazar con la aportación nuestra al II Coloquio (Battaner 2001), queremos arrancar con lo encontrado en la revista *Variedades de Ciencias, Literatura y Artes*; en el tomo I de 1803 queda anunciado ya un *Nuevo Diccionario de Historia Natural aplicado a las artes, y principalmente a la agricultura y economía rural y doméstica, por una sociedad de Naturalistas y Agrónomos, con láminas pertenecientes a los tres reinos de la naturaleza*. En su descripción anuncian otra empresa similar francesa que, por dificultades empresariales, ha tenido que ser interrumpida. Los mismos que tradujeron el *Diccionario de Agricultura* del abate Rozier (1821), que se comentó en dicha comunicación, se muestran interesados en él y anuncian que, si llega a buen fin, lo traducirán, y refundirían este segundo diccionario en la traducción del primero. No hemos encontrado constancia de que se publicara en España. Sin embargo, la noticia que da la revista sirve para entender la sociología y la estrategia de edición que se tenía para estas obras: suscripción de entregas periódicas, generalmente quincenales, en que se iban publicando. Ello explica que algunas de estas obras no llegaran a completarse si los suscriptores decaían en su interés y se daban de baja, pues entonces la empresa comercial fallaba y se suspendía; la traducción por tanto seguía todas estas peripecias con cierta precaución.[5] Pasada la Revolución de Septiembre, las obras que analizaremos o bien siguen este camino o son ya editadas dentro de una política empresarial o por voluntad de sus autores de difundir un concepto de ciencia marcado ideológicamente, como las obras de Odón de Buen. De todas maneras, el que estas obras vean el final de su publicación es todo un milagro.

Analizamos aquí tres diccionarios y tres obras de carácter enciclopédico que se presentan abarcando el concepto total de *Historia Natural*.

---

4 Terreros y Pando glosa la etimología de la palabra *historia* con la expresión "excitar una curiosidad útil" en el título de su trabajo de traducción (*Espectáculo de la naturaleza* 1753–1755).

5 "Tienen bastante adelantada la traducción, y solo esperan a que se concluya el original para comenzar a publicarla. S. M. persuadido de la utilidad de la empresa, ha mandado censurar el original y la traducción, de manera que el público no sienta por esto retraso alguno, y les ha ofrecido generosamente, que la impriman en su Real Imprenta" (*Variedades* 1803: 44).

2. Diccionarios y enciclopedias de Historia Natural

Si este interés por la Historia Natural se manifiesta así en el I volumen de la revista *Variedades de Ciencias, literatura y artes*; en el segundo todavía está más presente.[6] Se encuentra en él un "Discurso sobre lo que debe entenderse por Historia Natural", firmado por J. B. N., hecho a partir de Buffon (1749–1804), señalando los límites de las clasificaciones del momento, los deslindes de la Historia Natural con otras Ciencias afines[7] y la constatación de los métodos de observación y descriptivos de esta ciencia,[8] cuyo objetivo es la clasificación en *especies, géneros* y *clases*; es curiosa la invitación con que finaliza a que las mujeres participaran en ella. Los *gabinetes* son las estancias para el estudio de estas *Ciencias Naturales propiamente dichas*, que es la denominación preferida por la revista para la sección en que inserta este tipo de colaboraciones y noticias,[9] y los *colectadores* son los curiosos que se dedican a las colecciones en este ramo del saber tan útil y fundamental, pero conviene que sean verdaderos *naturalistas* y no se queden en *holgazanes poderosos* que amontonan "preciosidades sin otro objeto que el de adquirir a este precio la vana reputación de curiosos" (*Variedades* 1804, vol. II: 37). Esta revista da cabida a la crítica de las traducciones de este tipo, en cuanto a contenido y valor científico, así como el acierto de su versión al castellano.[10]

---

6 También en este segundo año de la revista se encuentra una "Introducción a la historia natural de la Paloma" de D. Josef Sánchez Cisneros, en la que se presenta un estudio monográfico sobre esta especie (*Variedades* 1804, vol. III: 18–27 y 75–82).

7 "Para limitar, pues, la prodigiosa multitud de objetos que comprehende la Historia Natural tomada en toda su extensión, se ha reducido el dominio de las ciencias naturales propiamente dichas a la historia de las materias brutas, y de los cuerpos organizados; separando como ramos colaterales la Física general y particular, la historia del ayre, los meteoros, la Astronomía, la Química, la Medicina y las otras ciencias y artes" (*Variedades* 1804, vol. II: 30).

8 "[...] la ciencia del naturalista está reducida a la historia fiel y a la exacta descripción del objeto físico, a la observación de sus costumbres, de sus acciones y de sus propiedades naturales y adquiridas" (*Variedades* 1804, vol. II: 36).

9 El sintagma *Ciencias Naturales* tiene en el banco de datos de la Real Academia Española, CORDE, entre 1800–1900, una representación, en todos los medios (sección Didáctica), de 23 ocurrencias en 11 documentos. Entre 1775–1800, en todos los medios, en CORDE la misma sección, se da un resultado de 4 ocurrencias en 3 documentos (Consulta realizada el 26 de abril, 2003), extraídos de Ignacio García Malo, *Voz de la naturaleza. Memorias o anécdotas curiosas e instructivas* (1787–1803), y de Antonio José Cavanilles, *Observaciones sobre la historia natural, geografía, agricultura, población y frutos del reyno de Valencia* (1795–1797).

10 Un ejemplo de la atención por lo traducido y por la traducción es el seguimiento que se

2.1. El *Diccionario de las maravillas de la naturaleza* (1800)

Por eso precisamente extraña el primer diccionario traducido en este siglo XIX que presentamos, el de Sigaud de la Fond, que se abre con un prólogo del traductor, Domingo Badía y Leblich (1766–1818), posteriormente Alí Bey, colaborador también de dicha revista.[11]

De buen principio este primer diccionario traducido en el filo de cambio de siglo, *Diccionario de las maravillas de la naturaleza*, parece desconcertante; el traductor se muestra ostensiblemente distante de la obra traducida, que está impresa en la Imprenta Real, no en cualquier imprenta; imprenta que puede presentar un conjunto de obras de categoría intelectual y de tratamiento editorial cuidado por estos mismos años. El diccionario de Sigaud de la Fond presenta, en orden alfabético, un conjunto de casos curiosos, extraordinarios, fuera de lo que se considera regular, natural y, sin embargo, se presenta como un diccionario de Historia Natural. El diccionario recopila lo que contraría "las leyes conocidas de la naturaleza o que se separa de ellas hasta un punto que no parece posible concordarlo" (XI) y también "aquellos hechos extraordinarios que no se muestran sino rara vez, y que por esto solo son maravillosos a los ojos del vulgo" (XI). Se presentan en orden alfabético, precisamente por su carácter de "materias aisladas" (XI) que no son susceptibles de un orden más cómodo. Quiere "exercitar la sagacidad de los físicos, que quieren explicarlo todo" (XI) y en ello parece radicar su carácter científico. Artículos de este diccionario son por ejemplo: **abstinencias extraordinarias, catalepsis, cavernas**; artículos muy extensos, con referencias a muchos lugares y a autores que han descrito "singularidades de la naturaleza" (XII).

Ante la tarea de traducción que ha hecho, Domingo Badía advierte "dos palabritas" (De la Fond 1800: V), en un tono cercano a ciertas páginas de *Cartas Marruecas*: "¡Caramba y qué creederas tenía el Señor Sigaud de la Fond!" (De

hace en *Variedades de ciencias, literatura y artes* a la edición en castellano del *Tratado elemental o Principios de Física fundados en los conocimientos más ciertos, etc.* de C. Brisson y traducido por Julián Antonio Rodríguez en 1804. La crítica a esta traducción firmada por J. R., aparece en el tomo primero (1803: 266–298, 321–343); el traductor replica y se defiende en el tomo segundo (1804: 54–57, 102–109, 142–155 y 203–216). La fecha de edición y la de la crítica no son consecutivas, habría que estudiarlo.

[11] Alí Bey colabora en *Variedades* en cuanto a proporcionar métodos nuevos de calcular la longitud y la latitud de los lugares. Con la escueta firma *Ali Beik* aparece en el segundo tomo de *Variedades* "Consideraciones sobre el último terremoto dirigidas desde África", (1804, vol. II: 199–203), posiblemente continuación a "Observaciones astronómicas dirigidas desde África" (1804, vol. II: 193–199), que no va firmado.

la Fond 1800: V), lo cual, reconoce, puede provocar en el lector algunas maldiciones sobre su traductor, pues lo que traduce son "inconexas materias" (De la Fond 1800: V), de las que como traductor no da ninguna garantía. Lo califica de "magnífico teatro" (De la Fond 1880: VII) en el que se da "también su parte al grotesco". La introducción "El traductor" (De la Fond 1800: V–X) es una buena muestra de ironía del espíritu ilustrado ante una obra que no responde a las exigencias de las ciencias. La extrañeza que nos ha provocado esta obra se explica leyendo, por ejemplo, cómo estas recopilaciones de casos inverosímiles, extraños y fuera de las "leyes de la naturaleza" fueron objeto de atención por los naturalistas para ir perfilando las primeras teorías transformistas o evolucionistas de las especies, que culminan en las propuestas de Darwin.

2.2. Los *Nuevos elementos de historia natural* (1837–1840)

La siguiente obra traducida en que nos detendremos es de carácter enciclopédico, con estructura de enciclopedia temática de un reconocido naturalista francés, A. Salacroux, que redactó *Nuevos elementos de historia natural* (1839). Con este mismo título se traducen por los mismos años dos obras diferentes del mismo autor, una un reconocido libro de texto, traducido en Valencia por Blanco y Fernández en 1843 (Salacroux 1843), y otra anterior, en nueve volúmenes, traducida al castellano y aumentada por José Rodrigo, que es la que analizamos (Salacroux 1837–1840). Es una empresa editorial cuya publicación dura de 1837 a 1840, es decir, los años de un régimen liberal tutelado, los del Estatuto Real, que precisamente acaban en 1840 con el levantamiento de Espartero. Su traductor, no se manifiesta ante el trabajo de traducción que realiza, arranca fundamentando su trabajo ideologizado:

> La naturaleza, ó mas bien el que la ha creado, es demasiado sabio para haber obrado sin designio cuando ha prodigado así la vida sobre la tierra y en el seno de las aguas (Salacroux 1837–1840, vol. I: 13, nota 1).

Toda la obra presenta un vocabulario que luego va a desaparecer: los *seres orgánicos* son *máquinas vivientes*, los *reinos* tradicionales se subdividen en *los que tienen vida* (*cuerpos vivientes orgánicos*) y los *sin vida* (*cuerpos brutos o inorgánicos*), o voces que no tuvieron demasiado éxito como *mamiología* para el estudio de los mamíferos o *helicología* para estudiar los gasterópodos y pterópodos. La obra es compleja y refleja bien los avances del naturalismo.[12] La

---

[12] En Mineralogía, sin separar de la Geología, parece rechazarse la teoría catastrofista y acogerse al evolucionismo progresivo: "Por este bosquejo podemos ya concebir la marcha

división general de la obra va de los animales, a las plantas y a la mineralogía. En la clasificación zoológica se establece, siguiendo a Cuvier (1829, vol. I), cuatro taxonomías: *vertebrados, moluscos, articulados* y *radiarios*.

La lengua que presenta la traducción es poco cuidada y manifiestamente diferente a las otras obras que veremos después. El *cerebro* está usado siempre como *celebro*, *la dermis* aparece en masculino, *el dermis*; en una enumeración aparecen juntos *insectos, peces y mariscos*[13] (Salacroux 1837–1840, vol. I: 13); la ortografía se separa de la académica de 1817: *tegido*; abundan los laísmos y los leísmos de cosa. Esta obra es la primera de una serie larga con este título que luego va a ir publicándose por diferentes autores, siempre con carácter pedagógico.[14] Este carácter divulgativo y pedagógico es una característica de todo lo analizado para esta comunicación.

2.3. *Dios y sus obras. Diccionario pintoresco de historia natural* (1841–1843)

La tercera obra que describimos, obra muy cuidada, se presenta como una gran empresa editorial: un diccionario que en su versión original francesa alcanzó 720 entregas agrupadas en nueve volúmenes. El traductor, Yáñez,[15] en la línea de los ilustrados, meditaba "su traducción para ser útiles a nuestra Patria" (1841–1843: 3) y con este objetivo también la extracta[16] para darle un carácter

que la naturaleza ha seguido en la creación de los seres organizados; progresión a que se ha ceñido para llegar desde el zoofito al hombre" (Salacroux 1837–1840, vol. V: 549) y taxativamente dice: "Estas ideas de creación por encadenamiento y continuidad podrán muy bien reemplazar a las ideas de creación por esplosion (*sic*) e instantaneidad" (Salacroux 1837–1840, vol. V: 550), lo que sitúa todo ello en la interpretación de los "días" del Génesis como grandes periodos geológicos, que fue habitual en el naturalismo hasta el triunfo del evolucionismo.

13 La denominación *mariscos* se encuentra en otras obras anteriores a 1850.

14 En el siglo XIX hay muchas otras publicaciones con el mismo título: traducción de un manual del mismo A. Salacroux en un volumen publicada en Valencia en 1843 y traducida por A. Blanco y Fernández, el manual de Cesáreo Martínez Aguirre de 1887 y 1888, la serie de manuales de Ignacio Bolívar Urrutia y de S. Calderón e I. Bolivar Izquierdo y S. Calderón, a partir de 1900; y posiblemente más títulos.

15 López Piñero *et al.* (1983) dan noticia de este farmacéutico y naturalista que llegó a ser alcalde constitucional de Barcelona. No consignan el diccionario, pero dan sus *Lecciones de Historia Natural* (1820) que habría que confrontar con las insertadas de J. Sturm en el diccionario.

16 "Nos ha inducido a formar en vista de aquella obra consultiva, otra más concisa y popular", para satisfacer "la sed de instrucción en todas las clases de la sociedad" (Yáñez 1841–1843: 4).

divulgativo. La traducción fue haciéndose a medida que se publicaba en Francia, entre 1834 y 1840:

> Entretanto íbamos adelantando nuestro trabajo con una constancia que sólo podrá ser calculada por los que conozcan la dificultad que ofrece buscar una nomenclatura de que ningún autor en ciertos ramos de las ciencias naturales podría darnos indicio (Yáñez 1841–1843: 3).

Lo que le hace reconocer que "algunos reputarán de bárbaro ciertos nombres de plantas o animales" (Yáñez 1841–1843: 3).

La obra va encabezada por una introducción de Johannes Sturm, conocido pedagogo,[17] que es una de las primeras *lecciones de cosas* que la escuela cultivó hasta bien entrado el siglo XX: una lección, en su sentido de lectura, para cada día del año. Es un ensayo humanístico, de discurso retórico, con meditaciones y reflexiones sobre el conocimiento de Dios y la naturaleza, que es el que explica la adición al título francés, *Dictionnaire pittoresque d'Histoire Naturelle,* de la nota religiosa: *Dios y sus obras, Diccionario pintoresco de Historia Natural.*

En el Prólogo general es en donde Yáñez, traductor y adaptador, declara que a partir del diccionario del mismo nombre, dirigido por Guerin[18] en Francia entre 1834 y 1840, ha ido trabajando y adaptando, pues no es una mera traducción (Yáñez 1841–1843: 4):

> [...] con una constancia que solo podrá ser calculada por los que conozcan la dificultad que ofrece buscar una nomenclatura de que ningún autor en ciertos ramos de las ciencias naturales podía darnos indicio. Éramos los primeros en abrir terreno inculto, y por consiguiente la tarea era difícil, penosa en extremo [...] (Yáñez 1841–1843: 3).

Las alabanzas y las críticas que la obra recibió en Francia, fundamentalmente unas sobre su exactitud y otras sobre la elección del orden alfabético sin separar y agrupar las voces por reinos o por los autores en concreto que se sirven de ellas, inducen al traductor-adaptador "a formar en vista de aquella obra consultiva otra más concisa y popular" (Yáñez 1841–1843: 4). Pero como "los diccionarios por lo común solo son consultados, hojeados por alto y no estudiados [...] faltaba, pues, a la obra un aliciente más vivo que el del orden alfabético, una introdución amena, variada, florida, que incitase incesantemente a consultar el diccionario [...]" (Yáñez 1841–1843: 5). Esta introducción la encuentra en la

---

[17] J. Sturm fue un pedagogo protestante, renovador de la educación en la línea de Comoenius y fundador de la Academia Protestante de Estrasburgo en 1538.

[18] Bajo el apellido Guerin, la Bibliothèque National de France consigna el *Dictionnaire pittoresque d'histoire naturelle* (1840).

obra de Sturm que además de resolver a Yáñez este deseo de ver utilizado el diccionario le salva de la polémica sobre la relación de la Historia Natural con las creencias religiosas que está bien presente[19] en todas las obras que hemos consultado.

> Podrá tildársenos porque hemos elegido el título de Dios y sus obras? Podrá echársenos en cara el que a vista de las maravillas de la naturaleza, clavemos de vez en cuando alguna mirada al cielo para bendecir la Providencia? Confesamos francamente que no hemos podido obrar de otra suerte, que ver al Autor en sus obras es para nosotros un consuelo [...] (Yáñez 1841–1843: 6).

En la sucinta historia que de esta disciplina se expone en el segundo Prólogo (el de la obra original francesa, aunque no se dice) se recuerda que la obra de Linneo comienza con la palabra *Dios*, mientras que Buffon (1749–1804) está falto de sentimiento religioso. Guerin (1840), ahora, se muestra más cercano a Linneo el cual, en su *Systema naturae* (1735), ofrece una nomenclatura y leyes para entender y describir científicamente; Buffon (1749–1804) es un *pintor e historiador de la naturaleza*.

En las clasificaciones sigue a Cuvier (1829, vol. I.) para los animales, a Jussieu (1789) para las plantas y a Haüy[20] para el reino mineral. La lista de naturalistas a los que sigue es grande. El tipo de artículos es del siguiente tenor:

> **OMNÍVOROS**. Animales que se sustentan indiferentemente de otros animales o de plantas. En este caso se hallan el hombre, los osos y la mayor parte de los animales domésticos.
>
> **ONAGA**. *Equus montanus*. (MAM.) Especie del género Caballo habitante en el África, de talla inferior al asno de color isabela con rayas, parecido al caballo por la finura de las formas y pequeñez de las orejas.
>
> **ONITICELO**. (INS.) Género de coleópteros de la sección de los pentámeros, familia de los lamelicornios, tribu de los esrabeideos, división de los coprófagos, propio de los países cálidos y templados de Europa, África e India.

---

[19] En las voces *degeneración, degenerescencia* (FISIOL.) y *degenerescencia* (AGR. Y BOT) se manifiesta ya la cuestión que luego Darwin (1859) recoge en los primeros capítulos de *El origen de las especies*, sobre la influencia del hombre en el cultivo y mejora de las especies útiles a él en plantas y animales.

[20] Abbé René Juste Haüy (1743–1822), cristalógrafo francés.

2.4. *Los tres reinos de la naturaleza. Museo pintoresco de historia natural* (1852–1858)

Enciclopedia temática y no diccionario es la siguiente obra que reseñamos, *Los tres reinos de la naturaleza. Museo pintoresco de historia natural*, realizada por la sociedad de autores dirigida por Eduardo Chao entre 1852 y 1858 y que se entregaba volumen a volumen hasta un total de ocho. No se presenta como una traducción, pero el traductor declara que se siguen las obras de los naturalistas franceses con Buffon (1749–1804) a la cabeza, otros como Linneo, y con algún español, como Cavanilles (1795–1797). Es un producto típico de divulgación para una sociedad que empezaba a poder acceder a este tipo de obras.

2.5. *La Creación. Historia Natural* (1872–1876)

Mucho más interesante es la obra de similares características, dirigida por Juan Vilanova y Piera (1821–1893) unos años después. Valenciano reconocido y homenajeado en su tierra, primer catedrático de Geología de la Universidad española y pionero en los estudios de Paleontología y en el establecimiento del estudio de la Prehistoria en España, su director es conocido también por su papel de divulgador de la Ciencia en España y de los trabajos científicos españoles en Europa.[21]

En su labor de divulgador lo encontramos como director de la magna obra en folio *La Creación. Historia Natural*,[22] que Montaner y Simón publicó entre 1872 y 1876, es decir, en los años de la Gloriosa Revolución de Septiembre y en los primeros de la Restauración. Quizás estas fechas expliquen el primer capítulo de la magna obra.

La enciclopedia tiene un plan ordenado que empieza por la Antropología para seguir desde los animales superiores a los inferiores, más tarde empiezan los vegetales y finalmente la Geología, es la organización tradicional todavía. La obra, sin embargo, va encabezada por una primera parte titulada "El origen de las especies" (Vilanova y Piera / Montserrat y Archs 1872–1876: I–XLVII) y "El origen del hombre" (Vilanova y Piera / Montserrat y Archs 1872–1876: XLVIII–LXX), que parece responder, sin manifestarlo, a la concepción naturalista del director y a la inserción de la obra en la corriente científica y polémi-

---

[21] V. Gozalo Gutiérrez (1993).

[22] López Piñero *et al.* (1983) da noticia de ella: "seis tomos de esta obra corresponden a una traducción debida a Vilanova, quien redactó la parte de geología y paleontología y dirigió la edición" (*sub* Vilanova y Piera).

ca del momento. Este capítulo ocupa setenta páginas en folio mayor. Comienza exponiendo los antecedentes de la teoría de la evolución siguiendo la obra de Quatrefages, naturalista francés antievolucionista, para luego seguir con la obra de Darwin de manera directa. Tanto que parece ser una síntesis de la obra de Darwin hecha directamente sobre el original, según se lee en esta misma introducción:

> Mantenedor concienzudo Carlos Darwin de esta doctrina, expúsola sistemáticamente en un libro destinado a analizar los medios empleados por la naturaleza, para operar esta variación y los principios que la rigen. *Con él a la vista, ateniéndonos rigurosamente a sus cláusulas*,[23] es nuestro empeño acometer la exposición científica y sustancial de sus más capitales afirmaciones (Vilanova y Piera / Montserrat y Archs 1872–1876: VIII).

Vilanova es consciente de que esta exposición de Darwin es la primera en lengua española:

> [...] solo en la hermosa lengua de Castilla no se conoce exposición alguna suficiente de tan controvertido sistema (Vilanova y Piera / Montserrat y Archs 1872–1876, vol. I: I).

Todo este primer capítulo de la enciclopedia de Vilanova es digno de ser estudiado aparte y confrontado con el original inglés o la traducción francesa del momento. Habremos de estudiar en otra ocasión el valor de esta síntesis y primera traducción de la teoría extractada de Darwin, dado que parece no haber sido tratada como tal traducción.[24] Los estudiosos del evolucionismo en España dedican a Vilanova y Piera un apartado como científico abierto a las teorías darwinistas (Núñez 1977) pero no hasta ponerlo en los firmes defensores de ella y llegar a romper con la Iglesia, que condenó decididamente estas hipótesis.

Vilanova y Piera (1872, vol. I, Primera Parte I–VIII) asigna a la teoría de Darwin los nombres de *darwinismo, transformismo, sistema de la variabilidad* (contrapuesto a *hipótesis de la fijeza de las especies* o *fijismo*). La selección de la terminología para las ricas y sugerentes teorías que esta obra difunde a un público como puede ser el que compra las ediciones de Montaner y Simón, puede ser un estudio interesante en sí. Vilanova lo presenta en primera persona y

---

[23] El subrayado es nuestro.

[24] La traducción de Zulueta para la editorial Espasa Calpe se hizo sobre la sexta edición inglesa, la considerada canónica, de *El origen de las especies*. La primera *On the Origin of Species* (1859) fue en las sucesivas ediciones corregida, añadida y orientada a solucionar los problemas que la controversia que generó esta obra iba planteando. El último recuento de las traducciones de Darwin al español que hemos visto (J. Josa i Llorca en Darwin 1872) no la tiene en cuenta.

alude a Darwin en estilo indirecto, recordando continuamente de quién son las ideas que va exponiendo, lo que cambia algo la estructura de la frase del original; matiza frecuentemente el valor de los términos a la luz de las ideas de Darwin, como *selección natural*, *géneros polimorfos o proteístas,* por ejemplo, *concurrencia vital* es la preferida frente a la *lucha que sostienen los seres vivientes, la lucha por la vida, lucha vital, la sistemática destrucción de otros seres,* que va utilizando;[25] o la misma palabra fundamental del título, el concepto de *especie*:[26]

> En definitiva, Darwin no considera la palabra *especie* más que como un término arbitrariamente aplicado, para mayor comodidad de los otros naturalistas, a un conjunto de individuos que ofrecen entre sí grandes semejanzas, término que no difiere esencialmente del de *variedad* atribuido a formas menos distintas y más variables. Asimismo cree que la palabra *variedad*, comparándola con las diferencias puramente individuales, se aplica con no menos licencia y hasta por pura conveniencia lingüística (Vilanova y Piera / Montserrat y Archs 1872–1876, vol. I: XIII).

Toda la obra de Vilanova, con lo que tiene de traducción,[27] es de un interés lingüístico extraordinario, cuidada de redacción, con diversas fuentes, abierta a lo más granado del naturalismo europeo decimonónico; es por sí misma un observatorio del manejo de términos y de expresiones que luego han tomado carta de naturaleza en la lengua común, como términos que han traspasado su valor denominativo y han pasado a tener intensión y a ser palabras explicativas. Esta característica explica que Juan Vilanova fuera también autor del *Essai de Dictionnaire Géographique et Géologique* (1884), concretamente de un *Proyecto de diccionario* polígloto. Este proyecto, publicado en una versión

---

[25] "Estas diferentes acepciones, fundadas las unas en las otras, se resumen en el término general 'concurrencia o lucha por la vida' empleado por Darwin, concurrencia que resulta inevitablemente de la progresión rápida, con que todos los seres organizados tienden a multiplicarse" (Vilanova y Piera / Montserrat y Archs 1872–1876, vol. I: XIV).

[26] Esto se corresponde con el primer excurso del capítulo II de la obra original de Darwin (1859). Vilanova recoge de Quatrefages la cuestión de la definición científica del término *especie*: "Antes de que escribiera Ray su *Historia plantarum* (1686) y Tournefont *Institutiones rei herbariae* (1700) los naturalistas no habían reflexionado lo que debía entenderse por la palabra especie, si bien la empleaban constantemente en sus escritos" (Vilanova y Piera / Montserrat y Archs 1872–1876, vol. I: III).

[27] En la introducción a los mamíferos se incluye una nota al epígrafe *Distribución Geológica*: "Artículo redactado por la Dirección, por no hallarse el del texto conforme con el estado actual de la Paleontología" (Vilanova y Piera / Montserrat y Archs 1872–1876, vol. I: 7), lo que coincide con la noticia de López Piñero *et al.* (1983). El ejemplar consultado por nosotros no incluía la presentación de la obra y presentaba características de publicación por entregas (*vid.* Nota 24).

bilingüe francés-español, muestra conocimientos de métodos lexicográficos y terminológicos[28] y responde claramente a la necesidad de fijar el vocabulario empleado, en las lenguas europeas, en la especialidad de Vilanova, la Geografía física y la Geología.

2.6. La *Historia Natural* (1896) y el *Diccionario de Historia Natural* (1891) de Odón de Buen

Frente al prudente o ambiguo Vilanova, el último diccionario que presentamos, el de Odón de Buen, catedrático de la Universidad de Barcelona, es el de un ferviente apóstol de la ciencia como auténtico motor de progreso y racionalidad. Afín a la Escuela Nueva de Ferrer i Guàrdia, Odón de Buen fue cesado en sus actividades académicas bajo el ministerio de Orovio; defendió ardientemente la libertad de cátedra (cf. Arqués 1984).

En su obra enciclopédica, *Historia Natural. Edición popular* (Buen y del Cos 1896–1898), presenta un visión de las Ciencias naturales que comienza por la Geología y cuando llega a la Zoología la encabeza con la Biología celular, de manera que liga ya la Botánica con la Zoología, en esta unificación del conocimiento por la que aboga, tomando como base la *materia.* Es un salto cualitativo importante en relación con Juan Vilanova, que la encabezaba con el *hombre*, rey de la creación. El mismo Odón de Buen (Buen y del Cos *et al.* 1891–1895) había dirigido otra traducción con el mismo orden y en la misma editorial que la de Vilanova (Vilanova y Piera / Montserrat y Archs 1872–1876). La edición popular (Buen y del Cos 1896–1898) no es descriptiva sino que presenta el método científico *positivista*, que es lo que le interesa, en el tratamiento de algunos buenos ejemplos seleccionados. Sin embargo, su estilo, retórico y apasionado, que se explaya en manifestaciones a favor de una *ciencia nueva*, de carácter *unitario* o *monista*[29] (frente al *dualismo* metafísico), y *evolutiva*, es decir *darwinista,* arropada con un vocabulario como *pueblo ibero*, *juventud ibero-americana, soberanía popular, sacerdocio de la enseñanza* y

[28] El *Essai* de Vilanova i Piera (1884) habla de *papeletas*, de la *información* en ellas contenidas, de la lengua de la que se parte (el español) y de la *equivalencia* en francés, *definición* "en términos breves", de *etimología*, *ejemplos* y *grabados,* buscando siempre "la mayor uniformidad posible", "a imitación de lo hecho por Pierre Larousse, por Webster y otros autores de obras análogas" (Vilanova y Piera 1884: VI–VII). Es un proyecto lexicográfico al día y novedoso en España por las fechas de su concepción, anterior al Congreso Geológico Internacional de París de 1878 en el que se presentó.

[29] "Toda la materia permanece Una" (Buen y del Cos 1891: LXV).

sacrilegio, etc. de antecedentes anarquistas, resulta hoy extraño en una obra científica.

No constatamos este estilo en su *Diccionario de Historia Natural* (Buen y del Cos 1891), obra de la que sólo hemos podido ver un volumen, el primero. El diccionario es una excelente muestra de lo que consigue el naturalismo español en el siglo XIX:

> [...] con la libertad de la cátedra ha coincidido la difusión de los conocimientos geológicos merced a la que la Geología ha encarnado de tal modo en la sociedad contemporánea, que se le (*sic*) considera como uno de los estudios más necesarios y trascendentales (Buen y del Cos 1891: LV).

En este sentido, de Buen reconoce que transcribe el famoso diccionario de D'Orbigny[30] pero adaptándolo a su proyecto, suprimiendo y añadiendo; compara, por ejemplo, un artículo de su diccionario, la voz *acalefos,* con el de D'Orbigny (Buen y del Cos 1891: LXXI).

Desde el punto de vista lingüístico, el *Diccionario* de Buen se muestra interesado por las denominaciones vulgares de los seres,[31] tanto desde el castellano, americano[32] y filipino, como del catalán, del vasco y del gallego,[33] los artículos son breves, sintéticos y dan noticia de los naturalistas que han descrito el objeto de la entrada, por lo que, como él mismo confesaba, hay traducción en él. Terminamos con el objetivo ideal para un diccionario de este tipo, al que él quiere acercarse:

> Un sabio exigiría de un Diccionario de Historia Natural, que fijara en primer término el sentido y el alcance de todos los nombres técnicos con arreglo a la doctrina dominante; que diera, en segundo, una descripción sumariada de todos los minerales y rocas conocidos, de todos los géneros que comprenden la Botánica y la Zoología descriptiva, de todos los tipos humanos que viven o han vivido; sería a la vez un *Genera universal* y un vocabulario completo. Unos y otros asuntos no habían de ser tratados con extensión

---

[30] Ch. D'Orbigny, editor científico, publicó en París su *Dictionnaire universel d'Historie Naturelle* entre 1842 y 1849 en trece volúmenes y una segunda edición revisada y aumentada entre 1867 y 1869, en 14 volúmenes.

[31] En este sentido incluye el *Catálogo de los autores españoles que han escrito Historia Natural*, de Joseph Quer (1762), que ocupa las páginas XIII–CLII, como referencia de la nomenclatura que maneja, al final del Discurso Preliminar.

[32] De Buen utiliza 'americano' como 'español de América' para aludir a una de sus variedades.

[33] "[...] aparecen por primera vez en un DICCIONARIO de esta índole todos los términos vulgares españoles, americanos, cubanos y filipinos; y entre los españoles han de comprenderse los regionales (catalanes, vascos y gallegos) que sea posible recoger y que tanto difieren a veces de los nombres castellanos" (Buen y del Cos 1891: VIII).

> enciclopédica, ni tampoco con la sumaria precisión de un vocabulario, sino que a la descripción genérica compendiada, convendría añadir la sinonimia hoy tan extensa y embrollada, la distribución geográfica, y algún otro dato de interés; las palabras que representan grupos superiores al género (*tribu, familia, orden, clase, tipo*) forzosamente tenían que ir acompañadas de una descripción anatómica, fisiológica, embriogénica y filogénica, que hoy la ciencia no es *taxonómica* como antes, sino *biológica* [...] (Buen y del Cos 1891: IV).

3. Conclusiones

A modo de reflexiones generales sobre lo recorrido en esta comunicación, concluiríamos que se observa:

a) Desarrollo y evolución del concepto *Historia Natural / Ciencias Naturales* desde la concepción de los reinos diferenciados de la Naturaleza a la *unidad* de la materia y la *Biología celular*,[34] lo que comporta discusión ideológica tanto como científica. Se podría decir que en el siglo XIX no se consigue desgajar la Historia Natural de la ideología, que esa fue una de sus batallas en España y con anterioridad en Europa. El sintagma *Ciencias Naturales*, que se recoge desde 1803, no se generaliza.

b) Gran amplitud del vocabulario manejado por las Ciencias Naturales en el siglo XIX en función de las subdivisiones en que se presenten los estudios naturalistas. De *los tres reinos de la naturaleza* a las ciencias que los estudian, *Geología, Botánica* y *Zoología,* son los tres núcleos invariables, aunque aparecen otros nuevos, como *Antropología* y *Biología.*

c) Presencia de la traducción hasta en las obras que no se declaran traducidas, son "la crónica de una labor de traducción continuada" (Gutiérrez Cuadrado 2001: 188). Merece destacarse el caso de *El origen de las especies,* presentado aligerado de "casos" y dado fielmente en la marcha de su razonamiento teórico en la obra divulgativa e ilustrada de Montaner y Simón, dirigida por Vilanova y Piera (Vilanova y Piera / Montserrat y Archs 1872–1876).

d) Influencia europea, y muy principalmente francesa como enfatiza Gutiérrez Cuadrado:

> [...] entraban de Europa las teorías o las propuestas nuevas botánicas, zoológicas, anatómicas, mineras, matemáticas, técnicas, cartográficas, económicas, etc. Según la importancia del adaptador o de la tradición hispana, se producía más o menos discusión, pero las novedades aparecían (Gutiérrez Cuadrado 2001: 185).

[34] "La célula [...] es un organismo" (Buen y del Cos 1891: LXXI).

Se podría matizar que en Ciencias Naturales no todo viene de Francia, sí al principio de siglo, salvo el latín de Linneo; más tarde provendrá de Inglaterra y Alemania principalmente.

e) Valor del diccionario o de la obra temática enciclopédica como normalizadores de una nomenclatura al tiempo de su divulgación. Obras de considerable extensión por entregas, o en ediciones cuidadas y hasta lujosas, ponen al alcance de la población conceptos nuevos con diferentes soluciones, que acaban por fijarse, como las propuestas para el conocido *the struggle for life*.

f) Preocupación por la adaptación de las denominaciones y dificultades para su aceptación generalizada por ser estas obras muchas veces pioneras en castellano de los saberes que contienen, por estar traducidas y, en Ciencias Naturales concretamente, por dirigirse a un público muy amplio.

En el último diccionario analizado, de Odón de Buen, este problema está presente de foma explícita. Odón de Buen especifica que

> las palabras que representan minerales, rocas, tipos, clases, órdenes, familias, tribus o secciones, estarán españolizadas, como es corriente en las obras nacionales, con la terminación usada en los *Anales de la Sociedad Española de Historia Natural*, y en las obras clásicas (Buen y del Cos 1891: VI).

Al mismo tiempo manifiesta un gran interés por recoger las voces vulgares autóctonas:

> [...] hay perfecta separación entre nombres vulgares y palabras técnicas; tiene el lenguaje vulgar un valor incalculable, porque no aplica el vulgo nunca una palabra sin fundamento y porque la generalidad de los términos usuales se refieren a las costumbres, morfología, etc. de los seres, siendo a veces tan gráficas como las de *pájaro bobo* y de *perico ligero*, tan significativos como las de *armadillo, romerina, burbute*, etc., etc. (Buen y del Cos 1891: LXII).

Sin embargo, mantiene los nombres de los géneros en latín y no “la costumbre seguida por los autores franceses y por algunos españoles de transformar en vulgares las palabras genéricas resultando de ello barbarismos sin cuento” (Buen y del Cos 1891: LXVII).

La estandarización de la nomenclatura en Ciencias Naturales empieza a estar en el horizonte.

Diccionarios y obras enciclopédicas

Buen y del Cos, O. de. (1891). *Diccionario de historia natural*. Vol. 1. Barcelona: Salvador Manero y Bayarri.

Buen y del Cos, O. de. (1896–1898). *Historia Natural*. Edición popular. 2 vols. Barcelona, vol. I: Manuel Soler; vol. II: Sucesores de Manuel Soler.

Buen y del Cos, O. de *et al*. (1891–1895). *Historia Natural*. Novísima edición profusamente ilustrada. 13 vols. Barcelona: Montaner y Simón. Vol. 1: *Antropología* (P. Topinard); vols. 2–7: *Zoología* (C. Claus); vols. 8–11: *Botánica* (O. de Buen); vol. 12: *Mineralogía* (G. Tschemark); vol. 13: *Geología* (A. Geikie).

Buffon, G. L. L., comte de. (1749–1804). *Histoire naturelle, générale et particulière*. 44 vols. Paris: Imprimerie Royale.

—. (1785–1805). *Historia natural, general y particular, escrita en frances por el Conde de Buffon, Intendente del Real Gabinete y del Jardín Botánico del Rey Christianisimo y miembro de las academias Francesa y de las Ciencias*. Traducido por J. G. Clavijo y Fajardo. 21 vols. Madrid: Imprenta de la Viuda de Ibarra.

Cavanilles, A. (1795–1797). *Observaciones sobre la Historia Natural, geografía, población y frutos del Reyno de Valencia*. 2 vols. Madrid: Imprenta Real.

Chao, E. (dir.). (1852–1858). *Los tres reinos de la naturaleza. Museo pintoresco de historia natural; descripción de los animales, vejetales y minerales útiles y agradables* [...] obra arreglada sobre los trabajos de los más eminentes naturalistas de todos los países [...] con todos los descubrimientos posteriores hasta el día, por una sociedad de profesores asociada a Eduardo Chao; e ilustrada con una magnífica colección de láminas en vista del natural y los planos del Gabinete de Historia Natural y del Jardín Botánico de Madrid. 9 vols. Madrid. Imprenta de Gaspar y Roig.

De la Fond, S. (1800). *Diccionario de las maravillas de la Naturaleza*. Traducido por D. Badía y Leblich. Madrid: Imprenta Real.

Pluche, M. (Abad). (1753–1755). *Espectáculo de la Naturaleza o conversaciones a cerca de las particularidades de la historia natural, que han parecido mas a proposito para excitar una curiosidad útil y formarles la razón a los Jovenes Lectores*. Traducido por E. Terreros y Pando. 16 vols. Madrid: Juan de Ibarra.

Guerin, F.-E. (1835–1840). *Dictionnaire pittoresque d'histoire naturelle et des phénomènes de la nature*. 9 vols. Vol. 1, 1840. Paris: Imprimerie de Cosson.

Rozier, F. (1821). *Curso completo o Diccionario Universal de Agricultura Teórica-Práctica, económica y de medicina rural y veterinaria*. Trad. de J. Álvarez Guerra. Valencia: Domingo y Mompié.

Salacroux, A. (1839). *Nouveau éléments d'historie naturelle contenant la zoologie, la botanique, la minéralogie et la géologie*. 2 vols. Paris: Germer Baillière.

—. (1837–1840). *Nuevos elementos de historia natural*, conteniendo la zoología, la botánica, la mineralogía, y la geología, aplicadas a la medicina, a la farmacia, a las ciencias y artes comunes; traducida y considerablemente aumentada por José Rodrigo. 5 vols. Madrid: Imprenta de Verges.

—. (1843). *Nuevos elementos de historia natural*. Obra adoptada por el Consejo Real de Instrucción Pública de Francia para servir de texto en sus colegios y escuelas normales; traducida y anotada por Antonio Blanco y Fernández. Valencia: Imp. de López y Cía.

Variedades. (1803–1804). = *Variedades de Ciencias, Literatura y artes, obra periódica*. Vol. I 1803, vol. II 1804, vol. III 1804. Madrid: Oficina de don Benito García y compañía.

Viera y Clavijo, J. (1810). *Diccionario de Historia Natural de las Canarias, o Índice alfabético descriptivo de sus tres reinos, Animal, Vegetal y Mineral*. Edición de M. Alvar. (1982), Las Palmas: Excma. Mancomunidad de Cabildos de Las Palmas.

Vilanova y Piera, J. (1884). *Essai de Dictionnaire Géographique et Géologique*. Madrid: Imprimerie Centrale.

Vilanova y Piera, J. (dir.); Montserrat y Archs, J. (1872–1876). *La Creación. Historia natural*, escrita por una sociedad de naturalistas y publicada bajo la dirección de [...]. 8 vols. Barcelona: Montaner y Simón.

Yáñez y Girona, A. (dir.). (1841–1843). *Dios y sus obras. Diccionario pintoresco de historia natural* con una introducción que contiene las *Lecciones de la Naturaleza para todos los días del año* por Sturm, aumentadas, correjidas y puestas al nivel de la Ciencia, obra en que están continuadas las descripciones de Buffon, Lacépède, Cuvier, Lesson y demás célebres naturalistas modernos, ofreciendo un curso completo de Historia Natural. Revisado, aumentado y dirigido por el Dr. Don Yáñez y Girona. 9 vols. Barcelona: Imprenta de Joaquín Verdaguer.

Referencias bibliográficas

Ahumada, I. (2000). "Diccionarios de especialidad en los siglos XVIII, XIX y XX". En Ahumada, I. (ed.) *Cinco siglos de Lexicografía del español*. Jaén: Universidad de Jaén.79–102.

Arqués, J. (1984). "Els Veritables fets sobre la suspensió del científic darwinista Odón de Buen de la seva càtedra de la universitat de Barcelona". En *Actas del II Congreso de la Sociedad Española de Historia de las Ciencias*. Vol. I. Zaragoza: Universidad de Zaragoza. 285–303.

Battaner, P. (2001). "La traducción de los diccionarios de especialidad: estudio de algunos casos del siglo XIX". En Brumme, J. (ed.) (2001). *La historia de los lenguajes iberorrománicos de especialidad: la divulgación de la ciencia. Actas del II Coloquio Internacional*. Barcelona: IULA/UPF; Frankfurt: Vervuert; Madrid: Iberoamericana. 223–244.

Brisson, M. (1804). *Tratado Elemental o Principios de Física fundados en los conocimientos más ciertos* [...].. 4 vols. Traducción de J. Antonio Rodríguez. Madrid: Real Arbitrio de Beneficencia.

Cuvier, G., baron de. (1829–1930). *Le regne animal distribué d'après son organisation: pour servir de base à l'histoire naturelle des animaux et d'introduction à l'anatomie comparée*. Nouv. éd., rev. et augm. 5 vols. Paris: Déterville; Bruselas: Crochard.

Darwin, Ch. (1859). *On the Origin of Species*. A Facsimile of the First Edition. Cambridge (Mass.): Harvard University Press, 1964.

—. (1872). *El origen de las especies*. Ed. y estudio preliminar de J. Josa i Llorca y trad. de Antonio de Zulueta (reproducción de la traducción hecha originalmente para la Colección Universal de Espasa Calpe en 1921). 6ª ed. Madrid: Espasa Calpe, 1988.

D'Orbigny, Ch. (ed.) (1842–1849). *Dictionnaire universel d'Historie Naturelle*. 13 vols. Paris: Bourgogne et Martinet.

—. (1867–1869). *Dictionnaire universel d'Historie Naturelle*. [2ª ed. revisada y aumentada] 14 vols. Paris: Au bureau principal des éditeurs.

García Malo, I. (1787–1803). *Voz de la naturaleza. Memorias o anécdotas curiosas e instructivas*. Ed. de G. Carnero. Londres: Támesis, 1995.

Gozalo Gutiérrez, R. (1993). "Biografía de Juan Vilanova y Piera". En *Homenaje a Juan Vilanova y Piera, Valencia 25–27 de noviembre de 1993*. València: Universitat de València, Diputació de València, Sociedad Económica de Amigos del País de Valencia, 1993. 11–78.

Gutiérrez Cuadrado, J. (2001). "Lengua y ciencia en el siglo XIX español: el ejemplo de la química". En Bargalló, M.; Forgas, E.; Garriga, C.; Rubio, A.; Schnitzer, J. (eds.) (2001). *Las lenguas de especialidad y su didáctica. Actas del Simposio Hispano-Austriaco*. Tarragona: Universitat Rovira i Virgili. 181–196.

Gutiérrez Rodilla, B. (2001). "Los diccionarios terminológicos de medicina en la España decimonónica". En Bargalló, M.; Forgas, E.; Garriga, C.; Rubio, A.; Schnitzer, J. (eds.) (2001). *Las lenguas de especialidad y su didáctica. Actas del Simposio Hispano-Austríaco*, Tarragona: Universitat Rovira i Virgili. 197–206.

Jussieux, A. L. de. (1789). *Genera plantarum secundum ordines naturalis disposita*. Paris: Herissant.

Linneo. (1735). = Caroli Linnaei, sveci, doctoris medicinae, *Systema naturae, sive regna tria naturae systematice proposita per classes, ordines, genera, & species*. Lugdunum Batavorum: Haak.

López Piñero, J. M.; Glick, Th. F.; Navarro Brotóns, V. (1983). *Diccionario histórico de la ciencia moderna en España*. 2 vols. Barcelona: Península.

Núñez, D. (ed.) (1977). *El Darwinismo en España*. Madrid: Castalia.

Quer, J. (1762). "Catálogo de los autores españoles que han escrito Historia Natural". En Quer, J. (1762–1764). *Flora española, ó Historia de las plantas que se crian en España*. 4 vols. Madrid: J. Ibarra. [Reproducido en Pascual, R. (1970). "El botánico José Quer (1695–1764): primer apologista de la ciencia española". *Cuadernos valencianos de historia de la medicina y de la ciencia* 10. Serie B, Textos clásicos. Valencia: Cátedra e Instituto de Historia de la Medicina. 39–82.]

San Vicente, F. (1995). *Bibliografía de la lexicografía española del siglo XVII*. Abano: T. Piovan.

—. (1996). "Lexicografía y catalogación de nuevos saberes en España durante el siglo XVIII". En Álvarez Barrientos, J.; Checa Beltrán, J. (coords.) (1996). *El siglo que llaman ilustrado. Homenaje a Francisco Aguilar Piñal*. Madrid: CSIC. 781–794.

Anexos
Fichas bibliográficas de los diccionarios traducidos

1 Título	***Diccionario de las maravillas de la naturaleza:***		
2 Subtítulo	***que contiene indagaciones profundas sobre los extravíos de la naturaleza, ecos, evacuaciones, fecundidad, enfermedades, hombres marinos. Comedores, buzos, imaginación, instinto antipatía, cadáveres, luz, mar, mofetas, petrificaciones, mudos, enanos, lluvias, magnetismo, terremotos, cavernas, fuentes, incendios, terremotos, cavernas, fuentes, incendios, terror, muerte aparente, rayos, nieve, huracanes, sueño, volcanes, vejez &c.***		
3 Autor/es	**Sigaud DE LA FOND**		
4 Director	—		
5 Profesión o cargo	—		
6 Sociedad de autores	—		
7 Composición de la sociedad	—		
8 Traductor/es	**Domingo BADÍA Y LEBLICH**		
9 Lengua de la que se traduce	**francés**		
10 Fecha 1ª edición	—		
11 Lugar 1ª edición	—		
12 Fechas de ediciones posteriores	(carece)		
13 Fecha de edición de la traducción al español	**1800**		
14 Lugar de edición de la traducción al español	**Madrid**		
15 Reimpresiones o ediciones posteriores	—		
16 Imprenta	**Imprenta Real, por Pedro Pereyra**		
17 Editorial	—		
18 Formato	**octavo**		
19 Volúmenes y págs.	**1 vol., XII, 331**		
20 Ilustraciones	**no**		
21 Biblioteca en que existe un ejemplar	**Universidad de Castilla-La Mancha, Albacete**		
22 Materia	**Ciencias Naturales**		
23 Prólogo/Introducción	**"El Traductor" (págs. V—X), "Advertencia" (págs. XI—XII)**		
24 Autor/es	**Domingo Badía , Sigaud de la Fond**		
25 Declaración de objetivos	**"hechos extraordinarios que no se muestran sino rara vez"**		
26 Declaración de interés lingüístico	**en "El Traductor" (págs. V—X)**		
27 Nomenclatura	**unidades simples y complejas en plural**		
28 Número de entradas aproximado	**100**		
29 Tipos de lemas	—		
30 Tipos de artículos	**recopilación de casos extraordinarios de diversas fuentes**		
31 Tipos de definición	**no hay definiciones**		
32 Otras características lexicográficas	**sólo tiene de diccionario el orden alfabético**		
33 Ejemplos de nomenclatura	1	2	3
	abstinencias extraordinarias,	*catalepsis*	*cavernas*
34 DRAE 1791	*abstinencia*	no	sí
35 DRAE 1803	*abstinencia*	no	sí
36 DRAE 2001	*abstinencia*	*catalepsia*	sí

37 DGALE-Vox última edición	
38 Referencias y descripciones bibliográficas que recibe	**San Vicente 1995**
39 Fecha de implementación de ficha	**04/03**
40 Autor de la ficha	**PB**

1 Título *Dios y sus obras. Diccionario pintoresco de historia natural y de agricultura*

2 Subtítulo	—
3 Autor/es	**Revisado, aumentado y dirigido por Agustín Yáñez**
4 Director	**Agustín Yáñez**
5 Profesión o cargo	**Catedrático de historia natural y socio de varias academias científicas nacionales y estrangeras**
6 Sociedad de autores	—
7 Composición de la sociedad	—
8 Traductor/es	—
9 Lengua de la que se traduce	**Francés**
10 Fecha 1ª edición	**1834–1840**
11 Lugar 1ª edición	**Francia**
12 Fechas de ediciones posteriores	—
13 Fecha de edición de la traducción al español	**1842**
14 Lugar de edición de la traducción al español	**Barcelona: Imprenta de Joaquín Verdaguer, Rambla, 87**
15 Reimpresiones o ediciones posteriores	—
16 Imprenta	**Imprenta de Joaquín Verdaguer, Rambla, 87**
17 Editorial	—
18 Formato	**octavo**

19 Volúmenes y págs. **8 volúmenes; los 4 últimos son únicamente ilustraciones (van aparte); 1999 páginas en total más un suplemento de 10 págs. (vol. I 562, vol. II 698, vol. III 454 y vol. IV 285; suplemento 10 págs.)**

20 Ilustraciones **aparte, en 4 volúmenes completos**

Las láminas no son las mismas que las de la obra francesa (dan dos razones):

"1.a Porque, como el orden alfabético varia en ambas lenguas, nos hubiera resultado una grande confusión, pues un articulo que en la edición francesa debe ir acompañado de una figura que se encuentra por ejemplo en la lámina primera, reclama en la edición española otra figura en la lámina 200 ú otra, que es lo mismo que escribimos á los editores fraceses en 24 de abril de 1841.

2.a Porque en cada lámina hay varios objetos, unos del reino animal, otros del mineral, y otros del vejetal, peces, reptiles, cuadrúpedos y aves amontonadas, cosas, que nosotros queríamos separar" (págs. 7–8).

21 Biblioteca en que existe un ejemplar	—
22 Materia	**Historia Natural**

23 Prólogo/Introducción **Prólogo general: en 1834 se empezó a publicar en Francia el *Diccionario pintoresco de Historia natural* dirigido por Guérin y Yáñez meditaba su traducción "por ser útil a la patria". La publicación ha durado hasta 1840, y en la traducción se han ido esforzando durante este tiempo.**

La obra de Guerin ha sido elogiada en los periódicos y en el Instituto de Francia por su exactitud. En el Prólogo se habla de 9 tomos de la obra francesa (la española tiene solo 8). Se criticó la ordenación en forma de diccionario de la obra original en lugar de ordenación por materia, que es lo normal en las obras de historia natural. Alaban la colección de láminas de historia natural "[...] abiertas en acero, primorosa-

mente grabadas y por así decirlo pintadas con el buril.”

La obra tiene descripciones de Rendu, Buffon, Lacépède, Cuvier y Lesson; las de Mirbel, Jussieu y otros para las plantas.

24 Autor/es —

25 Declaración de objetivos **Yáñez dice que ha convertido la obra de Guerin, de consulta, en otra “más concisa y popular”. “¿No es empresa noble, grandiosa, poner al alcance de las clases menos acomodadas los fenómenos generales de la naturaleza, las leyes que los rigen, las propiedades y usos de los cuerpos que componen los tres reinos, la influencia de unos sobre otros, y el conocimiento de cada uno de los seres” (pág. 5 prólogo).**

“Por otra parte, no será aquí ofrecida la ciencia, como en otros muchos libros, de una manera abstracta, llena de palabras técnicas y bárbaras, incomprehensibles para los que no están iniciados en el misterio de los nombres, y capaces por si solas de hacer caer los libros de la mano: por el contrario, las ideas estarán espresadas en lenguaje claro, sencillo, comprensible para todos. El orden alfabético ha parecido el más conveniente y cómodo para presentar los hechos de una manera variada y concisa, huyendo de aquella cansada difusión que ha hecho que ciertos autores llenasen tomos enteros por ejemplo solo para explicar el género *mosca*, de todos conocido, que debía dividirse en dos mil pequeños grupos, por un pelo más o menos. ¿No es esto querer aburrir al lector? no es preferible mil veces ponerle a la vista en un sucinto cuadro la manera como las moscas se multiplican, sus costumbres, su astucia en huir de sus contrarios, y los medios que están a nuestro alcance para destruirlas?” (pág. 5)

“Un inconveniente veíamos en el orden alfabético [...] tal es el de que los diccionarios por lo comun solo son consultado, hojeados por alto y no estudiados.” (pág. 5)

“Para solucionar este inconveniente y motivar al lector, el plan fue poner una introducción interesante, la de Sturm, que ha tenido multitud de ediciones en todos los países civilizados.” (pág. 6)

“Podrá tildársenos [no dice de qué] porque hemos elejido el título *Dios y sus obras*? podrá echársenos en cara que á vista de las maravillas de la naturaleza, clavemos de vez en cuando alguna mirada al cielo para bendecir la Providencia? Confesamos francamente que no hemos podido obrar de otra suerte, que ver al Autor en sus obras es para nosotros un consuelo, y que en el inmenso laberinto de la creación nos ha parecido siempre muy sublime mirar alguna vez al Cielo.” (pág. 6)

Fin propuesto: “interesar e instruir”.

26 Declaración de interés lingüístico —

27 Nomenclatura —

28 Número de entradas aproximado **15.771**

29 Tipos de lemas **unidades simples y unidades complejas en subacepción**

30 Tipos de artículos **descriptivos**

31 Tipos de definición **enciclopédicas**

32 Otras características lexicográficas —

33 Ejemplos de nomenclatura	1	2	3
	abadejo	*abades*	*abal*
34 DRAE inmediatamente anterior	sí	sí	no
35 DRAE inmediatamente posterior	sí	sí	no
36 DRAE último	sí	no	no
37 DGALE-Vox última edición	sí	no	no

38 Referencias y descripciones bibliográficas que recibe —

39 Fecha de implementación de ficha **5/03**

40 Autor de la ficha **LB**

1 Título	***Diccionario de Historia Natural***
2 Subtítulo	—
3 Autor/es	**Odón de BUEN**
4 Director	—
5 Profesión o cargo	**Doctor en ciencias, Catedrático de Historia Natural (Universidad de Barcelona)**
6 Sociedad de autores	—
7 Composición de la sociedad	—
8 Traductor/es	**"no obstante, transcribimos la mayor parte (de las voces que tiene D'Orbigny) no sólo porque merece respeto obra de tanta autoridad, sino por hacer el Diccionario útil en mayor medida a los que en España cultivan la Historia Natural) "**
9 Lengua de la que se traduce	**francés**
10 Fecha 1ª edición	**1891**
11 Lugar 1ª edición	**Barcelona**
12 Fechas de ediciones posteriores	—
13 Fecha de edición de la traducción al español	(no es propiamente traducido)
14 Lugar de edición de la traducción al español	
14 Lugar de edición de la traducción al español	—
15 Reimpresiones o ediciones posteriores	—
16 Imprenta	—
17 Editorial	**Salvador Manero Bayarri, editor**
18 Formato	**folio**
19 Volúmenes y págs.	**1 vol de *ababol-amytis*, 565 págs.**
20 Ilustraciones	**"Profusamente ilustrado"**
21 Biblioteca en que existe un ejemplar	**Universidad de Barcelona**
22 Materia	**Ciencias Naturales**
23 Prólogo/Introducción	**Dedicatoria y Discurso Preliminar (págs. XIII-CLII)**
24 Autor/es	**Odón de Buen**
25 Declaración de objetivos	**sí**
26 Declaración de interés lingüístico	**sí**
27 Nomenclatura	**términos de Geología (morfología terrestre, litología, fisiología de la tierra, geología histórica y comparada), Botánica, Zoología, Antropología, Geografía botánica y zoológica, Biología (morfología, anatomía, histología, fisiología, psicología, embriogenia, paleontología)**
28 Número de entradas aproximado	**4000 en el único volumen analizado**
29 Tipos de lemas	**voces técnicas y vulgares de castellano, catalán, gallego, vasco y denominaciones americanas y filipinas.**
30 Tipos de artículos	**Descripción sintética, referencia a las fuentes, otras denominaciones que reciben las voces.**
31 Tipos de definición	—
32 Otras características lexicográficas	**"de interés para los países en que se habla español, que a su vez sirvan de ayuda al hombre de ciencia"**

33 Ejemplos de nomenclatura	1	2	3
	afinidad	***aconitumnapellus***	***actinosphaerium***
34 DRAE inmediatamente anterior	sí	*acónito*	no
35 DRAE inmediatamente posterior	sí	*acónito*	no
36 DRAE 2001	sí	*acónito*	*actinia*
37 DGALE-Vox última edición	sí	*acónito*	*actino-*
38 Referencias y descripciones bibliográficas que recibe	**Núñez 1977**		
39 Fecha de implementación de ficha	**05/03**		
40 Autor de la ficha	**PB**		

Jenny Brumme / Victòria Alsina
Universitat Pompeu Fabra. Barcelona

EL LLENGUATGE POLITICOFILOSÒFIC DE LES TRADUCCIONS CATALANES DEL *CONTRACTE SOCIAL* DE JEAN-JACQUES ROUSSEAU

1. Introducció

Per estudiar com s'ha incorporat al català el llenguatge de la política i la filosofia a través de les traduccions catalanes del *Contracte social* de Jean-Jacques Rousseau (1712–1787), publicat el 1762, ens ha semblat oportú establir una relació aproximada de les traduccions que se n'han fet a la Península Ibèrica.[1] Partim de la hipòtesi que les traduccions d'aquesta obra al castellà que s'han elaborat abans han influït per força sobre la fixació del llenguatge especialitzat català. Per al nostre estudi ens centrarem en les dues versions catalanes que hem pogut localitzar: *Contracte social*, publicat a Barcelona a la dècada de 1910 i traduït per Ramon Vinyes i Cluet (Berga 1882–Barcelona 1952), i *Del contracte social o Principis de dret polític*, traduït per Miquel Costa i publicat a Barcelona el 1993 en una col·lecció de clàssics del pensament occidental de l'editorial Laia.

2. Les traduccions del *Contracte social* a la Península Ibèrica

Com hem pogut observar mitjançant la relació de les traduccions del *Contracte social* que presentem, la història d'aquestes versions a la Península Ibèrica és fonamentalment una història de la traducció al castellà. Tot i que comptem amb les dues traduccions catalanes ja esmentades i, a partir del segle XIX, amb traduccions al portuguès, no deixa d'impressionar la persistència que han tingut editors i traductors a presentar al lector peninsular aquesta obra que tant d'impacte ha tingut sobre el pensament polític occidental i que formula la

---

[1] Per fer-ho, hem consultat diversos catàlegs com Palau i Dulcet (1966) (=P), els catàlegs en línia Ariadna (=A) i Rebiun (=R), l'Index Translationum (=IT), el catàleg de la Biblioteca de la Universitat Pompeu Fabra (=UPF) i el catàleg de la Biblioteca Nacional de Lisboa (=BNP). Hem d'assenyalar que moltes de les edicions indicades en aquests catàlegs (les abreviacions dels quals s'indiquen a la bibliografia al final de cada registre) no es donen amb exactitud. Per tant, per establir un catàleg exacte de les edicions i traduccions caldria revisar els llibres originals.

relació mútua entre individus concebuts com a subjectes morals lliures i el govern en termes d'una associació lliure sota la voluntat general.

En primer lloc, cal assenyalar que la primera traducció que s'ha conservat data de 1799 i és una segona edició.[2] Després d'aquesta, les traduccions del *Contracte social* fetes a Espanya segueixen, de manera força clara, el cicle revolucionari. Així, no ens ha d'estranyar que dues (les de 1812 i 1814) es publiquin durant o poc després de la Guerra de la Independència (1808–1812), i que pels volts del Trienni Liberal (1820–1823) les traduccions tant a Espanya com a Portugal experimentin un primer apogeu, seguit per un altre a partir de la Revolució de 1868 i la Restauració a finals del segle XIX.

D'altra banda, el fet que algunes traduccions s'editin a Londres o a París s'explica fàcilment per la situació política tant a Espanya com a Portugal i per la intervenció de la censura que prohibia editar un llibre d'un tal contingut explosiu. A més, pensem que moltes de les traduccions al castellà es llegien a Portugal i a Amèrica Llatina malgrat que allà també es van fer traduccions pròpies.

Les traduccions que s'editen en el segle XX vénen marcades igualment pels esdeveniments polítics. Experimenten un augment en els anys 20 i 30, i un gran buit durant l'època franquista. En els anys 60 reapareixen les traduccions, segurament clandestines i en part sense indicar ni l'editor ni el traductor. Es reediten traduccions anteriors a la Guerra Civil (1936–1939) com, per exemple, la de Fernando de los Ríos (Ronda 1879–Nova York 1949) que ha vist més edicions que qualsevol altra.

Per a les dues darreres dècades del segle XX hem de destacar la proliferació i diversitat de les edicions. Tot i que s'editen traduccions antigues, per exemple la del Dr. Doppelheim (pseudònim de Pelayo Vizuete Picón) de 1900, sembla que la immensa majoria dels editors sent la necessitat d'oferir al lector una nova versió, o almenys una versió revisada. Malgrat que no comptem amb una relació completa per a Amèrica Llatina i Portugal, allà també hi constatem un interès creixent per oferir edicions noves i fiables.

---

[2] Sabem que les traduccions no coincideixen necessàriament amb la recepció dels conceptes, que en general és anterior. Un paper important el va tenir la premsa periòdica, com, per exemple, els "Discursos mercuriales económico-políticos" (1752 y 1755–1756) de Juan Enrique de Graef, a través dels quals va arribar a Espanya la polèmica suscitada pel *Discours sur les Sciences et les Arts* (1750) de Rousseau (cf. Álvarez de Miranda 1992: 35, 109 i 194). Per avaluar el paper de les traduccions del segle XVIII en altres àmbits cf. Gómez de Enterría (1996: 21–29 i 1999), Lepinette / Sierra (1997), Lepinette (1999), Checa Beltrán (1999) i Étienvre (1999).

A més, cal tenir en compte que algunes noves traduccions i edicions estan motivades per la celebració dels aniversaris de naixement i mort del gran pensador francès. En aquest sentit, no ens sembla massa agosarat datar la traducció de Ramon Vinyes cap al 1912, el 200è aniversari del naixement de Rousseau.

Finalment, sembla indubtable que les traduccions al català de 1993 i al gallec de 1999 es deuen a l'avanç del procés de normalització i, per tant, juguen un paper important en la codificació d'aquestes llengües i la creació d'un llenguatge especialitzat propi.

3. Motius de la traducció al català

Hem vist, doncs, que a diferència del castellà, en què es van fer un gran nombre de traduccions del *Contracte social* entre el 1799 i l'actualitat, en català només n'hi ha dues: la primera, de Ramon Vinyes, publicada en la dècada del 1910, i la segona, de Miquel Costa, publicada el 1993. Per quins motius s'emprenen aquestes dues traduccions? És evident que no pas per posar a l'abast dels lectors catalans aquesta obra fonamental del pensament occidental modern, perquè en els segles XIX i XX no hi havia cap català a qui interessés aquesta qüestió que no pogués llegir-la en castellà o fins i tot, en el cas de la gran majoria dels lectors cultes, en francès. De tota manera, sembla clar que aquesta no és la raó més freqüent per emprendre una traducció, ja que altrament no existirien tantes versions diferents, en una mateixa llengua, de moltes de les obres importants de la literatura i del pensament; per exemple, és obvi que la majoria de les traduccions castellanes del *Contracte social* no responen a aquest objectiu, perquè amb la primera ja n'hi hauria hagut prou per posar a l'abast dels castellanoparlants l'obra de Rousseau, i no haurien calgut les nombroses traduccions que se'n van fer al llarg dels 200 anys següents. Hem de concloure que una gran part de les traduccions que es fan de les grans obres responen a un intent d'acostar-les als lectors de l'època en què s'emprenen, adaptant-ne el llenguatge, l'estil, l'expressió i la interpretació de l'autor a la sensibilitat i a la manera de veure el món del moment.

Aquest és el motiu per què, després de més de 100 anys de traduccions al castellà, s'emprengués la primera traducció catalana del *Contracte social* i per què, 80 anys després, es fes la segona: a començaments del segle XX, en l'època del modernisme, la societat catalana, o una part de la societat catalana, no s'acontentava amb les diverses versions castellanes de què disposava i en demanava una de catalana; i al cap de 80 anys la primera versió, de Ramon Vinyes, subjectiva, visceral, personal, prefabriana i que feia servir un llenguatge polític i filosòfic encara poc desenvolupat, havia quedat desfasada, i no hauria resultat acceptable en una col·lecció moderna. No hi ha dubte que les dues traduccions catalanes responen a moments —diferents— en què el català, que durant tants anys havia quedat confinat als registres populars, familiars i col·loquials, es reincorporava a tot un seguit d'àmbits de la vida, els que fan referència a la vida pública, a la cultura i al pensament oficials i més internacionals, i trobava a faltar el llenguatge per expressar-se en aquests àmbits. Fins aleshores hi havia hagut, no cal dir-ho, catalans dedicats al món de la cultura, de la política, etc., però, tot i que la seva llengua familiar era el català, en passar de l'àmbit familiar a l'"oficial" senzillament canviaven de llengua. A partir de finals del segle XIX aquesta solució va deixar de satisfer-los, i van anar ampliant les situacions en què feien servir el català, començant per la llengua literària i continuant amb el llenguatge públic i polític i el de la cultura oficial i especialitzada. Per fer això, es van trobar que havien d'anar construint la llengua en cada cas, perquè no existia. Pel que fa a la versió de 1993, respon a una segona etapa de recuperació i "normalització" de la llengua catalana, en què es continuava reconstruint i recuperant tot el que s'havia perdut durant el franquisme, però també es treballava sobre la base d'un model de llengua culta que s'havia començat a elaborar als anys 20 i 30, i que s'havia continuat a partir de la dècada dels 60, base amb la qual el primer traductor no comptava.

Els dos traductors del *Contracte social* no expliquen el motiu d'haver fet la traducció en català, probablement perquè aquest és general a tota la col·lecció en què apareixen les seves versions. Ramon Vinyes, a la introducció que fa a l'obra, fa una defensa abrandada del pensament de Rousseau; aquesta és doncs la raó d'haver inclòs la traducció del *Contracte social* a la "Col·lecció d'obres selectes".

A la introducció de Josep Ramoneda a l'edició del 1993 s'hi explica per què aquesta obra ha esdevingut "el clàssic per excel·lència de la política moderna" (MC 22) i quins són els tòpics de la teoria i de la política contemporànies oberts i fonamentats per Rousseau; aquestes explicacions justificarien que l'obra fos inclosa en una col·lecció, la de *Textos filosòfics* d'Edicions 62, iniciada per l'editorial Laia l'any 1981 amb *La genealogia de la moral* de Friedrich Nietzsche, que "pretén oferir, per primera vegada, una autèntica biblioteca en català de textos bàsics de la filosofia de tots els temps i de totes les tendències; en una traducció fiable, amb voluntat de contribuir a la normalització del llenguatge filosòfic català" (contraportada interior). Tampoc no ens ha d'estranyar que una col·lecció que s'ha proposat aquest objectius es publiqui amb la col·laboració del Departament de Cultura de la Generalitat de Catalunya.

4. Possibilitats de traducció

A parer nostre, les circumstàncies que van condicionar les possibilitats que van tenir els dos traductors per abocar el text original al català foren les següents: d'una banda, les lluites polítiques dels segles XIX i XX, fonamentades pels respectius escrits filosòfics editats en aquest període, van contribuir a fixar el lèxic politicofilosòfic en l'àmbit espanyol,[3] fet que de manera gairebé inevitable s'ha de reflectir en el llenguatge polític català. D'altra banda, les múltiples traduccions al castellà probablement van establir els models de traducció sobre els quals es van elaborar les versions catalanes. Així doncs, sembla indicat afirmar que les possibilitats d'ambdós traductors per oferir una versió que es desviés dels models establerts es van veure considerablement restringides.

Aquesta afirmació es pot comprovar a partir de la traducció del mateix títol del llibre. En el text original, les denominacions del fet mitjançant el qual els homes renuncien a la seva llibertat natural a canvi de certs drets garantits per la llei alternen entre *pacte social* o *contrat social.* Aquest fet es reflecteix encara avui en el llenguatge filosòfic francès que admet les dues denominacions amb prevalença de la darrera. Entre les traduccions al castellà, algunes han optat pel títol de *Pacto social,*[4] opció que probablement no es va imposar per fidelitat al títol original, però que hauria estat igualment correcta, sobretot perquè el capítol clau, el capítol IV del llibre I, duu com a títol *Du pacte social.*[5] Les traduccions al català, però, es duen a terme en un moment en què l'obra de Rousseau és

[3] Aquí remetem simplement als nombrosos estudis sobre el desenvolupament del lèxic polític com, per exemple, Lapesa (1996), Seoane (1968; v., *soberanía*, 53–63, *voluntad general*, 89–91, *ciudadano-vasallo*, 112–122, *pueblo*, 127–130), Peira (1977), Battaner Arias (1977; v., per ex., *democracia*, 128–134; *pueblo*, 143–146; *poder*, 174), Fernández Lagunilla (1985 v., sobretot, les accepcions de *soberanía*, 86–88, *pueblo*, 123–130, *república*, 136–149, *democracia*, 139–157), Arbós (1986) i Álvarez de Miranda (1992; *sociedad*, 349–363, *asociación*, 363–368). Darrerament s'han aplegat una gran quantitat de termes en el *Diccionario político y social del siglo XIX* español editat per Fernández Sebastián / Fuentes (2002).

[4] Lapesa recull dels textos de l'època els termes de *convenio*, *pacto* o *pacto social* (1996: 35). Els diccionaris moderns de política, en canvi, donen com a terme únic el de *contrato social* (cf. Miller 1989: 112–114).

[5] Sobre la qüestió de l'origen llatí i/o francès de la paraula *social*, v. Lapesa (1996: 34–35) i Álvarez de Miranda (1992: 54–55, 349, 368–373).

coneguda com a *Contrato social*, i per tant no queda altra opció que traduir-la d'aquesta manera.

D'altra banda, també passa en alguns casos que el castellà disposa de dos termes i el català només d'un per a un concepte exposat per Rousseau. Com a exemple podem adduir les paraules *aliéner* i els seus derivats, com *aliénation* i *inaliénable*, claus en l'argumentació de Rousseau, i que posteriorment adquireixen un sentit diferent en altres pensadors com Hegel i Marx.[6] En el capítol IV del llibre I, que tracta de l'esclavitud, Rousseau defineix:

> Si un particulier, dit Grotius, peut aliéner sa liberté et se rendre esclave d'un maître, pourquoi tout un peuple ne pourrait-il pas aliéner la sienne et se rendre sujet d'un roi? Il y a là bien des mots équivoques qui auraient besoin d'explication, mais tenons-nous-en à celui d'*aliéner*. Aliéner c'est donner ou vendre. Or un homme qui se fait esclave d'un autre ne se donne pas, il se vend, tout au moins pour sa subsistance: mais un peuple pour quoi se vend-il? (1992: 33).

En castellà concorren, com ja indiquen les primeres edicions del *Diccionario de la Real Academia*, dues paraules sinònimes, *alienar* i *enajenar*, la primera de les quals no és registrada fins el 1770, i és qualificada d'antiquada i remesa a *enajenar*. Les edicions del *DRAE* de 1783, 1791, 1803, 1817, 1822, 1832, 1837, 1843, 1852 i 1869 segueixen aquest plantejament fins a l'edició de 1884, en què es presenta simplement com un sinònim d'*enajenar* i així successivament en els diccionaris de 1899, 1914, 1925, 1927, 1933, 1936, 1939, 1947, 1950, 1956, 1970, 1983, 1984, 1989 i 1992. La definició detallada, però, amb l'excepció de les accepcions que té aquest mot en medicina o psicologia, es dóna a l'entrada d'*enajenar*. Així, el *DRAE* de 1732 registra: "Dar à otro alguna cosa, transfiriendo en él el señorío ú dominio, o por donación, ò por venta, ò por trueque. Viene del Latino *Alienare*." A partir de 1837 i en les edicions següents (1843, 1852, 1868, 1884, 1899, 1914 y 1925), la definició és molt més general: "Pasar ó entregar á otro el dominio de alguna cosa"; i, entre 1936 i 1992, es precisa: "Pasar o transmitir a otro el dominio de una cosa o algún otro derecho sobre ella".

Malgrat que no hem estudiat les traduccions al castellà, sembla que hi ha una clara preferència per fer servir *enajenar*,[7] fet que no ha pogut influir sobre la traducció al català, ja que aquest només posseeix el mot *alienar*:

---

[6] Una anàlisi detallada dels conceptes i dels vincles que hi ha entre ells en el *Contracte social* es troba a Bach (1995: 47–64).

[7] Vegem, per exemple, les traduccions següents: "Si un individuo, –dice Grotio puede enajenar su libertad [...]. Enajenar es ceder ó vender" (traducció d'Antonio Redondo Orriols

> Si un individu, diu Grotius, pot alienar la llibertat seva i fer-se esclau d'un amo, ¿per què tot un poble no pot alienar-la també i fer-se esclau d'un rei? Hi ha mots equívocs mancats d'explicació: no ens moguem del mot *alienar*. Alienar és donar-se o vendre's. Un home que es fa esclau, no es dóna, es ven, i es ven, almenys, per a la subsistència. ¿Per què es ven un poble? (RV 26–27)

> Si un particular, diu Grotius, pot alienar la llibertat i fer-se esclau d'un senyor, per què no la podrà alienar tot un poble i fer-se súbdit d'un rei? Hi ha aquí força paraules equívoques que haurien de menester una explicació, però deturem-nos en aquesta d'*alienar*. Alienar és donar o vendre. Ara bé, un home que es fa esclau d'un altre no es dóna pas: es ven, si més no per la subsistència; però un poble, per què es ven? (MC 48)

Un cas que va en la direcció contrària és el de la col·locació de *état de nature*, que s'oposa, en l'accepció de Rousseau, a *état civil*. En castellà es va encunyar aviat l'expressió *estado de naturaleza* que alterna diverses vegades, igual que en francés, amb *estado natural*. El català, en canvi, disposa de dos mots, *natura* i *naturalesa*, que han arribat a ser gairebé sinònimes malgrat que en els segles XIII-XV la segona es coneixia més aviat en la seva accepció de vassallatge, és a dir, com a terme jurídic feudal (Coromines 1990: 905).

Si comparem les traduccions, observem de seguida que Ramon Vinyes optà clarament per traduir "état de nature" per "estat de natura", creació propera a la llengua francesa, mentre que Miquel Costa va decidir traduir sempre "estat de naturalesa":

(1)

> C'est le rapport des choses et non des hommes qui constitue la guerre, et l'état de guerre ne pouvant naître des simples relations personnelles, mais seulement des relations réelles, la guerre privée ou d'homme à homme ne peut exister, ni dans *l'état de nature* où il n'y a point de propriété constante, ni dans l'état social où tout est sous l'autorité des lois.

> La guerra du aparellat un estat de coses; no una relació entre homes. L'estat de guerra no pot néixer de simples relacions personals: naix de relacions reals. La guerra privada, o d'home a home, no pot existir ni en *l'estat de natura*—on no existeix la propietat constant—, ni en l'estat social, on tot es troba sota l'autoritat de les lleis. (RV 29)

1884: 17), "Si un particular —dice Grocio— puede enajenar su libertad [...]: Enajenar es dar o vender" (traducció de Fernando de los Ríos 1992: 42), "Si un particular, dice Grocio, puede enajenar su libertad [...]. Enajenar es dar o vender" (traducció de Consuelo Bergés 1978: 10), "Si un particular, dice Grocio, puede enajenar su libertad [...]. Enajenar significa dar o vender" (traducció de María José Villaverde 1992: 8). Aquesta preferència potser s'explica pel desig de distingir el concepte de Rousseau de l'accepció hegeliana i marxista de l'alienació (cf. Garzaro 1987: 14; Miller 1989: 20–22; Navarro i Barba / Ribera i Pinós 1990: 14). Com a adjectiu, en canvi, es fa servir sempre *inalienable*.

És la relació de les coses, no la dels homes, la que constitueix la guerra; i com que l'estat de guerra no pot néixer de les simples relacions personals, sinó solament de les relacions reals, la guerra privada o d'home a home no pot existir en *l'estat de naturalesa*, on no hi ha cap propietat constant, ni en l'estat social, on tot es troba sota l'autoritat de les lleis. (MC 50)

(2)

Je suppose les hommes parvenus à ce point où les obstacles qui nuisent à leur conservation dans *l'état de nature* l'emportent par leur résistance sur les forces que chaque individu peut employer pour se maintenir dans cet état.

Hom creu els homes arribats al punt en el qual els obstacles que perjudiquen la seva conservació a *l'estat de natura* són arrabassats per una força més potent que la força que l'individu pot esmerçar per mantenir-se en aquest estat. (RV 35)

Suposem que els homes arriben a un punt on la resistència dels obstacles que en perjudiquen la conservació en *l'estat de naturalesa* supera les forces de cada individu pot emprar per mantenir-s'hi: [...]. (MC 53–54)

(3)

[...]: car s'il restait quelques droits aux particuliers, comme il n'y aurait aucun supérieur commun qui pût prononcer entre eux et le public, chacun étant en quelque point son propre juge prétendrait bientôt l'être en tous, *l'état de nature* subsisterait et l'association deviendrait nécessairement tyrannique ou vaine.

Si els particulars tinguessin drets, com que no hi hauria cap superior comú que pogués pronunciar-se entre ells i el públic, cadascú, tornat jutge propi, ben aviat voldria esdevenir jutge de tots. Subsistiria llavors *l'estat de natura* i l'associació esdevindria tirànica o vana. (RV 37)

[...]; perquè, si restaven alguns drets als particulars, com que no hi hauria cap superior comú que pogués pronunciar-se entre ells i el públic, i cadascú seria el seu propi jutge en algun punt, aviat pretendria de ser-ho en tots; *l'estat de naturalesa* subsistiria i l'associació es tornaria inevitablement tirànica o vana. (MC 55)

(4)

Ce passage de *l'état de nature* à l'état civil produit dans l'homme un changement très remarquable, en substituant dans sa conduite la justice à l'instinct, et donnant à ses actions la moralité qui leur manquait auparavant.

El pas de *l'estat de natura* a l'estat civil produeix en l'home un remarcable canvi. La justícia substitueix l'instint i dóna a les accions la moralitat que els mancava... (RV 43–44)

> Aquest pas de *l'estat de naturalesa* a l'estat civil produeix en l'home un canvi força notable, en substituir en la conducta l'instint per la justícia i donar a les accions la moralitat que abans els mancava. (MC 59)

A primera vista, aquest resultat no sembla gaire important. Tanmateix, si examinem les entrades de *natura* i *naturalesa* del *Diccionari General de la Llengua Catalana* de Fabra (1991), veiem que a la darrera no només es remet a la primera, que resulta ser, per tant, la principal, sinó que en aquesta Fabra hi recull: "*Estat de natura* (per oposició a civilització)". Fabra considerava, per tant, aquest terme com a acceptat i corrent, cosa que confirma el *Diccionari de l'Institut d'Estudis Catalans* (DIEC) en no modificar aquest article.

La traducció de Miquel Costa que opta per "estat de naturalesa" es deu, amb tota probabilitat, a la influència del model castellà. Per confirmar aquesta hipòtesi hem fet una cerca al corpus no literari del *Corpus Textual Informatitzat de la Llengua Catalana*[8] de l'*Institut d'Estudis Catalans*, en el qual hem trobat documentats "estat de naturalesa" i "estat natural" en el llibre *L'origen de les espècies* (1982) de Santiago Albertí i Gubern, però cap vegada "estat de natura".

4. Comparació de les dues traduccions

En aquest apartat volem aprofundir una mica més en l'anàlisi de les dues traduccions catalanes. Havent comparat amb detall les traduccions d'alguns dels passatges clau de l'obra (la Introducció al llibre I, el capítol IV del llibre I —*De l'esclavitud*— i el capítol VI del llibre I —*Del pacte social*—), hem trobat que difereixen força entre si; de fet, tot i la indubtable importància de la traducció del 1912, la segona representa un notable avanç. Fonamentalment, les diferències que presenten es poden dividir en quatre tipus:

1. Diferències pel que fa al model de llengua.
2. Diferències pel que fa a la tria de vocabulari.
3. Diferències pel que fa als connectors.
4. Diferències pel que fa a la interpretació de l'original francès.

Vegem amb més deteniment en què consisteix cadascuna d'aquestes diferències:

Diferències pel que fa al model de llengua: Aquesta primera diferència entre les dues traduccions és potser la que més crida l'atenció en una primera lectura ràpida, i d'altra banda també la que més era d'esperar: el 1912 encara no s'ha dut a terme la reforma fabriana, i el model de llengua dominant és, des del punt de vista actual, clarament arcaïtzant; el 1993 hi ha un model de llengua

---

[8] http://pdl.iec.es/, 15-4-2003.

estàndard que no només es basa en les normes elaborades per Fabra en els anys 20 i 30, sinó en tota una tradició literària i no literària que s'ha anat desenvolupant, de manera accidentada, això sí, a la dècada dels 30 i a partir de la dècada dels anys 60. A això s'hi afegeix que la llengua que es parla ha canviat, la qual cosa forçosament influeix sobre la llengua escrita. Algunes d'entre les moltes diferències que podríem subratllar són:[9]

(5)

qualque (RV 19: 31...)

algun(a) (MC 43: 51...)

(6)

nat (RV 19)

nascut (MC 43)

(7)

ço que (RV 19: 31...)

allò que (MC 43: 51...)

(8)

a gratcient (RV 27)

gratuïtament (MC 48)

(9)

car (RV 28: 36...)

perquè (MC 49: 54...)

(10)

la llibertat seva/llur (RV 26: 28)

la seva/llur llibertat (MC 48: 49)

---

9 No tenim en compte faltes de normativa que trobem en el primer text (*hi ha mots, a fi de què*, etc.), ja que és obvi que el 1912 no es podia seguir una normativa que encara no existia.

Algunes d'aquestes diferències són sistemàtiques al llarg de tota l'obra. Com es pot veure, responen a dos models de llengua diferents, un de modernista, pre-fabrià, més arcaïtzant i amb més gal·licismes, i un altre de posterior a la reforma del noucentisme, més modern i que mostra la influència del castellà en la tria de certs elements. Només per aquest motiu podem dir que, amb tot el mèrit i la importància que té la versió de 1912, i reconeixent que el model de llengua que s'hi fa servir és del tot legítim i és el que li pertoca per a l'època, la traducció de Ramon Vinyes estava desfasada quan es va publicar la de Miquel Costa.

Diferències pel que fa a la tria de vocabulari: Una segona diferència que s'observa entre les dues versions es refereix a la tria de determinats termes que designen conceptes de certa importància en l'obra, o bé en el capítol en què es troben. Alguns exemples:

(11)

(tota autoritat legítima ... és fruit de) convencionalismes (RV 26)

convencions (MC 48)[10]

(12)

un individu (RV 26)

un particular (MC 48)[11]

(13)

vassalls (RV 27)

súbdits (MC 48)[12]

(14)

puixança (RV 37: 38)

poder (MC 55) – potència (MC 56)[13]

---

[10] Rousseau: conventions.

[11] Rousseau: un particulier.

[12] Rousseau: sujets.

[13] Rousseau: puissance.

(15)

esclavatge (RV 26)

esclavitud (MC 48)[14].

Com es pot observar, en alguns casos és el traductor més antic el que ha triat un terme més allunyat de la forma usada per Rousseau, i en d'altres casos és el traductor més modern. Podem dir que Miquel Costa ha fugit de la forma més propera a la francesa quan existia en català estàndard una forma més freqüent; és a dir, quan la forma alternativa hauria constituït (bé que en grau moderat) un gal·licisme o un arcaisme.

Cal dir, però, que les dues traduccions han coincidit en el terme emprat per a la majoria de conceptes clau de l'obra (pacte social, contracte social, etc.), fet d'altra banda previsible, com s'ha vist en l'apartat anterior, a causa de la influència exercida pel castellà sobre les dues traduccions.

En resum, doncs, podem dir que si bé els dos traductors catalans han coincidit en la terminologia principal, sí que difereixen en la tria d'una part de la terminologia; aquesta diferència, de fet, respon als mateixos criteris que hem vist en el punt anterior: al model de llengua estàndard que s'havia desenvolupat al llarg dels 80 anys que separen les dues versions, que defuig gal·licismes i arcaismes.

Diferències pel que fa als connectors: Una tercera diferència que s'aprecia entre les dues traduccions, aquesta vegada més aviat traductològica que lingüística, és el poc ús que fa la versió més antiga dels connectors, per oposició a la de 1993, que els introdueix amb gran precisió. Vegem-ne només dos exemples dels molts casos que es troben al llarg del text; el primer (comparem només els fragments en cursiva):

> Si un individu, diu Grotius, pot alienar la llibertat seva i fer-se esclau d'un amo, ¿per què tot un poble no pot alienar-la també i fer-se esclau d'un rei? *Hi ha mots equívocs mancats d'explicació: no ens moguem del mot alienar.* (RV 26)
>
> Si un particular, diu Grotius, pot alienar la llibertat i fer-se esclau d'un senyor, per què no la podrà alienar tot un poble i fer-se súbdit d'un rei? *Hi ha* ***aquí*** *força paraules equívoques que haurien de menester una explicació,* ***però*** *deturem-nos en aquesta d'alienar.* (MC 48)[15]

---

[14] Rousseau: esclavage.

[15] Rousseau: Si un particulier, dit Grotius, peut aliéner sa liberté et se rendre esclave d'un maître, pourquoi tout un peuple ne pourrait-il pas aliéner la sienne et se rendre sujet d'un

Com es pot veure, R. Vinyes ha eliminat dos connectors que es trobaven a l'original, que en canvi M. Costa ha recollit, amb la qual cosa la comprensió de la primera traducció resulta més difícil, perquè el lector ha de fer un esforç gran per entendre la relació que hi ha entre les diferents parts del text.

I el segon exemple:

> Alienar és donar-se o vendre's. Un home que es fa esclau, no es dóna, es ven, i es ven, almenys, per a la subsistència. (RV 26–27)
>
> Alienar és donar o vendre. **Ara bé**, un home que es fa esclau d'un altre no es dóna pas, es ven, si més no per la subsistència. (MC 48)[16]

Aquí també es pot comprovar que la manca d'aquest aparentment insignificant connector fa difícil d'entendre la connexió entre la frase en què s'hauria de trobar i l'anterior.

Aquests han estat només dos exemples dels molts que podíem haver posat, i que denoten una més gran perícia de M. Costa com a traductor, ja que tradueix el text com a conjunt i no com un seguit de frases inconnexes, tenint en compte les relacions que s'estableixen entre els diferents elements que constitueixen el text, relacions que al capdavall contribueixen a donar-hi una part important del sentit que té.

Diferències pel que fa a la interpretació de l'original francès: Finalment podem assenyalar una darrera diferència entre els dos textos, potser menys important des del punt de vista de l'actitud o del punt de vista del traductor o de l'editor, però tanmateix significativa. Es tracta de diferències d'interpretació de l'original que responen sempre a una comprensió deficient del text de Rousseau per part de R. Vinyes. Vegem-ne dos exemples:

(16)

> Hom entra en matèria sense **preveure** la importància del tema. (RV 19)
>
> Entro en matèria sense **provar** la importància del tema. (MC 43)[17]

---

roi? *Il y a **là** bien des mots équivoques qui auraient besoin d'explication, **mais** tenons-nous-en à celui d'aliéner.*

16 Rousseau: Aliéner c'est donner ou vendre. **Or** un homme qui se fait esclave d'un autre ne se donne pas, il se vend, tout au moins pour sa subsistance.

17 Rousseau: J'entre en matière sans **prouver** l'importance de mon sujet.

(17)

> El fet de donar-se a tots vol dir que qui es dóna a tots no es dóna a ningú, i [...] es guanya l'equivalent de tot ço que es perd, i s'agafa, per a la conservació, més força de la que es té. (RV 37)
>
> En fi, com que cadascú es dóna a tots, no es dóna a ningú; i [...] es guanya l'equivalent d'allò que es perd i més força per conservar el que es posseeix. (MC 55)[18]

Hem vist, doncs, un primer exemple en què un mot mal entès transforma el significat d'un paràgraf, i un segon exemple en què no se sap si R. Vinyes havia entès bé l'original, però el cert és que no havia aconseguit fer-ne una versió entenedora. Aquests casos no són tan freqüents com els del punt anterior, però en una anàlisi detallada se'n detecta un cert nombre. El que ens indiquen és la professionalitat inferior del primer traductor —i també del seu editor—, que potser va emprendre la versió per voluntarisme, per afany de divulgar el pensament de Rousseau i per contribuir a enriquir la llengua catalana, i que segurament va reeixir en tots aquests propòsits, però que estava menys ben preparat que el traductor de la segona versió.

5. Conclusions

Hem vist, doncs, que mentre que en castellà no s'han deixat de realitzar mai traduccions del *Contracte social*, gairebé des de la seva publicació fins als nostres dies, de manera que només a Espanya es compta amb més de 50 versions diferents, en català només n'hi ha dues, la primera feta a la dècada del 1910 (possiblement el 1912), i la segona el 1993. Aquest fet es deu a la diferent situació de les dues llengües, prou coneguda, ja que el castellà, com a llengua oficial i de cultura que era durant tota aquesta època i des de feia segles, es feia servir en tots els àmbits de la ciència i del coneixement, i havia desenvolupat un llenguatge politicosocial, així com tots els altres llenguatges d'especialitat que li calien; en canvi el català era una llengua relegada a l'àmbit familiar que no es feia servir en el camp de la cultura o del pensament, i per tant era d'esperar que no es considerés necessari traduir-hi ni tan sols una obra tan fonamental per al pensament occidental. Un factor que tenen en comú, però, les traduccions fetes al castellà i al català, és que sempre estan condicionades pel moment de la història en què es duen a terme; el fet que es faci una traducció és causat per

[18] Rousseau: Enfin chacun se donnant à tous ne se donne à personne, et [...] on gagne l'équivalent de tout ce qu'on perd, et plus de force pour conserver ce qu'on a.

algun factor extern, sigui social, polític, ideològic, etc.: hem vist que les traduccions castellanes es fan en els moments revolucionaris o més liberals de la història, o com a commemoració d'algun aniversari de l'autor de l'obra, i que les dues catalanes també corresponen a moments clau de la situació política i sociolingüística a Catalunya: la primera quan el català (coincidint amb un moment d'aspiracions autonomistes de la societat catalana) es comença a reivindicar com a llengua de cultura i comença a penetrar en àmbits que fins aleshores havien estat exclusius del castellà; i la segona, després de més de quinze anys de democràcia i d'autonomia, en un moment en què s'estava treballant intensament per la normalització del català.

En analitzar la llengua de les dues traduccions, ens hem adonat, sense sorpresa, que la fixació del llenguatge politicosocial havia estat determinada pel corresponent llenguatge d'especialitat castellà: en efecte, si bé les dues versions divergeixen en la tria d'alguns termes secundaris, en tota la terminologia fonamental de l'obra coincideixen, i aquesta terminologia coincideix amb les formes castellanes. De fet, els traductors catalans no tenien gaire llibertat per fixar termes, quan ja estaven profundament introduïdes al català les formes fixades des de feia dècades en castellà.

Deixant de banda la terminologia, en comparar els altres aspectes de les dues versions catalanes, hem constatat que el primer traductor fa servir un llenguatge més arcaïtzant i més proper al literari, i que d'altra banda el text del 1912 és més obscur que el de 1993, ja que el primer traductor elimina amb certa sistematicitat connectors que ajuden a entendre la relació entre les diferents parts del text, i també de vegades fa alguna interpretació errònia de l'original. El segon traductor, a més de tenir en compte la normativa de Fabra en la seva versió, fa servir un llenguatge més objectiu i diferenciat de la llengua literària; també segueix amb molta més exactitud l'original, i produeix una versió més precisa i també més clara i entenedora.

En resum, ens trobem amb dues versions ben diferenciades que responen cadascuna a la seva època, i que reflecteixen el desenvolupament que havia experimentat la llengua catalana en els 80 anys que les separen, tant pel que fa al model de llengua com al llenguatge polític i social.

Bibliografia

Álvarez de Miranda, P. (1992). *Palabras e ideas: el léxico de la Ilustración temprana en España (1680–1760)*. Madrid: Anejos del Boletín de la Real Academia Española. (Anejo, LI)

Arbós, X. (1986). *La idea de nació en el primer constitucionalisme espanyol*. Pròleg de Jordi Solé Tura. Barcelona: Curial. (Biblioteca de Cultura Catalana, 61.)

ARIADNA – Catálogo de la Biblioteca Nacional. Madrid. http://www.bne.es/esp/car-fra.htm

Bach, R. (1995). *Weichenstellungen des politischen Denkens in der Literatur der französischen Aufklärung*. Tübingen: Stauffenburg. (Romanica et comparatistica, 23.)

Base de dados geral. Base Nacional de Dados Bibliográficos. Biblioteca Nacional. Lisboa, Portugal. http://ipac.bn.pt/ipac-cgi/ipac.exe

Battaner Arias, M. P. (1977). *Vocabulario político-social en España (1868–1873)*. Madrid: Anejos del Boletín de la Real Academia Española. (Anejo, XXXVII)

Checa Beltrán, J. (1999). "Mínguez de San Fernando y su traducción de la *Encyclopédie méthodique*". A Lafarga, F. (ed.) (1999). *La traducción en España (1750–1830). Lengua, literatura, cultura*. Lleida: Edicions de la Universitat de Lleida. 177–185.

Coromines, J. (1990). *Diccionari etimològic i complementari de la llengua catalana*. Amb la col·laboració de J. Gulsoy i M. Cahner. Vol. V. Barcelona: Curial, Caixa de Pensions "La Caixa".

Corpus Textual Informatitzat de la Llengua Catalana. Institut d'Estudis Catalans. Subcorpus no literari. Portal de Dades Lingüístiques. Institut d'Estudis Catalans. Barcelona, Espanya. http://pdl.iec.es/entrada/paraules.asp

DIEC = *Diccionari de l'Institut d'Estudis Catalans*. Edició al portal de dades lingüístiques. http://pdl.iec.es/

DRAE = Diccionarios de la Real Academia Española. Edicions al portal: http://www.rae.es

Étienvre, F. (1999). "Traducir la revolución (1789–1805)". A Lafarga, F. (ed.) (1999). *La traducción en España (1750–1830). Lengua, literatura, cultura*. Lleida: Edicions de la Universitat de Lleida. 157–164.

Fabra, P. (1991). *Diccionari general de la llengua catalana*. Revisat i ampliat per J. Miracle. 27ª ed. Barcelona: Edhasa.

Fernández Lagunilla, M. (1985). *Aportación al estudio semántico del léxico político: el vocabulario de los republicanos*. Hamburg: Helmut Buske. (Romanistik in Geschichte und Gegenwart; 18.)

Fernández Sebastián, J.; Fuentes, J. F. (dirs.) (2002). *Diccionario político del siglo XIX español*. Madrid: Alianza Editorial.

Garzaro, R. (1987). *Diccionario de política*. 2ª ed. corregida y aumentada. Salamanca: Librería Cervantes.

Gómez de Enterría, J. (1996). *Voces de la economía y el comercio en el español del siglo XVIII*. Alcalá: Universidad de Alcalá. Servicio de Publicaciones.

—. (1999). "Las traducciones del francés, cauce para la llegada a España de la ciencia ilustrada. Los neologismos en los textos de botánica". A Lafarga, Francisco (ed.) (1999). *La traducción en España (1750–1830). Lengua, literatura, cultura*. Lleida: Edicions de la Universitat de Lleida. 143–155.

Index Translationum, International Bibliography of Translations. UNESCO, United Nations Educational, Scientific and Cultural Organization. http://www.unesco.org/culture/xtrans/

Lapesa, R. (1996). [1966–1967]. "Ideas y palabras: del vocabulario de la Ilustración al de los primeros liberales". A Lapesa, R. (1996). *El español moderno y contemporáneo. Estudios lingüísticos*. Barcelona: Crítica. Grijalbo Mondadori. 11–42.

Lepinette, B. (1999). "La traducción del francés al español en el ámbito de la historia (siglo XVIII)". A Lafarga, F. (ed.) (1999). *La traducción en España (1750–1830). Lengua, literatura, cultura*. Lleida: Edicions de la Universitat de Lleida. 209–223.

Lepinette, B.; Sierra, A. (1997). Algunas consideraciones sobre la formación de vocabularios científicos españoles: la influencia de las traducciones del francés. *Livius* 9. 65–82.

Miller, D. (dir.) (1989). *Enciclopedia del pensamiento político*. Versión española de M. T. Casado Rodríguez. Madrid: Alianza Editorial.

Navarro i Barba, G.; Ribera i Pinós, P. (1990). *Diccionari polític*. València: Lluita.

Palau y Dulcet, A. (1966). *Manual del librero hispanoamericano. Bibliografía general española e hispanoamericana desde la invención de la imprenta hasta nuestros tiempos con el valor comercial de los impresos descritos por Antonio Palau y Dulcet*. Segunda edición, corregida y aumentada por el autor. Tomo XVIII (Rost-Samz), revisado y añadido por Agustín Palau. Barcelona: Librería Palau.

Peira, P. (1977). "Estudio lexicológico de un campo nocional: 'Libertad', 'igualdad' y 'felicidad' en la España de la Regencia de María Cristina". *Boletín de la Real Academia Española* LVII. 259–294.

Rebiun – Red de Bibliotecas Universitarias. Espanya. http://rebiun.crue.org/cgi-bin/rebiun/LL11/G0

Rousseau, J.-J. (1992). *Du contrat social*. Edition établie par Pierre Burgelin. Paris: Flammarion.

Seoane, M. C. (1968). *El primer lenguaje constitucional español (Las Cortes de Cádiz)*. Prólogo de R. Lapesa. Madrid: Editorial Moneda y Crédito. (Estudios de Humanidades; V.)

UPF = Catàleg de la Biblioteca de la Universitat Pompeu Fabra. Barcelona, Espanya. http://upf.edu/vtls/catalan/index.html?opcio=2

Traduccions del *Contracte social* al castellà (Europa)

Rousseau, J.-J. (1799). *El Contrato social ó Principios del Derecho político*. 2ª ed. London: s. e. P + A

—. (1812). *El contrato social o principios de derecho político*. Valencia: José Ferrer de Orga. R + P

—. (1814). *Principios de derecho político*. Valencia: s. e. P

—. (1819). *El contrato social o principios del derecho político*. Lyon: s. e. P

—. (1820). *El contrato social o principios del derecho político*. Nueva ed., corr. y aum. Madrid: En la Oficina de José del Collado. R

—. (1821). *El contrato social o principios del derecho político*. Madrid: Ramos [Impr. Lyon]. P

—. (1821). *El contrato social o Principios de derecho político*. Madrid: Librería de Ramos. R

—. (1827). *El contrato social o Principios del derecho político*. Paris: Librería Hispano-Francesa de Rosa. R + P

—. (1832). *El contrato social o principios de derecho público*. Nueva edición. London: s. e. P + A

—. (1836). *El contrato social ó sea principios del derecho político*. Traducido del francés. Barcelona: En la imprenta de los Herederos de Roca. R + P

—. (1868). *El contrato social.* Barcelona: Manero, Ronda del Norte, 128. P

—. (1880). *El contrato social.* Traducido del francés por J. M. [¿Marchena?]. Madrid: Libereria de Antonio Novo. R + P + A.

—. (1883). *Del contrato social.* Trad. de Antonio Zozaya. Madrid: Dirección y Administración. (Biblioteca económica filosófica; X.) [Altres edicions: 2ª ed. Madrid: Biblioteca Filosófica [Impr. R. Angulo], 1887. R + P; 4ª ed. Precedido de una Noticia biográfica firmada por A. Z. Madrid: Dirección y Administración, 1899 (Imp. de R. García); 5ª ed. Madrid: Sociedad General Española de Librería, [1889]; 5ª ed. Madrid: Dirección y Administración, 1899 (Madrid: Imp. a cargo de R. García).] R

—. (1884). *El pacto social ó Principios del derecho político.* Trad. y notas de Antonio Redondo Orriols. Madrid: Dirección y Administración. (Biblioteca Universal. Colección de los mejores autores antiguos y modernos, nacionales y extranjeros; 93.) [Altres edicions: Madrid: Perlado, Páez y Compañía, 1911. P; Madrid: Perlado, Páez y Compañía, 1920. R; Madrid: Biblioteca Universal [Hernando], 1931. P] R + P + A

—. (1900). *El contrato social.* Trad. por el Dr. Doppelheim. Barcelona: Sopena. R + P (1905?) + A

—. (1909?). *El contrato social o Principios de derecho político.* Trad. de Everardo Velarde. Prólogo de C. Rodríguez. Paris: Garnier. R + P.

—. [1914?]. *El contrato social o sea Principios del derecho político.* Barcelona: Maucci. [Altres edicions: *El contrato social. Fragmentos.* 2ª ed. Barcelona: Casa Editorial Maucci, 1915? R; *Contrato social.* Barcelona: Maucci, 1930? R] R + A

—. (1921). *Contrato social.* Precedido de una introducción firmada por Fernando de los Ríos Urruti. Trad. por Fernando de los Ríos. Madrid: [Calpe] (Tipográfica Renovación). (Colección Universal; 469 y 470.) [Altres edicions: Madrid: Espasa-Calpe, 1929. P + A; Madrid: Espasa-Calpe, 1934. P + A; Madrid: Espasa Calpe, 2001. A] R + P + A

—. (1931). *El pacto social.* Madrid: Hernando. R

—. (1936). *El contrato social. Meditaciones de un paseante solitario. Cartas escogidas*, precedidas de *Vida de Rousseau* extraída de sus propias obras. Versión castellana y prólogo de José Bullejos. Madrid: Librería Bergua [Sáez Hermanos]. R + A

—. (1965). *El contrato social. Discurso sobre el origen de la desigualdad entre los hombres.* Trad. de M. Villamuera de Castro. Barcelona: Mateu. A

—. [1966]. *El contrato social ó Principios de derecho político.* Sin traductor, sin indicar el nombre del autor del prefacio, págs. 7–12. Madrid: Taurus. (Colección dirigida por Enrique Tierno Galván.) [Altres edicions: 2ª ed. Madrid: Taurus, 1969.] A

—. [1969]: *Contrato social.* Prólogo de Manuel Tuñon de Lara. Trad. de Fernando de los Ríos. Madrid: Espasa-Calpe. [Altres edicions: 2ª ed. Madrid: Espasa-Calpe, [1972]. R + A; Madrid: Espasa-Calpe, 1975; Madrid: Espasa-Calpe, 1980; Madrid: Espasa-Calpe, 1981; Juan Jacobo Madrid: Espasa-Calpe, 1987; Madrid: Espasa Calpe, 1990; 1ª ed. en Espasa Calpa: 1921. 6ª ed. revisada. Madrid: Espasa Calpe, 1992. (Colección Austral.) UPF; Madrid: Espasa-Calpe, 1998.] A + IT

—. (1969). *El contrato social.* Prólogo y cronología de Mauro Armiño. Trad. de Enrique Azcoaga. Madrid: Edaf, D.L. [Altres edicions: Madrid: Edaf, D.L., 1978; Madrid: Edaf, [1981]; Madrid: EDAF, [1983]; Madrid: Edaf, [1985]; Madrid: Edaf, D.L. 1988; Madrid: Edaf, D.L., 1991.] A + IT

—. [1970]. *Contrato social.* Prólogo de Manuel Tuñon de Lara. Trad. de Fernando de los Ríos. Madrid: Aguilar. A

—. (1973). *El Contrato Social*. Trad. del francés por Consuelo Bergés. Introducción de Antonio Rodríguez Huéscar. Madrid: Aguilar. [Altres edicions: Madrid: Aguilar, 1978; Madrid: Aguilar, 1981. A] R + IT

—. (1974). *El contrato social*. Barcelona: Vosgos. [Altres edicions: Barcelona: Vosgos, 1975.] A

—. (1980). *Del contrato social. Discurso sobre las ciencias y artes. Discurso sobre el origen y los fundamentos de la desigualdad entre los hombres*. Prólogo, trad. y notas de Mauro Armiño. Madrid: Alianza, D.L. (El libro de bolsillo. Sección Clásicos; 763.) (1ª ed. en "El libro de Bosillo": 1980) [Altres edicions: 2ª reimp. Madrid: Alianza, 1982; 3ª reimp. Madrid: Alianza, 1986; 7ª reimp. Madrid: Alianza, 1990; 8ª reimp. Madrid: Alianza, 1992; 10ª reimp. Madrid: Alianza, 1996.] R + A + IT [La UPF indica les següents edicions: 1980, 1982, 1985, 1986, 1988, 1989, 1990, 1991, 1992, 1994, 1996.]

—. (1981). *El contrato social*. Trad. del francés por Enrique López Castellón. Madrid: Felmar. A + IT

—. (1983). *El contrato social*. Trad. por Enrique Azcoaga. Madrid: Sarpe, D.L. (Los grandes pensadores; 2.) [Altres edicions: 1985.] R + A + IT

—. (1984). *El contrato social*. Madrid: Busman. IT

—. (1985). *Discurso sobre el origen de la desigualdad entre los hombres. El contrato social*. Trad. y notas del *Discurso*... de José López y López. Introducción de Jean Starobinski. Versión española de Pilar López Máñez. Trad. del *Contrato Social* de Consuelo Bergés. Introducción de Antonio Rodríguez Huéscar. 2ª ed. Esplugues de Llobregat (Barcelona): Orbis. [Altres edicions: Esplugas de Llobregat, Barcelona: Orbis, D.L. 1984. A] R + A + IT

—. (1988). *El contrato social o Principios de derecho político*. Estudio preliminar y trad. de María José Villaverde. Madrid: Editorial Tecnos. (Colección Clásicos del Pensamiento; director: Antonio Truyol y Serra.) [Altres edicions: 2ª ed. Madrid: Editorial Tecnos, 1992; 3ª ed. Madrid: Tecnos, 1995. BNP; 4ª ed., 2ª reimp. Madrid: Tecnos, 2002. R] A

—. (1993). *El contrato social*. Trad. y estudio preliminar y adaptación al castellano de María José Villaverde. Barcelona: Altaya. (Grandes Obras del Pensamiento; 2.) R + A + IT

—. (1994). *El contrato social, libro I, II. La voluntad general (texto abreviado). Guía de comentario texto*. Ed. Juan Cruz Cruz. Pamplona: Universidad de Navarra. (Cuadernos de Anuario Filosófico; 33.) R

—. (1994). *El contrato social o Principios de derecho político*. Trad. y notas de Jorge Carrier Vélez. Prólogo y presentación de Francesc-Lluís Cardona. Barcelona: Edicomunicación. [Altres edicions: Barcelona: Edicomunicación, [1998]; Barcelona: Edicomunicación, 1999.] A + IT

—. (1995). *Contrato social*. Trad. de Fernando de los Ríos. Prólogo de Manuel Tuñón de Lara. Barcelona: Planeta-De Agostini. A

—. (1995). *Discursos. El contrato social*. Prólogo de Paolo Casini. Trad. y notas de Salustiano Masó. Barcelona: Círculo de Lectores. R + A

—. (1998). *El contrato social*. Estudio preliminar y trad. de Enrique López Castellón. Madrid: Edimat Libros. (Clásicos de siempre; 7.) [Altres edicions: [Madrid]: M. E., D.L., 1993; Madrid: Edimat Libros, 1999; Madrid: M. E., 2001.] R + A + IT

—. (1998). *Del contrato social. Discurso sobre las ciencias y artes. Discurso sobre el origen y los fundamentos de la desigualdad entre los hombres*. Prólogo, trad. y notas de Mauro Armiño. Madrid: Alianza, D.L. (Area de conocimiento. Ciencias Sociales.) [Altres edicions: 1ª reimp. Madrid: Alianza, 2000; 2ª reimp. Madrid: Alianza, 2002. R] R + A

—. (1999). *Contrato social*. Trad. de Fernando de los Ríos y Ángel Pumarega. Madrid: Boreal. A

—. (1999). *El contrato social*. Trad. del Dr. Doppelheim. Algete, Madrid: Jorge A. Mestas. [Altres edicions: Algete, Madrid: Jorge A. Mestas, 2001.] A + IT

—. (1999): *El contrato social*. Alcobendas, Madrid: Alba. [Altres edicions: Madrid: Ediciones y Distribuciones Alba, [1985]; Madrid: Alba, 1987; Madrid: Alba, [1996].] A + IT

—. (1999). *El contrato social o Principios de derecho político*. Trad. de Pedro Muñoz. Ciudad Real: Perea, D.L. A + IT

—. (2000). *Discurso sobre el origen de la desigualdad entre los hombres. El contrato social*. Trad. de José López y López y Consuelo Bergés. Barcelona: Folio, DL, 2000 (Obras fundamentales de la filosofía.) R + A + IT

—. (2000). *El contrato social. Discurso sobre las ciencias y las artes. Discurso sobre el origen y los fundamentos sobre la desigualdad entre los hombres*. Trad. de Enrique López Castellón y Francisco Márquez Cabrera. Estudio preliminar de Enrique López Castellón Madrid: Edimat, D.L. (Obras Selectas.) R + A

—. (2000). *El contrato social*. Trad. por el Dr. Doppelheim. Arganda del Rey, Madrid: Nuevas Estructuras. (Clásica Universal; 11.) R + IT

—. (2001). *Obra selecta. Discurso sobre las ciencias y las artes. Discurso sobre el origen de la desigualdad entre los hombres. El contrato social*. Alcobendas, Madrid: Libsa. (Grandes Pensadores.) [Altres edicions: Alcobendas (Madrid): Libsa, [2000]. A] R

—. (2001). *Del contrato social o Principios del derecho político*. Trad., introducción y notas de Luis Blanco Vila. Madrid: Torre de Goyanes. A

—. (2002). *Discurso sobre el origen de la desigualdad entre los hombres. El contrato social*. Trad. (para la segunda obra) de Consuelo Bergés. Barcelona: RBA. A

Traduccions del *Contracte social* al castellà (Hispanoamèrica)

Rivera, A. (1894). *Paralelo entre el Contrato social de Juan Jacobo Rousseau y el sermón del Ilmo. Sr. D. Antonio Joaquín Pérez, Obispo de Puebla. Predicado en el púlpito de su catedral en pro del plan de Iguala, el día 5 de Agosto de 1821, delante de Iturbide*. Lagos (México): López Arce. R + A

Rousseau, J.-J. (1810). *Contrato social*. Trad. castellana. Trad. y prólogo de Manuel Moreno. Buenos Aires: Imprenta de los Niños Expósitos. P

—. (1939). *El contrato social*. Traducido del francés por A. D. Buenos Aires: Tor. [Altres edicions: Buenos Aires: Tor, [1966].] R

—. (1961). *El contrato social o Principios de derecho político*. Prólogo de Manuel Ossorio y Florit. Trad. de Enrique de la Rosa. Buenos Aires: Compañía General Fabril Editora. (Los Libros del mirasol; 35.) [Altres edicions: Buenos Aires: Compañia General Fabril, 1963.] R

—. (1966). *Obras selectas. Emilio o la educación. Discurso sobre la desigualdad. El contrato social*. Prólogo de Léo Claretie. 3ª ed. Buenos Aires: El Ateneo. (Clásicos inolvidables.) R

—. (1969). *El contrato social o Principios de derecho político. Discurso sobre las ciencias y las artes. Discurso sobre el origen de la desigualdad*. Estudio preliminar de Daniel Moreno. México: Porrúa. (Sepan Cuantos; 113.) [Altres edicions: 2ª ed. México: Porrúa, 1971; 5ª ed. México: Porrúa, 1977; 6ª ed. México: Porrúa, 1979; 8ª ed. México: Porrúa, 1987.] R

—. (1974). *Del contrato social. Discurso sobre las ciencias y las artes. Discurso sobre el origen y los fundamentos de la desigualdad entre los hombres*. Estudio preliminar de Daniel Moreno. 3ª ed. México: Porrúa. R

—. (1982). *El contrato social o principios de derecho político*. México: Editores mexicanos unidos. R
—. (1982). *El contrato social*. Trad. de Emilienne Laffont. México, D.F.: Ateneo. IT
—. (1983). *El contrato social*. 4ª ed. Trad. de Juan Mario Castellanos. San José, C.R.: Educa. IT
—. (1988). *El contrato social*. Santiago [de Chile]: Ercilla. IT
—. (1995). *El contrato social o principcios de derecho político*. Trad. de José María Villaverde. Bogotá: Rei Andes. IT
—. (1999). *El contrato social*. Trad. del francés por Marcela C. Calabia. Buenos Aires: Ciudad Argentina. A

Traduccions del *Contracte social* al portuguès (Portugal)

Rousseau, J.-J. (1821). *Contrato social ou principios de direito político*. Trad. de B. L. Vian(n)a. Paris: Officina de Firmino Didot. BNP
—. (1821). *Contrato social ou princípios de direito político*. Lisboa: Typ. Rollandiana. BNP
—. (1966). *Contrato social*. Trad. de Mário Franco de Sousa. Lisboa: Presença. (Clássicos; 16). BNP
—. (1968). *Do contrato social. Discurso sobre a origem e os fundamentos da desigualdade entre os homens*. [Porto]: Portugália. (A Razão e o tempo; 1.) R
—. (1973). *Contrato social*. Trad. de Mário Franco de Sousa. Lisboa: Presença. (Clássicos). BNP
—. (1974). *O contrato social*. Trad. de Leonaldo Manuel Pereira Brun. Mem Martins: Europa-América. (Livros de bolso Europa-América, 95). BNP
—. (1977). *Contrato social*. Trad. de Mário Franco Nogueira. Lisboa: Presença. (Biblioteca de ciências humanas; 56.) BNP
—. (1989). *O contrato social*. Trad. de Leonaldo Manuel Pereira Brum. 3ª ed. Mem Martins: Europa-América, D.L. (Livros de bolso Europa-América; 95) [Altres edicions: 4ª ed. Mem Martins: Europa-América, 1999.) BNP

Traduccions del *Contracte social* al portuguès (Brasil)

Rousseau, J.-J. (1978). *Do contrato social. Ensaio sobre a origem das línguas. Discursos sobre a origem e os fundamentos da desigualdade entre os homens*. Trad. de Lourdes Santos Machado. 2ª ed. São Paulo: Abril. IT
—. (1978). *O contrato social e outros escritos*. Trad. de Rolando Roque da Silva. 4ª ed. São Paulo: Cultrix. IT
—. (1978). *De contrato social; ou, Princípios do direito político*. Trad. de Vicente Sabino Júnior. São Paulo: J. Bushatsky. IT
—. (1981). *Do contrato social. Discurso sobre a economia política*. Trad. de Marcio Pugliesi e Norberto de Paula Lima. São Paulo: Hemus. [Altres edicions: 7ª ed. São Paulo: Hemus, 1995.] IT
—. (1983). *Do contrato social: ensaio sobre a origem das linguas. Discurso sobre a origem e os fundamentos da desigualdade entre os homens. Discurso sobre as ciencias e as artes*. Trad. de Lourdes Santos Machado. 3ª ed. São Paulo: Abril Cultural. IT
—. (1983). *O contrato social e outros escritos*. Trad. de Rolando Roque da Silva. São Paulo: Cultrix. [Altres edicions: 7ª ed. São Paulo: Cultrix, 1985; 8ª ed. São Paulo: Cultrix, 1989.] IT

—. (1986). *O contrato social e outros escritos*. Trad. de Rolando Roque da Silva. 4 v., braille. São Paulo: Fundação para o Livro do Cego do Brasil; Brasília: FAE. IT

—. (1991). *Do contrato social. Ensaio sobre a origem das linguas. Discurso sobre a origem e os fundamentos da desigualdade entre os homens*. Trad. de Lourival Gomes Machado. 5ª ed. São Paulo: Nova Cultural. IT

—. (1996). *O contrato social: principios de direito politico*. Trad. de Antonio de P. Machado. 17ª ed. Rio de Janeiro: Ediouro. IT

—. (1996). *Discurso sobre a economia politica; e, Do contrato social*. Trad. de Maria Constança Peres Pissara. Petrópolis RJ: vozes. IT

—. (1997). *Do contrato social. Ensaio sobre a origem das linguas*. Trad. de Santos Machado. São Paulo: Nova Cultural. IT

Traduccions del *Contracte social* al gallec

Rousseau, J.-J. (1999). *O contrato social*. Trad. de Rebeca Quintáns López. Laracha: Xuntanza. A + IT

Traduccions del *Contracte social* al català

RV = Rousseau, Jean-Jacques 1915?: *Contracte Social*. Traducció de Ramon Vinyes. Pròleg del traductor. Barcelona: Antoni López, impressor. (Col·lecció d'Obres Selectes.) R

MC = Rousseau, Jean Jacques 1993: *Del contracte social o Principis del dret polític*. Traducció de Miquel Costa. Edició a cura de Josep Ramoneda. Barcelona: Edicions 62. A + IT

Evelina Verdelho
Universidade de Coimbra

TERMOS DAS CIÊNCIAS, TÉCNICAS E ARTES NOS DICIONÁRIOS ACADÉMICOS DA LÍNGUA PORTUGUESA

Nesta comunicação proponho-me abordar a inclusão de termos das ciências, técnicas e artes na série de dicionários de língua portuguesa da Academia das Ciências de Lisboa — série curta e acidentada, já que o primeiro, de 1793, e o segundo, de 1976, não passaram da letra A; além destes, apenas se publicou um terceiro, em 2001, completo.

Começarei por fazer referência ao interesse pelo registo de termos de linguagens de especialidade nos dicionários académicos portugueses, manifestado em textos preliminares, bem como a meios agenciados para indicar os domínios de saber e actividade a que dizem respeito os termos registados, isto é, abreviaturas. Referirei a seguir fontes textuais de recolha, exemplificação e autorização desses materiais lexicais, que também indiciam as ciências, técnicas e artes abrangidas, relevando algumas informações sobre a tradução como via de abastecimento. Não podendo dispor de notícias precisas sobre a extensão do acervo terminológico incluído nesses dicionários, farei contudo algumas observações sobre esse e outros aspectos desse acervo, bem como sobre a normativização das linguagens de especialidade visada através da inclusão ou do que a esse propósito neles se expôs.[1]

1. Academia Real das Ciências de Lisboa, *Diccionario da lingoa Portugueza*, 1793

A primeira publicação da série de dicionários académicos do português, o *Diccionario da lingoa Portugueza* da Academia Real das Ciências de Lisboa, de 1793, explicita na *Planta*, VIII: "Admittirsehão tambem as vozes peculiares ás Sciencias, ás Artes liberaes e mechanicas, se estas vozes se acharem impressas nos Authores approvados e Diccionarios Portuguezes" (1793: XIV).[2]

---

[1] Têm interesse particular para o tema aqui tratado, sem serem objeto de citação, os trabalhos de Clavería Nadal (2001), Haßler (1998), Messner (2002), Sinner (2001) e Verdelho (1994 e 1998).

[2] No artigo ARTE do *Diccionario* publicado pela Academia Real das Ciências em 1793, a abonar a primeira expressão cita-se o seguinte trecho da *Arte da pintura*, de Filipe Nunes,

Evidencia-se, neste trecho, a preocupação com a autorização das palavras das ciências e artes acolhidas, que, aliás, assistiu aos lexicógrafos académicos no registo de todas as espécies de palavras no primeiro e único tomo a que se limitou esta obra.

Neste dicionário, uma das listas explicativas apresentadas em duas páginas inumeradas que precedem o texto lexicográfico, para dar apoio à sua consulta, a *Explicação Das abbreviaturas, que denotão a qualidade e censura das palavras, ou designão quaesquer outras cousas*, inclui, entre as abreviaturas e respectivos desdobramentos, alguns que se destinavam a indicar os âmbitos de uso particulares dos vocábulos acolhidos, fazendo menção de cerca de quarenta ciências e artes (Agricultura, Álgebra, Caça de altanaria, Alveitaria, Anatomia, Aritmética, Armaria, Arquitectura, Astronomia, Botânica, Cavalaria, Cronologia, Cirurgia, Dialéctica, Direito Canónico, Direito Civil, Escritura, Escultura, Esgrima, Farmácia, Filosofia, Física, Fortificação, Geografia, Geometria, Gramática, Jurisprudência, Lógica, Marinha, Matemática, Medicina, Milícia, Mitologia, Montaria, Música, Ortografia, Pintura, Química, Retórica, Teologia, Volataria).[3]

Embora propicie uma visão da variedade de áreas científicas e técnicas e correspondentes linguagens especiais cobertas pelo *Diccionario* de 1793, a referida *Explicação* não oferece informação completa a esse respeito, como de resto seria de prever em uma lexicografia que ambicionou "[...] mostrar a indole, riqueza e extensão de toda a lingoa, ajuntar em hum só corpo seus grossos cabedaes [...]" (Academia Real das Sciencias de Lisboa 1793: [1, *Prologo*]). Percorrendo os artigos, encontramos alusões a outras ciências e artes de que os vocábulos-lema, ou entrada, seriam termos peculiares; por exemplo, nos artigos dedicados a ABA e ABARCAR, regista-se o uso e significado dessas palavras, respectivamente, como termos de carpinteiro e serralheiro (1793: 4), e da "mercancia", ou comércio (1793: 10); além disso, o *Diccionario* contém não poucas entradas que não são nomes de animais da linguagem comum, mas na *Explicação* falta menção a Zoologia ou disciplina equivalente.

(1615: 42): "*Artes liberaes* se chamão, por serem artes, com que se exercita o entendimento, que he a parte livre, ou superior do homem, ou artes dignas de homens livres; e tambem liberaes, porque se permittião aos homens livres" (1793: 444). Conforme se regista nesse artigo, o exercício de artes mecânicas, ou ofícios fabris, que implicavam trabalho corporal, não era permitido aos nobres.

3 Não é fácil fazer um cômputo peremptório, pois, por exemplo, em alguns casos não se consegue depreender claramente se os desdobramentos das abreviaturas fazem referência a áreas disciplinares ou a tipos ou níveis de discurso.

Em outro material que acompanha o texto lexicográfico e lhe serve sobretudo de creditação, o *Catalogo dos autores e obras, que se lêrão, e de que se tomárão as autoridades para a composição do Diccionario da lingoa Portugueza* (Academia Real das Sciencias de Lisboa 1793: LIII–CC), e também na respectiva *Explicação das abbreviaturas Dos nomes e appellidos dos Autores, e titulos de suas obras, e tambem a das obras anonymas* [...] (Academia Real das Sciencias de Lisboa 1793: XLII–LII), avultam numerosas publicações relativas a disciplinas científicas e a artes liberais e mecânicas atrás relevadas, sobressaindo, em menções reiteradas, obras que tratam de cirurgia e medicina, em alguns casos em matéria de alguma especialização (por exemplo, a peste), da arte de andar a cavalo e de curar doenças deste animal, vendo-se também um ou outro título que remete para artes e ciências não nomeadas na *Explicação Das abbreviaturas, que denotão a qualidade e censura das palavras,* como a Culinária. Entre as publicações repertoriadas no *Catalogo* e *Explicação Das abbreviaturas Dos nomes e appellidos,* destaco as que constam da lista seguinte (ordenadas alfabeticamente pelo último apelido dos autores, indicadas abreviadamente, segundo a ortografia actual, e referindo o ano de edição que consta do *Diccionario*):

A. Galvão de Andrade, *Arte da cavalaria de gineta, e estardiota ... e alveitaria.* Lisboa, 1678.

Duarte Madeira Arrais, *Apologia em que se defende umas sangrias de pés.* Lisboa, 1638.

—. *Método de conhecer e curar o morbo gálico.* Lisboa, 1642.

Manuel de Azevedo, *Correcção de abusos ... contra o ... método da Medicina.* Lisboa, 1668.

G. Rodrigues de Cabreira, *Compêndio de ... remédios de Cirurgia.* Em Francisco Morato Roma, Luz da Medicina. Coimbra, 1753.

—. *Tratado e remédios preservativos e curativos ... da peste.* Em Francisco Morato Roma, Luz da Medicina. Coimbra, 1753.

—. *Tratado das terçãs perniciosas.* Em Francisco Morato Roma, Luz da Medicina. Coimbra, 1753.

Gregório Martins Caminha, *Tratado da forma dos libelos, e da forma ... dos contratos.* Coimbra, 1578.

A. de Mariz Carneiro, *Regimento de pilotos, e roteiros das navegações.* Lisboa, 1642. Contém também uma *Arte de navegar.*

João de Medeiros Corrêa, *Perfeito soldado, e política militar*. Lisboa, 1659.

António Carvalho da Costa, *Astronomia metódica*. Lisboa, 1683.

—. *Compêndio geográfico*. Lisboa, 1686.

—. *Via astronómica*. Lisboa,1676–1677.

António da Cruz, *Recopilação de Cirurgia*. Lisboa, 1605.

António Fernandes, *Arte de Música de canto de órgão e cantochão*. Lisboa, 1626.

António Ferreira, *Luz verdadeira e recopilado exame de toda a Cirurgia*. Lisboa, 1705.

—. *Nova prática e teórica de Cirurgia* (publicada com a anterior).

Diogo Fernandes Ferreira, *Arte da Caça da altanaria*. Lisboa, 1616.

Pedro Galego, *Tratado da gineta*. Lisboa, 1629.

Lázaro de la Isla, *Breve tratado da arte da Artilharia e Geometria*. Lisboa, 1676.

Manuel Leitão, *Prática de barbeiros*. Lisboa, 1604.

J. de Brito de Lemos, *Abecedário militar*. Lisboa, 1631.

Tomás Luís, *Tratado das lições da espada preta*. Lisboa, 1685.

João Martins, *Arte de cantochão*. Coimbra, 1614.

Filipe Nunes, *Arte da Poética e da Pintura*. Lisboa, 1615.

Garcia da Orta, *Colóquio dos simples e drogas*. Goa, 1563.

Francisco Pinto Pacheco, *Tratado da cavalaria da gineta*. Lisboa, 1670.

Manuel Pais, *Compendio da arte de artilharia*. Lisboa, 1703.

Luís Serrão Pimentel, *Arte prática de navegar e regimento de pilotos*. Lisboa, 1681.

António Pereira Rego, *Instrução de cavalaria de brida*. Coimbra, 1679.

Domingos Rodrigues, *Arte da Cozinha*. Lisboa, 1765.

Francisco Morato Roma, *Luz da Medicina*. Coimbra, 1700.

—. *Tratado das febres simples, podres, pestilentes* (publicado com o anterior).

—. *Tratado ... das doenças particulares das mulheres* (publicado com o anterior).

João Curvo Semedo, *Observações médicas*. Lisboa, 1741.

—. *Memorial de vários símplices* (publicado com a anterior).

—. *Polianteia medicinal*. Lisboa, 1716.

—. *Tratado da peste*. Lisboa, 1680.

Manuel Nunes da Silva, *Arte mínima*. Lisboa, 1685.

Pedro Talésio, *Arte de cantochão*. Coimbra, 1628.

A leitura a que procedi de algumas destas obras permitiu-me comprovar, perante a ocorrência, em alguns casos com grande abundância, de vocabulário de especialidade, da pertinência da sua utilização como fontes de extracção de recursos lexicais.

Uma grande parte dos autores mencionados no *Catalogo* académico já se encontram referidos no *Catalogo alphabetico, topographico, e chronologico dos autores Portuguezes citados pella mayor parte nesta obra,* apresentado pelo Padre Rafael Bluteau no tomo I do seu *Vocabulario Portuguez, e Latino* (páginas preliminares inumeradas), publicado em 1712. É o caso de Galvão de Andrade, Manuel de Azevedo, Carvalho da Costa, António Cruz, Pinto Pacheco, Serrão Pimentel, Pereira Rego, Domingues Rodrigues, Morato Roma, Curvo Semedo. Não raro verifica-se que os organizadores do *Diccionario* de 1793 indicam (e portanto provavelmente terão utilizado) edições anteriores às que serviram a Rafael Bluteau. Aliás, como documenta citação antes feita, ficou consignado na *Planta* desta lexicografia que os dicionários portugueses também seriam para esta um instrumento de abonação a ter em conta na admissão de termos das linguagens especiais, embora se esclarecesse: "As autoridades tomadas destes ultimos só terão lugar, quando não houver outra alguma, que se possa produzir" (1793: XIV). No *Catalogo dos autores e obras* [...], e na *Explicação das abbreviaturas Dos nomes e appelidos dos Autores, e titulos de suas obras* [...] de 1793, são apontados, além do setecentista *Vocabulario Portuguez, e Latino*, de Rafael Bluteau, os dicionários quinhentistas e seiscentistas de português-latim de Jerónimo Cardoso, Agostinho Barbosa e Bento Pereira.

Em vários casos, no *Catalogo dos autores e obras* [...], a respeito de publicações sobre ciências e artes que nele se registam, assinala-se terem sido as primeiras a expor em língua portuguesa as matérias de que tratam (ecoando de resto o que se apregoa em textos preliminares das próprias obras). Assim sucede, por exemplo, em relação a Madeira Arrais e suas obras sobre Medicina, e a

Carvalho da Costa e sua *Via astronómica* (cf. Academia Real das Sciencias de Lisboa 1793: LXXXIV e CXLV).

Importa salientar que obras nomeadas no *Catalogo* e respectiva *Explicação das abbreviaturas* decorrem da leitura, tradução para português e recopilação de obras originalmente escritas em outras línguas, especialmente em latim que, como é sobejamente conhecido, foi durante séculos a língua por excelência de exposição e divulgação de conhecimentos científicos, dentro e fora das instâncias escolares. Esta é, pois, uma das vias de dependência do *Diccionario* de 1793 da tradução de línguas estrangeiras, designadamente no que concerne a terminologia de especialidade que contém. Mas não a única.

O Prof. Dieter Messner, que dedicou a este *Diccionario* vários estudos (entre outros Messner 1996; 1999; 2000) efectuou o confronto de artigos do *Diccionario da lingoa Portugueza*, de 1793, com as seguintes obras: *Tesoro de la lengua castellana o Española,* de Sebastián de Covarrubias Orozco; *Diccionario de la lengua castellana*, da Real Academia Española; *Encyclopédie, ou dictionnaire raisonné des sciences, des arts et des métiers, par une société de gens de lettres*; *Dictionnaire raisonné de Physique,* de Mathurin-Jacques Brisson. Segundo este documentado Investigador, em numerosos artigos do *Diccionario* académico português do século XVIII, verifica-se não só influência das obras referidas, mas também o seu aproveitamento, tendo os lexicógrafos lusitanos procedido à tradução de artigos daquelas publicações, que incorporaram na obra académica, com grande proximidade.

Escusado será deter-me neste ponto. Sublinharei apenas que a abertura dos lexicógrafos académicos setecentistas a informações veiculadas pelas obras científicas acima mencionadas e por outras, que nomeiam e citam em alguns casos, para além de se repercutir na composição da nomenclatura e no teor das definições de palavras expostas, manifesta-se no desenvolvimento dos artigos, nomeadamente em alguns cujos vocábulos-lema são designações de plantas e animais — como, aliás, também ficou patente na conferência inaugural do presente Colóquio, proferida pelo Prof. Dieter Messner. Não são poucos os artigos que, pela abundância e pormenor de observações extralinguísticas apresentadas, conferem a esta lexicografia feição de dicionário enciclopédico.

Dado que o *Diccionario* de 1793 não passou da Letra A, foi — somente — no corpo de artigos de algum modo relacionados com ciências que obtiveram grande progresso e incremento no século XVIII, como a Botânica e a Zoologia, que ficaram registados termos utilizados por essas ciências, e pela linguagem científica em geral, em funções denominativas e descritivas; assim sucedeu inclusivamente com termos iniciados por "a" que não tendo sido acolhidos como vocábulos-lema, ocorrem no entanto no interior dos artigos, como se verificou com "Apteros" e "antheras", em ACARI e ASPALATHO, respectivamente. Entre muitos artigos que a este respeito poderiam ser referidos, aponto: ABELHA, ABELHÃO, ABROTEA, ACELGA, AÇOR, ARECA, ARMADILHO, ARMADO, ASARO, ASPALATHO. Valerá a pena transcrever, a título ilustrativo, um trecho do artigo mencionado em penúltimo lugar:

> ASARO. s. m. *Certa planta pequena de flores incompletas.* He denominada por Linneo *Asarum Europoeum.* He huma planta muito rasteira e que se conserva sempre verde. À primeira vista desta planta não se vêm mais que folhas espalhadas sobre a superficie da terra. A raiz he reptante, fibrosa, e produz alguns troncos deitados sobre a terra, que se dividem, e lanção a intervallos folhas e pedunculos de flores. As folhas nascem a pares, são pecioladas, reniformes, obtusas, algum tanto coriaceas, verdes, e lizas por cima, e ligeiramente villosas por baixo e nas suas margens: tem de largura tres pollegadas ou quasi, e os seus peciolos tem tres ou quatro pollegadas de comprimento. [...]. A raiz he amargosa, acre, aromatica, nauseosa, e seu cheiro se assemelha ao da Valeriana dos jardins. Toda a planta he hum purgante forte, emetica, emenagoga, antihypocondriaca, e errhina [...]. MORAT. Pratic. 3, 2, 3. (Academia Real das Sciencias de Lisboa 1793: 452)

O intuito de que o *Diccionario* de 1793 servisse não só para recolher amplamente os materiais da língua, mas também, e muito em particular, para orientar o seu emprego, é expresso reiteradamente nos textos preliminares. No *Catalogo dos autores e obras* [...] por via de regra, qualquer que fosse o teor e natureza das obras lidas e listadas — portanto também as relativas a ciências e artes — são trazidos à colação pareceres abonatórios sobre a erudição dos autores, e também sobre a sua linguagem e estilo, exarados por censores e por homens de Letras.[4] Mais do que uma vez justifica-se nessa lista que alguns nomes que dela constam, nem sempre afamados entre os poetas e prosadores, sejam tomados como autoridades, o que de resto já fizera também Rafael Bluteau no seu *Vocabulario Portuguez, e Latino.* Citando o Teatino, os lexicógrafos da Academia Real das Ciências advertem no artigo dedicado a Manuel Leitão, autor de *Prática de barbeiros*: "Para o uso das palavras, não ha Autores mais graves, do que os que Mestres do officio, de que são as palavras" (Academia Real das Sciencias de Lisboa 1793: CLVI). É óbvio no entanto que, dado o carácter inconcluso deste *Diccionario,* precocemente detido nos seus primeiros passos, ele

[4] Entre eles é avocado com assiduidade D. Francisco Manuel de Melo, personalidade cimeira das letras ibéricas do século XVII, que, em diversas obras, e sobretudo no apólogo *Hospital das letras* (1ª ed. póstuma, 1721) desempenhou papel de crítico literário.

não pôde cumprir, senão em grau reduzido, nem funções de repositório, nem de instrumento regulamentador do uso de qualquer espécie de vocabulário, comum, ou peculiar às ciências e artes.

2. Academia das Ciências de Lisboa, *Dicionário da língua portuguesa*, 1976

Situação semelhante à que se acaba de notar, veio a verificar-se, quase dois séculos depois, com o que resultou de mais uma tentativa de preparação e publicação de uma nova lexicografia para o idioma de Camões sob a chancela da autoridade académica (sobre outras, cf. Kemmler 2001: 277; Barbosa 2002: 46) — o *Dicionário da língua portuguesa,* de que foi veio à luz um único volume, confinado à letra A, em 1976.

Antes de considerar essa obra, noto que a Academia das Ciências de Lisboa trouxe a público em 1940 um *Vocabulário ortográfico*, acerca do qual, na *Introdução*, se anuncia ter "[...] amplitude maior que a de qualquer léxico ou vocabulário português publicado até à data da sua elaboração" (Academia das Ciências de Lisboa 1940: XIV). Publicado para servir de norma em particular no plano ortográfico — tal como o título indicia — incluiu termos de linguagens especiais no primeiro dos dois sub-conjuntos de palavras em que está organizado, o *Vocabulário comum*, mas esses termos não foram acompanhados de abreviaturas elucidativas a esse respeito, o que torna inviável obter-se facilmente uma visão da terminologia das ciências, técnicas, artes e outras formas de actividade integrada.[5] Aliás, é de referir que os organizadores do *Vocabulário ortográfico* de 1940 se viram na necessidade de empregar terminologia metalinguística para classificar as formas do segundo sub-conjunto, o *Vocabulário onomástico*. Nos casos em que a língua portuguesa não os possuía, criaram novos termos, com elementos de origem grega, que ficaram indicados na *Introdução* (Academia das Ciências de Lisboa 1940: XXII–XXIV). Os termos classificadores criados foram os seguintes: *astrónimo*, *bibliónimo*, *crononimo*, *etnónimo*, *heortónimo*, *hierónimo*, *mitónimo*, *prosónimo*. Tais

---

[5] Aliás, o volume oferece no final, em apêndice, um *Registo de abreviaturas* (Academia das Ciências de Lisboa 1940: 813-819), acerca do qual foi previamente explicado que incluiria apenas as abreviaturas portuguesas e outras não portuguesas "de maior importância para os usos correntes e de maior curiosidade geral para os dois países de língua portuguesa [Brasil e Portugal]. Não se deu entrada às abreviaturas pròpriamente técnicas, privativas desta ou daquela disciplina." (Academia das Ciências de Lisboa 1940, *Introdução*: IX). Entre as abreviaturas registadas encontram-se as que convêm justamente à distinção, em dicionários e glossários, de terminologias de ciências, técnicas, artes e actividades. Alguns exemplos: "**aeron.**= *aeronáutica*; **Agr.**= *Agricultura*; **Álg.**= *Algebra*".

termos, bem como outros substantivos e adjectivos correspondentes, como *etnonímia, hieronímia, prosonímia,* e *etnonímico, hieronímico, prosonímico,* etc., foram incluídos no *Vocabulário comum.*

O *Dicionário da língua portuguesa*, volume I (A–Azuverte), da Academia das Ciências de Lisboa, que saiu dos prelos em 1976, foi planeado para constituir um dicionário da língua portuguesa dos séculos XIX a XX, literária e corrente, não lhe tendo assistido o propósito de acolher de modo exaustivo termos de especialidade. Na *Nota liminar*, Jacinto de Prado Coelho, então Presidente da Academia, que também foi Coordenador da Comissão de Redacção deste segundo *Dicionário* académico, deixou escrito que dele "normalmente se excluiu o vocabulário muito especializado, que será objecto de um ou mais vocabulários científicos projectados pela Academia" (Academia das Ciências de Lisboa 1976: VI). No *Plano do Dicionário*, ficou consignado: "Quanto a termos científicos e técnicos, figuram no Dicionário: a) os tecnicismos mais generalizados na linguagem usual; b) Os tecnicismos que, embora não generalizados, correspondem a noções ou classificações e a aparelhos fundamentais em cada ciência ou técnica" (Academia das Ciências de Lisboa 1976: VIII). E também: "Suprimiram-se termos científicos hoje obliterados (da linguagem médica, linguagem botânica, etc.)" (Academia das Ciências de Lisboa 1976: VIII).

Faz parte da *Tábua de classificação do vocabulário e respectiva lista de abreviaturas*, que antecede o texto dicionarístico, uma *Classificação de vocabulário quanto à repartição por ciências, técnicas e formas de actividade* (Academia das Ciências de Lisboa 1976: CXIII–CXIV), que é composta de cento e setenta e três abreviaturas, e respectivos desdobramentos. Muito mais extensa do que o conjunto de abreviaturas correspondentes apresentadas pelo *Diccionario* de 1793, é fácil de ver que repercute, pelos domínios mencionados, a proliferação de novas ciências, o aparecimento de novas técnicas, verificados no espaço temporal que decorreu entre as duas primeiras realizações lexicográficas académicas. Eis alguns dos domínios científicos, técnicos e outros, e respectivas terminologias, que se pretendeu então englobar: Acústica, Aeronáutica, Automobilismo, Bacteriologia, Bromatologia, Cibernética, Cinema, Cinematografia, Cristalografia, Desporto, Electricidade, Etnografia, Física atómica, Fotografia, Futurologia, Genética, Meteorologia, Neurologia, Polícia, Política, Psiquiatria, Sociologia, Telecomunicações, Telefonia sem fios, Telegrafia, Tecnologia, Trigonometria, Zoologia, Zootecnia. A par foram também contemplados, por exemplo, actividades como: Carpintaria, Chapelaria, Jardinagem, Olaria, Tanoaria, etc.

Ao preparar-se este *Dicionário*, tal como sucedeu com o de 1793, além de se ter recorrido a abonações de obras literárias, escritas por autores portugueses e também brasileiros, utilizaram-se obras de temática científica e técnica (cf. Academia das Ciências de Lisboa 1976, *Plano*: XII). Analisando a bibliografia apresentada nas *Obras citadas* (Academia das Ciências de Lisboa 1976: XLV–CIX), constata-se que, ao lado de publicações desse género que datam dos séculos XIX–XX, aí se incluem algumas que tinham sido antes aproveitadas e como tal referidas pelos redactores académicos setecentistas, e até por Bluteau, como por exemplo, obras de Galvão de Andrade, Madeira Arrais, Manuel de Azevedo, Carvalho da Costa, António Cruz, Brito de Lemos, Pinto Pacheco, Serrão Pimentel, Pereira Rego, Domingues Rodrigues, Morato Roma, Curvo Semedo. O acervo textual de especialidade moderno citado não se afigurará tão extenso como seria de esperar em obra publicada em 1976, o que talvez se deva em alguma medida ao facto de os redactores desta nova lexicografia terem extractado, além de dicionários da língua portuguesa posteriores a 1793 (por ex. os de Caldas Aulete, Morais Silva), vocabulários, glossários e outras obras de carácter metalinguístico que continham terminologias especiais. É o caso das seguintes publicações: José Ferreira Borges, *Dicionário jurídico-comercial*, Lisboa, 1839; Domingos Alberto Tavares da Silva, *Esboço dum vocabulário agrícola regional*, Lisboa, 1942.

Apresento a seguir exemplos de publicações incluídas nas *Obras citadas,* de teor científico ou técnico. Por economia de espaço são abreviados os títulos e simplificadas as referências relativas a edição, volumes e datas de publicação.

J. Azevedo de Albuquerque, *Álgebra e Geometria*. Porto, 1903.

E. A. Lima Basto, *Inquérito económico-agrícola*. Lisboa, 1934–1936.

Félix Avelar Brotero, *Compêndio de Botânica*. Paris, 1788.

Código civil português. Lisboa, 1946.

Código comercial português. Lisboa, 1948.

Código penal português. Lisboa, 1959.

Código de processo civil português. Coimbra, 1957.

Colecção oficial de legislação portuguesa. Lisboa, 1861–1889.

A. Celestino da Costa, *O Corpo humano*. Lisboa, s. d. [1943?].

A. Xavier Pereira Coutinho, *Elementos de Botânica*. Porto, Lisboa, s. d. [1892?].

—. *Flora de Portugal*. Lisboa, 1939.

Luís da Cunha Gonçalves, *Tratado de Direito Civil*. Coimbra,1929–1944.

—. *Princípios de Direito Corporativo*. Lisboa, 1935.

Armando Marques Guedes, *Política económica internacional*. Lisboa, 1949.

João Inácio Ferreira Lapa, *Tecnologia rural ou artes químicas, agrícolas*. Lisboa,1871–1874–1879.

M. Ferreira de Mira, *Noções gerais de Biologia*. Porto, 1933.

Ramiro Mourão, *Do vasilhame vinário*. S. l., 1943.

Sílvio Rebelo, *Bases de terapêutica medicamentosa*. Lisboa, 1927.

Regulamento da instrução da Infantaria. Lisboa, 1951.

Comparando as nomenclaturas dos dicionários académicos de 1793 e 1976, facilmente se comprova que no segundo obtiveram frequentemente ingresso termos de linguagens de especialidade que não figuram no primeiro, muitos dos quais, no entanto, já antes tinham sido incluídos no *Vocabulário comum* do *Vocabulario ortográfico* publicado pela Academia das Ciências de Lisboa em 1940, a que atrás fiz referência. Para obter dados com precisão a este respeito, procedi a um confronto de vocábulos-lema iniciados por A, de *a* a *ac-* registados nestas duas publicações, procurando tomar nota regularmente dos que, no *Dicionário* de 1976, estão acompanhados de abreviaturas relativas a ciências, técnicas e actividades. Da verificação efectuada resultou a lista de termos novos que detectei no segundo e que apresento a seguir. Assinalo com asterisco os termos que estão ausentes do *Vocabulário ortográfico* da Academia das Ciências de Lisboa de 1940:

aal (*Bot., Ind.*), abacá (*Bot., Ind.*), abadernar (*Náut.*), abafadura (*Agr.*), abaixa-língua (*Med.*), abaixador (*Med.*), abandejar (*Agr.*), abanicar (*Taurom.*), abanto (*Zool., Taurom.*), abarticular (*Med.*), abasia (*Med.*), abásico (*Med.*), abatis (*Mil.*), abatocadura e abotocadura (*Náut.*), abaulamento (*Arquit.*), abaviliano (*Arqueol.*)*, abaxial (*Biol.*), abceder (*Med.*)*, abcisão (*Med.*)*, abcissa (*Geom.*)*, abdominal (*Anat., Zool.*), abdómino-torácico (*Anat.*), abdução (*Anat., Fisiol., Lóg.*), abdutor (*Quím., Anat., Fisiol.*), abélia (*Bot.*), aberração (*Biol., Fisiol., Lóg.*, etc.), abesantar (*Heráld.*), abigeato (*Jur.*), abiogénese (*Biol.*), abjudicação (*Jur.*), abjudicar (*Jur.*), ablação (*Med., Geol., Fonét.*), ablator (*Veter.*), aboçar (*Náut.*), abrânquio (*Zool.*), abrasão (*Med., Cirurg., Jur.*, etc.), abside (*Arquit., Astr.,*), absintina (*Quím.*), abstencionismo e abstencionista (*Polít.*), abstraccionismo (*Filos.*), abulia (*Med.*), abúlico (*Med.*), abuta (*Bot.*), acadiano (*Geol.*), acalefas (*Zool.*)*, acalicino (*Bot.*), acamamento (*Geol.*), acampainhado (*Bot.*), acantáceas* e acantáceo (*Bot.)*, acantocarpo (*Bot.*), acantocéfalos (*Zool.*), acantopterígeos (*Zool.*), acapno (*Apic.*), acapora (*Bot.*)*, acardia (*Terat.*), acaríase (*Med., Veter.*), acarídeos, acáridos*, acarinos (*Zool.*), acarneirado (*Geol.*), ácaro (*Zool.*), acárpico (*Bot.*)*, acarpo (*Bot.*), acastelamento (*Náut.*), acataléctico (*Métr.*), acatalepsia (*Filos.*), acaule (*Bot.*), accionador (*Jur.*), accipitrino (*Zool.*), aceite (*Dir. Com.)*, acelomado, acelomata, acelômato (*Zool.*)*, acentóridas (*Zool.*)*, aceráceas (*Bot.*), aceráceo (*Bot.*), aceroso (*Bot.*), acetal (*Quím.*), acetanilida (*Quím., Farm.*), acetato (*Quím.*), acético (*Quím.*), acetona (*Med.*), acetonemia (*Med.*), acetonúria *(Med.*), acheuliano (*Arqueol., Geol.*)*, acíclico (*Bot., Quím.*), acícula (*Bot.*), aciculado (*Bot.*), acicular (*Bot.*), acidez (*Quím.*), acididade (*Quím.*), acidófilo (*Biol.*), acídulo (*Cient.*), acinesia (*Cient.*), acinetários (*Zool.*), acinético (*Med.*), aciniforme (*Cient.*), ácino (*Bot., Anat.*), acinoso (*Anat.*), acipenséridas (*Zool.*)*, acipenserídeos (*Zool.*), acirologia (*Ret.*), acirológico (*Ret.*), aclamídeas (*Bot.*), aclástico* ou aclasto (*Ópt.*), aclavado (*Bot.*), acme (*Med.*), acmite (*Miner.*), acne (*Med.*), açoca (*Bot.*), aconchado (*Arquit.*), aconitina (*Farm., Med.*), acotilédone e acotiledóneo (*Bot.*), acranianos e acrânios (*Zool.*), acrasiáceas (*Bot.*), acrasiales (*Bot.*), acridíidas (*Zool.*), acridina (*Quím.*), acrídio (*Quím.*), acrílico (*Quím.*), acrofobia (*Med.*), acroleína (*Quím.*), acromático (*Ópt., Biol., Mús.*), acromatopsia (*Med.*), acromatópsico e acrómatóptico (*Med.*), acromegalia (*Med.*), acromial (*Anat.*), acrómio (*Anat.*), actínia (*Zool.*), actiniários (*Zool.*), actínico (*Fís.*), actiníidas (*Zool.*), actínio (*Quím.*), actinismo (*Quím., Biol.*), actinologia (*Fís.*), actinológico (*Fís.*), actinometria (*Fís.*), actinométrico (*Fís.*), actinómetro *(Fís.*), actinomicetáceas (*Bot.*)*, actinomicetales (*Bot.*)*, actinomicete (*Bot., Bact.*), actinomicose (*Pat.*), actinomórfico e actinomorfo (*Biol.*), acuidade (*Fís., Psicofís.*), aculeiforme (*Biol.*), acumetria e acuometria (*Psicofís.*), acúmetro e acuómetro (*Psicofís.*), acupunctura (*Med.*), acústica e acústico (*Fís., Mús.*), acutirrostro (*Zool.*).

No *Plano* do *Dicionário* de 1976 consta uma exposição, dedicada ao "Vocabulário científico e técnico" (cf. Academia das Ciências de Lisboa 1976: XXXIX–XLIV), em que José Augusto Teixeira, além de abordar de passagem a especificidade desse vocabulário, historia a expressão de conceitos científicos – primeiro através do latim, e com recurso também a termos e raízes do grego, e ultimamente através da "[...] importação de palavras estrangeiras das diversas línguas vivas, nos nossos dias com particular relevo para o inglês, através da produção científica anglo-americana" (Academia das Ciências de Lisboa 1976: XLI). É provável que os termos novos de *a* a *ac-*, acima indicados, em que o recurso a elementos de formação gregos e latinos é constante, constituam uma amostra representativa do que a este respeito se observa no volume, quanto a linguagens de especialidade.

O referido colaborador do *Dicionário* de 1976, preocupou-se com expor alguma orientação para a importação de palavras estrangeiras. Depois de observar que "a importação de novos termos científicos para o português é feita geralmente a partir de uma base já elaborada por outros povos", advertia:

> Não pode, porém, esquecer-se que a adaptação deve ser fonética e morfològicamente congruente com a índole do português. É precisamente na oportunidade da tomada do termo que se impõe o maior cuidado e escrúpulo na aplicação das normas geralmente recomendadas, para se evitar o aparecimento de polimorfismos nocivos e a cristalização de alguma forma espúria desfiguradora da fisionomia da língua. Os factos consumados mostram, no entanto, que muitos vocábulos têm sido formados e aceites displicentemente, sem preocupações de obediência a regras. Por exemplo, os hibridismos em que aparecem elementos gregos associados a elementos latinos, ou incompatibilidades análogas, são frequentes no léxico científico. Todavia, muitos hibridismos, quando conscientemente criados por motivos de especial expressividade, eufonia, ou analogias, têm o favor dos mais ousados e a condescendência dos mais zelosos (Academia das Ciências de Lisboa 1976: XLI).

E continuava, em parágrafo seguinte:

> Mais difícil é a transposição de certas palavras, dentro da própria língua estrangeira, sem recurso às motivações greco-latinas. A falta de expressividade de algumas formas propostas como homólogas nos idiomas importadores leva a admitir as originais a título transitório, mas posteriormente o seu uso prolongado através de grafias em itálico deixa muitas vezes os problemas diferidos sem limite de tempo. São exemplos ilustrativos *stress* em medicina, *shunt* em electricidade e *cracking* na tecnologia do petróleo (Academia das Ciências de Lisboa 1976: XLI).

Alguns anos depois de ter sido publicado este texto, a Academia das Ciências de Lisboa haveria de publicar um *Dicionário* que dá entrada a muitos vocábulos de uso geral e de especialidade, do mesmo tipo dos que, para aquele colaborador do de 1976, correspondiam a casos problemáticos.

3. Academia das Ciências de Lisboa, *Dicionário da língua portuguesa contemporânea*, 2001

Na *Introdução* do *Dicionário da língua portuguesa contemporânea,* que em 2001 pôs fim à longa espera de um dicionário para o idioma, completo, legitimado pela Academia das Ciências de Lisboa, o seu Coordenador, Prof. João Malaca Casteleiro, ao proceder à caracterização geral da obra, explicou:

> O léxico registado no Dicionário abrange não apenas o vocabulário de uso geral, mas também os termos mais usuais das diferentes áreas científicas e técnicas, assim como os neologismos recentes e os vocábulos internacionais dos nossos dias, nomeadamente os das novas tecnologias (ou novas técnicas?), a maior parte deles provindos do inglês, sobretudo por via americana (Academia das Ciências de Lisboa 2001: XIII).

A seguir, apresentou sucintamente algumas informações sobre que espécies de materiais tiveram registo no *Dicionário*. Retomando em grande parte critérios que a este respeito tinham sido expostas no *Dicionário* de 1976 — por exemplo quando, ao tratar de *Vocabulário científico e técnico,* se referiu à inclusão de "tecnicismos generalizados na linguagem usual", e de "tecnicismos que, embora de uso não generalizado, correspondem a noções ou classificações e a aparelhos fundamentais em cada ciência ou técnica" (Academia das Ciências de Lisboa 2001: XIV) — João Malaca Casteleiro acrescentou a indicação de que o novo *Dicionário* também acolhe "tecnicismos que ocorrem em manuais escolares de natureza científica e técnica" (Academia das Ciências de Lisboa 2001: XIV).

Este *Dicionário* de 2001, tal como o que o antecedeu, oferece uma longa lista de abreviaturas, e correspondentes desdobramentos, destinada ao fim que o título indicia — *Classificação do vocabulário quanto à repartição por ciências, técnicas e formas de actividade* (Academia das Ciências de Lisboa 2001: XXXV–XXXVI). Salvo em pequenos pormenores de apresentação, recupera-se a que tinha sido inserida no *Dicionário* de 1976, inclusivamente no título. Aos domínios científicos, técnicos, artísticos e de terminologias aí distinguidos é acrescentado apenas um — Informática. Perfazem agora cento e setenta e quatro.

No início da *Introdução*, ao apresentar-se informação das várias espécies de fontes documentais "tidas em consideração" na elaboração deste *Dicionário*, faz-se também referência a "obras de natureza científica e técnica de autores de língua portuguesa ou em tradução portuguesa" (cf. Academia das Ciências de Lisboa 2001: XIII–XIV). O vasto elenco bibliográfico de *Fontes documentais*, posteriormente exposto (Academia das Ciências de Lisboa 2001: XLV–LXIII), conjuntamente com obras do património literário português e brasileiro, inclui publicações daquele teor, publicações periódicas, que pela leitura de artigos verifiquei abonarem não raro termos científicos e técnicos registados, e dicionários. Entre estes, além de dicionários gerais (monolingues e plurilingues) da língua portuguesa e outras línguas, contam-se alguns de linguagens de especialidade e/ou relativos a áreas designadas na lista da *Classificação do vocabulário quanto à repartição por ciências, técnicas e formas de actividade* — nomeadamente Agricultura, Ambiente, Antropologia, Arquitectura, Astronomia e Astronáutica, Belas-artes, Biologia, Ciências Sociais, Construção, Direito, Economia e Gestão, Filosofia, Física, Fonética, Gramática e Linguística, Informática, Marinharia, Medicina, Numismática, Psicologia, Química, etc., e ainda a outras áreas que aí não são explicitadas, como Turismo. Alguns desses dicionários, e glossários, foram escritos originalmente em português, outros traduzidos para esta língua, e outros são em inglês ou francês.

Ao analisar este *Dicionário* para obter informação acerca do contingente de termos científicos e técnicos que contém, pude constatar que muitos dos termos registados no *Dicionário* de 1976 — sejam quais forem as razões — foram agora dispensados. Assim, dos que indiquei na lista anterior, já não constam os seguintes:

> aal (*Bot.*, *Ind.*), abacá (*Bot.*, *Ind.*), abadernar (*Náut.*), abafadura (*Agr.*), (*Med.*), abandejar (*Agr.*), abanto (*Zool.*, *Taurom.*), abarticular (*Med.*), abasia (*Med.*), abásico (*Med.*), abatis (*Mil.*), abatocadura e abotocadura (*Náut.*), abaviliano (*Arqueol.*)*, abaxial (*Biol.*), abceder (*Med.*)*, abcisão (*Med.*)*, abdómino-torácico (*Anat.*), abélia (*Bot.*), abesantar (*Heráld.*), abigeato (*Jur.*), aboçar (*Náut.*), absintina (*Quím.*), abuta (*Bot.*), acalefas (*Zool.*)*, acalicino (*Bot.*), acamamento (*Geol.*), acampainhado (*Bot.*), acapno (*Apic.*), acapora (*Bot.*)*, acaríase (*Med.*, *Veter.*), accionador (*Jur.*), accipitrino (*Zool.*), acelomado, acelomata, acentóridas (*Zool.*)*, aceroso (*Bot.*), acetanilida (*Quím.*, *Farm.*), acheuliano (*Arqueol.*, *Geol.*)*, acícula (*Bot.*), aciculado (*Bot.*), acicular (*Bot.*), acididade (*Quím.*), acidófilo (Biol.), acídulo (*Cient.*), acinetários (*Zool.*), aciniforme (*Cient.*), ácino (*Bot.*, *Anat.*), acinoso (*Anat.*), acipenséridas (*Zool.*)*, acinpenserídeos (*Zool.*), acirologia (*Ret.*), acirológico (*Ret.*), aclamídeas (*Bot.*), aclástico* ou aclasto (*Ópt.*), aclavado (*Bot.*), acmite (*Miner.*), açoca (*Bot.*), aconchado (*Arquit.*), acranianos e acrânios (*Zool.*), acrasiáceas (*Bot.*), acrasiales (*Bot.*), acridiidas (*Zool.*), acridina (*Quím.*), acromatópsico e acrómatóptico (*Med.*), acromial (*Anat.*), acrómio (*Anat.*), actiniários (*Zool.*), actiniidas (*Zool.*), actinológico (*Fís.*), actinométrico (*Fís.*), actinomicetáceas (*Bot.*)*, actinomicetales (*Bot.*)*, aculeiforme (*Biol.*), acumetria e acuometria (*Psicofís.*), acúmetro e acuómetro (*Psicofís.*).

Diferentemente do que sucede nos dicionários académicos de 1793 e 1976, salta à vista que muitos dos termos científicos e técnicos, que agora obtiveram registo pela primeira vez, são importados de línguas modernas, especialmente do inglês. Neles farei breve detenção, considerando em particular termos que dizem respeito à Informática.

Os termos de Informática, importados de línguas estrangeiras modernas, receberam vários tipos de tratamento (tal como os itens alógenos do "vocabulário geral"). Distingo os seguintes:

1. Registo do termo como entrada, seguido de indicação da língua de origem, de explicação do que significa, por vezes também de frase exemplificativa (acompanhada ou não de nome de autor e fonte de abonação). Assim acontece com os termos *bit* e *chip*, de cujos artigos se apresenta a seguir transcrição:

bit [...][6] *s. m.* (Ingl., abrev. de *binary digit*). *Inform.* 1. Unidade de informação mínima transmissível por um sistema binário, que pode tomar dois valores, geralmente 0 e 1. «*Este sistema reduz o número de 'bits' utilizados na codificação do sinal, eliminando a informação musical que se julga inaudível pelo homem*» (*Público*, 28.1.1993). 2. Unidade de capacidade da memória de um computador. «*assinaram um acordo para desenvolvimento conjunto de 'chips' de 64 milhões 'de bits' de memória*» (*DN, 16.2.1990*). Pl. bits. (I vol., p. 538).

chip [...] *s. m.* (Ingl.). *Inform.* Porção mínima de um material semicondutor utilizada para formar um circuito integrado num computador ou num dispositivo electrónico. «*Um simples 'chip' do tamanho de uma unha realiza mil milhões de operações por segundo*» (*Expresso*, 16.11.1991). Pl. chips. (I vol., p. 799).

Outros termos com tratamento idêntico: *byte* e *megabyte*, *drive*, *driver*, *hardware* e *software*, *internet*, *upgrade*, *web*, *workstation*.

2. Registo do termo como entrada, com indicação da língua de origem, seguida de remissão (através da abreviatura "V.") para termo correspondente sujeito a aportuguesamento, ortográfico e fonético. É o que se passa com *scanner*. Veja-se:

scanner [...] *s. m.* (Ingl.). *Inform.* V. *scâner.* (II vol., p. 3351).

3. Registo do termo como entrada, ortográfica e foneticamente aportuguesado, seguido da indicação da língua de origem e explicação do que significa, por vezes também de frase exemplificativa (acompanhada ou não de nome de autor e fonte de abonação). Assim sucede com o termo *digitalizar*, de cujo artigo se faz transcrição:

digitalizar [...] *v.* (Do ingl. *to digitalize*). *Inform.* Converter dados em valores numéricos interpretáveis pelo computador. «*Estas imagens foram digitalizadas e usadas como 'modelos' para os personagens dos jogos*» (*Expresso*, 5.2.1994). (I vol., p. 1256).

Outros termos com tratamento idêntico: *clicar, consola, disquete, scâner.*

4. Registo do termo como entrada, com indicação da língua de origem, seguida de remissão através da abreviatura "V." para termo ou locução da língua portuguesa que o traduz. Este tipo de tratamento é frequente. Exemplos:

back-up [...] *s. m.* (Ingl.). *Inform.* V. *cópia de segurança.* (I vol., p. 453)

e-mail [...] *s. m.* (Ingl., abrev. de *electronic mail*). *Inform.* V. *correio elecrónico.* (I vol., p. 1352)

---

[6] Nos exemplos dados omite-se a transcrição fonética.

hacker [...] *s. m.* (Ingl.). *Inform.* V. *pirata informático.* (II vol., p. 1957)

mouse [...] *s. m.* (Ingl.). *Inform.* V. *rato.* (II vol., p. 2539)

newsletter [...] *s. f.* (Ingl.). V. *boletim.* (II vol., p. 2597)

off-line [...] *adj. m.* e *f.* (Ingl.). *Inform.*V. *fora de linha.* (II vol., p. 2651)

on-line [...] *adj. m.* e *f.* (Ingl.). *Inform.* V. *em linha.* (II vol., p. 2668)

password [...] *s. m.* (Ingl.). *Inform.* V. *senha.* (II vol., p. 2775)

server [...] *s. m.* (Ingl.). *Inform.* V. *servidor.* (II vol., p. 3400)

site [...] *s. m.* (Ingl.). *Inform.* V. *sítio*[1]. (II vol., p. 3429)

A concluir, resta-me sublinhar que o estudo dos dicionários académicos da língua portuguesa, e em particular o estudo do registo que neles se efectuou, ao longo de mais de dois séculos, das "vozes" das ciências, técnicas e artes permite captar uma imagem expressiva da perda do latim e do grego, e do próprio português, perante um outro idioma. Conduz certamente à reflexão sobre o papel que a tradução e também a normativização, executada por instituições cientificamente habilitadas, podem assumir em prol do direito de cada povo falar e escrever a sua língua.

Bibliografia

Dicionários

Academia das Ciências de Lisboa (2001). *Dicionário da língua portuguesa contemporânea da Academia das Ciências de Lisboa*. Uma realização da Academia das Ciências de Lisboa e Fundação Calouste Gulbenkian. I e II volumes. Lisboa: Verbo.

Aulete, F. J. C. (1948–1952). *Dicionario contemporâneo da lingua portuguesa.* 3ª edição actualizada. 2 volumes. Lisboa: Parceria António Maria Pereira.

Bluteau, R. (1712). *Vocabulario Portuguez, e Latino.* Tomo I. Coimbra: Collegio das Artes da Companhia de Jesu.

Borges, J. F. (1839). *Dicionário jurídico-comercial.* Lisboa: Tipografia Propagadora dos Conhecimentos Úteis.

Diccionario da lingoa Portugueza 1793 = Academia Real das Sciencias de Lisboa (1793). *Diccionario da lingoa Portugueza publicado pela* ... . Tomo primeiro. A. Lisboa: Na Officina da mesma Academia. (Reprodução fac-similada da edição de 1793: Academia das Ciências de Lisboa (1993). *Dicionario da língua portuguesa publicado pela* ... Tomo primeiro. A. Lisboa: Publicações do II Centenário da Academia das Ciências de Lisboa.)

Dicionário da língua portuguesa 1976 = Academia das Ciências de Lisboa (1976). *Dicionário da língua portuguesa*. Volume I (A–Azuverte). Lisboa: Imprensa Nacional-Casa da Moeda.

Silva, A. de M. (1831). *Diccionario da lengua portuguesa*. 4ª edição, reformada, emendada e muito acrescentada pelo mesmo autor. Posta em ordem, correcta e enriquecida de grande número de artigos novos e dos sinónimos por T. J. de O. Velho. 2 tomos. Lisboa: Impressão Régia.

Silva, D. A. T. da. (1942). *Esboço dum vocabulário agrícola regional*. Lisboa. Separata dos *Anais do Instituto Superior de Agronomia* XII. Lisboa: Impr. Lucas & Ca.

Varia

Academia das Ciências de Lisboa (1940). *Vocabulário ortográfico da língua portuguesa*. Lisboa, Imprensa Nacional.

Barbosa, J. M. (2002). "Dois séculos de dicionarística em Portugal: 1793–2001". *Estudios portugueses* 2. 45–53.

Casteleiro, J. M. (1973). "Estudo linguístico do 1º Dicionário da Academia (1793)". Em (1973) *Dicionario da língua portuguesa publicado pela Academia das Ciências de Lisboa*. Tomo primeiro. A. Reprodução fac-similada. Lisboa: Publicações do II Centenário da Academia das Ciências de Lisboa. [XI–XXIV].

Clavería Nadal, G. (2001). "El léxico especializado en la lexicografía de finales del siglo XIX: la decimotercera edición (1899) del *Diccionario de la Lengua Castellana* de la Academia". Em Brumme, J. (ed.) (2001). *Actas del II Coloquio Internacional La historia de los lenguajes iberorrománicos de especialidad: la divulgación de la ciencia*. Barcelona: Universitat Pompeu Fabra, Institut Universitari de Lingüística Aplicada. Vervuert, Iberoamericana. 207–222.

Haßler, G. (1998). "La búsqueda de una lengua para la comunicación científica en las Academías europeas (siglos XVII–XIX)". Em Brumme, J. (ed.) (1998). *Actes del Col·loqui La història dels llenguatges iberoromànics d'especialitat (segles XVII–XIX): solucions per al present*. Barcelona: Universitat Pompeu Fabra, Institut Universitari de Lingüística Aplicada. 67–87.

Kemmler, R. (2001). "Para uma história da ortografia portuguesa: o texto metaortográfico e a sua periodização do século XVI até à reforma ortográfica de 1911". *Lusorama* 47–48. 128–319.

Melo, D. F. M. de. (1999). *Hospital das Letras*. Em *Apólogos dialogais* II. Edição de Pedro Serra. Braga, Coimbra: Angelus Novus. 39-140.

Messner, D. (1996). "Anmerkungen zum Wörterbuch der portugiesischen Akademie von 1793 (Sobre dicionários portugueses antigos: uma inventariação III)". *Lusorama* 30. 42–51.

— (1997–1998). "L'*Encyclopédie, ou dictionnaire raisonné* como fuente del *Diccionario da Lingoa Portugueza* de 1793". *Revista de Lexicografía* IV. 125–136.

— (1999). "O *Diccionario da Lingoa Portugueza* de 1793 e as suas fontes". *Arquivos do Centro Cultural Calouste Gulbenkian* XXXVIII. 363–371.

— (2000). "El *Diccionario de la Lengua Castellana*" de 1780: una fuente del *Diccionario da Lingoa Portugueza* de 1793". *Revista de Filología Española* LXXX, fascs. 1–2. 129–139.

— (2002). "Um olhar sobre o "Iluminismo" em Portugal com base nos dicionários da época". *Estudios portugueses* 2. 35–44.

Sinner, C. (2001). "Contextualização de terminologia especializada em textos técnicos portugueses do século XVIII". Em Brumme, J. (ed.) (2001). *Actas del II Coloquio Internacional La historia de los lenguajes iberorrománicos de especialidad: la divulgación de la ciencia.* Barcelona: Universitat Pompeu Fabra, Institut Universitari de Lingüística Aplicada. Vervuert, Iberoamericana. 89–103.

Verdelho, T. (1994). "Tecnolectos". Em Holtus, G.; Metzeltin, M.; Schmitt, Ch. (eds.) (1994). *Lexikon der Romanistischen Linguistik. Galegisch, Portugiesisch – Gallego, Português.* VI, 2, Tübingen: Max Niemeyer Verlag. 339–355.

— (1998). "Terminologias na língua portuguesa. Perspectiva diacrónica". En Brumme, J. (ed.) (1998). *Actes del Col·loqui La història dels llenguatges iberoromànics d'especialitat (segles XVII–XIX): solucions per al present.* Barcelona: Universitat Pompeu Fabra, Institut Universitari de Lingüística Aplicada. 89–131.

Ana María Gentile
Universidad de Rouen / Universidad de La Plata

LO AJENO Y LO PROPIO EN LA TRADUCCIÓN DE TEXTOS DE PSICOANÁLISIS DEL FRANCÉS AL CASTELLANO[1]

1. Introducción

En nuestra práctica de la traducción científico-técnica nos enfrentamos cotidianamente con el desafío de decidir el empleo de tal o cual término especializado. Nuestra experiencia en el campo de la traducción de textos de psicoanálisis nos ha llevado, quizá por el camino opuesto al del lingüista, a la necesidad de estudiar un discurso donde el conflicto entre norma y uso se hace patente. Esto nos ha conducido a la siguiente constatación: es imposible lograr una traducción cabal —y no una mera transcodificación— sin recurrir a la dimensión diacrónica de los términos, con más razón cuando se trabaja en una disciplina relativamente moderna y cuya circulación social presenta características sumamente interesantes para realizar un estudio socioterminológico, tal el caso del psicoanálisis. Dada esta hipótesis de trabajo según la cual *el discurso del psicoanálisis en lengua castellana proveniente de la influencia de la terminología y la construcción de la frase en lengua francesa contiene características de las cuales puede dar cuenta un enfoque socioterminológico,* presentaremos brevemente algunos de los conceptos básicos de este enfoque para continuar luego con la presentación de las traducciones y el análisis de algunos términos que han pasado del francés al castellano de Argentina en el campo del psicoanálisis.

2. Marco teórico

El enfoque socioterminológico desarrollado por el grupo de trabajo del Laboratorio DYALANG de la Universidad de Rouen se propone analizar los términos en su funcionamiento real, en su dimensión interactiva y discursiva, es decir, los términos dentro de una práctica lingüística —una práctica social—,

---

[1] En esta comunicación presentaremos ciertos aspectos relacionados con la temática de este Coloquio y que se inscriben dentro de la investigación que estamos llevando a cabo en el Laboratorio Dyalang ("Dinámicas lingüísticas" - UMR CNRS 6065) de la Universidad de Rouen, Francia, bajo la dirección del Dr. François Gaudin (para una lectura pormenorizada de la investigación en curso, cf. Gentile 2003).

utilizados por los usuarios de ese discurso, en este caso por los psicólogos o psicoanalistas.

El término *socioterminología* nació en 1981 en el equipo encabezado por Louis Guespin y luego por François Gaudin, quien considera a esta disciplina como "hija de la lingüística" (Boulanger 1995: 134), heredera de sus saberes conceptuales y metodológicos.

Entre los conceptos operatorios con los que trabaja este enfoque podemos citar cuatro, a saber:

Normalización vs. *estandarización*: Distinguimos, con Guespin (1993), la *normalización*, es decir, la operación de aplicación de la norma, operación metalingüística consciente que actúa para favorecer, desaconsejar, prohibir una determinada forma de un sistema lingüístico, de la *estandarización*, es decir, la lógica que opera en todo conjunto lingüístico y que permite la intercomprensión con reglas sistémicas propias. En otros términos, se trata de la autorregulación de la terminología por el consenso implícito de los hablantes de un medio profesional.

Sincronía vs. *diacronía*: Gambier, en su artículo sobre los problemas terminológicos de las lluvias ácidas, afirma que:

> no hay terminología fuera de la historia, fuera de las relaciones de fuerza; los sentidos evolucionan, cambian como las realidades que expresan, respecto de los saberes previos; las fronteras de los campos disciplinarios se modifican y permiten transferencias de vocabulario (Gambier 1987: 319).[2]

El punto de vista diacrónico fue sistemáticamente ignorado por la terminología clásica. A este respecto, Gaudin se pregunta: "¿qué será el estudio del vocabulario científico, si no se sabe ni quién utiliza ese vocabulario ni de qué ciencia habla?" (Gaudin 1993b: 249).[3]

Campos vs. *esferas de actividad*: Partiendo de una crítica al término "campo" o "dominio" ("domaine") el cual remite a una concepción de las disciplinas como compartimentos estancos donde el saber está dividido, Gaudin prefiere hablar de actividad, lo cual "siendo el trabajo la actividad por excelencia, permite plantear los problemas de manera más realista y dinámica" (Gaudin 1993a: 83).[4] Esto lo podemos aplicar al discurso del psicoanálisis, en la cadena "teoría-clínica-terapia", dado que toda teoría sirve para armar los casos clínicos y de allí

---

2 La traducción es nuestra.
3 La traducción es nuestra.
4 La traducción es nuestra.

prever la terapia adecuada, en una relación sistémica donde las tres fases se encuentran intrincadas.

La variación: Todos los que trabajamos con el discurso científico-técnico a través de la traducción conocemos la variedad de significantes, los polimorfismos, las sinonimias que no responden en absoluto al prejuicio de una lengua desprovista del "ruido" (término metafórico para referirnos a la interferencia) de la variación. Por lo tanto compartimos esta consideración de los fenómenos de variación en la cual "la vaguedad referencial no perjudica la precisión del pensamiento" (Bouveret / Gaudin 1996: 70).[5]

3. Metodología

Los términos analizados han sido recopilados de un corpus *ad hoc* constituido por artículos publicados en revistas especializadas, en sitios de Internet de psicoanálisis y textos especializados (cf. bibliografía del corpus).

Los términos recopilados fueron luego comparados con términos consagrados por dos diccionarios especializados: el *Diccionario introductorio de psicoanálisis lacaniano* de Dylan Evans (1997) y el *Diccionario de Psicoanálisis* de Jean Laplanche y Jean Bertrand Pontalis (1981).

Sobre la base de nuestra experiencia profesional y académica, hemos considerado como pertinente organizar un corpus de textos según los siguientes criterios:

— Ser auténticos, es decir extraídos de documentación original y sin ninguna modificación con fines pedagógicos.

— Estar redactados por autores cuya lengua fuera el español. Esto nos llevó a dejar de lado las traducciones directas del francés, ya que consideramos que éstas respondían más bien a un análisis traductológico. Sí hemos conservado las traducciones de los diccionarios con el fin de estudiar la variación en el uso de los términos.

— Estar destinados a los pares: no hemos tenido en cuenta los textos de divulgación, los cuales, según Hermans (1995: 226) "présentent la science constituée", sino "les publications destinées aux pairs et publiées dans des revues qui font autorité dans la communauté scientifique" (Hermans 1995: 226).

El corpus seleccionado fue objeto de una lectura y de una localización de la terminología y fraseología que sabemos provienen de la influencia de la lengua francesa (sobre la base, no olvidemos, de nuestra experiencia profesional de más

---

[5] La traducción es nuestra.

de diez años como traductora y profesora de traducción especializada). Los términos y la fraseología marcados en los textos fueron comparados con lo que aconsejan los diccionarios y ciertos sitios web de la especialidad. Dado que este trabajo se inscribe, como hemos dicho, dentro del enfoque socioterminológico, la consulta al especialista sobre el uso de su propio lenguaje especializado nos era imprescindible. Es por ello por lo que reunimos un grupo de especialistas dispuestos a someterse a una encuesta sobre la lengua que ellos utilizan. Se trató de una encuesta semi-directiva y con preguntas sobre la lectura que ellos hacen de los textos de Lacan y Freud, sobre las traducciones, sobre su conocimiento de la lengua francesa y su conciencia ante el empleo de su lengua materna en la redacción de textos de su especialidad. El grupo estuvo compuesto por quince psicólogos psicoanalistas; la mayoría de ellos forman parte del plantel docente de la Universidad Nacional de La Plata, Argentina. La elección de este grupo fue realizada luego de haber comprobado que estaban formados en psicoanálisis y que practicaban en especial el psicoanálisis lacaniano. Para ello, preguntas previas nos condujeron a descartar psicólogos formados o que trabajaban en otras corrientes influidas por otras teorías procedentes de países cuya lengua no era la francesa. La encuesta se redactó en español y se la sometió al público citado, el cual debía responder a las siguientes preguntas:

> ¿Puede citar los términos clave de su especialidad provenientes de la teoría psicoanalítica de Freud y Lacan?
>
> ¿Recuerda usted términos o expresiones de su especialidad que hayan podido plantearle dificultades de comprensión en el momento de sus lecturas?
>
> ¿Puede mencionar conceptos de su especialidad que son objeto de discusiones habituales en artículos, coloquios, etc. y que provienen o están relacionados directamente con las teorías de Freud y de Lacan?
>
> Si usted lee traducciones del francés hacia el español de los textos que pertenecen o que están en relación con las teorías de Freud y de Lacan, ¿le ha pasado sentirse molesto por esas traducciones? En caso afirmativo, ¿podría dar uno o más ejemplos?
>
> ¿Posee conocimientos de la lengua francesa que le permitan leer directamente textos de su especialidad sin recurrir a un traductor?
>
> Puede agregar opiniones, comentarios o críticas que estime pertinentes para abordar un estudio lingüístico del uso de los psicólogos y psicoanalistas de su lenguaje especializado.

4. Los términos en psicoanálisis: el edificio terminológico de Freud y Lacan

En el siglo V a. C., Hipócrates (c. 460 – c. 377 a. C.) no diferenciaba las enfermedades del espíritu de las enfermedades del cuerpo. De esta primera época han permanecido palabras como *manía* (agitación sin fiebre), *melancolía* (trastornos crónicos sin agitación ni fiebre) e *histeria* (trastorno atribuido a las migraciones del útero). La medicina griega entra en contacto con la medicina de la Edad Media a través de las traducciones de las obras de los médicos árabes. A lo largo de la Edad Media, las enfermedades mentales van a ser consideradas como el resultado de una posesión demoníaca y los "locos" (como así se los llamaba dado que no había nacido aún otro término) comienzan a ser encerrados en salas hospitalarias especiales. Ya en los siglos XVII y XVIII, algunos médicos emprenden un estudio científico, entre los cuales cabe mencionar al inglés William Cullen (1710–1790), creador, en 1769, del término *neurosis* para designar un conjunto de afecciones del sentimiento y del movimiento sin fiebre ni lesiones detectables. En 1793 el médico francés Philippe Pinel (1745–1826) separa al "loco" de los marginales y criminales, tal como lo explica Graziela Napolitano en su obra *Nacimiento de la psicopatología* (2000: 15). Es la época de la República, de la *Declaración de los Derechos del Hombre y del Ciudadano* y en el hospital de la Salpêtrière, Pinel se transforma en una figura de renombre ya que es el primer médico "alienista" (dado que las enfermedades mentales se denominan en esa época *alienaciones mentales*) que consideró al alienado como un sujeto.

A finales del siglo XIX, Sigmund Freud (1856–1939) efectúa una pasantía de cuatro meses en el hospital de la Salpêtrière y conoce las experiencias sobre el hipnotismo que realiza el Dr. Jean Martin Charcot (1825–1893), neurólogo que busca las causas de las enfermedades mentales en lesiones neurológicas de los diferentes sistemas nerviosos. Freud aplica a la histeria las ideas de su maestro. En esta época, un concepto subyacía a toda teoría: la razón (con su opuesto: la falta de razón). Freud va a alterar este paradigma introduciendo otra oposición de conceptos: lo *consciente* y lo *inconsciente.*

A partir del cambio de perspectiva instalado por Freud en la oposición entre lo consciente y lo inconsciente, se construye un nuevo edificio terminológico. Freud consideraba que el psicoanálisis era un método de investigación de los procesos mentales inconscientes. En 1923, escribe: "al psicoanálisis, que tiene como preciso y limitado ámbito de trabajo el de ser ciencia de lo *inconsciente en el alma*, sería tan impertinente reprocharle unilateralidad como a la química"

(Freud 1982, vol. XVIII: 247). En su preocupación por construir una ciencia con un modelo de investigación y un método riguroso, recurre a las ciencias naturales: la biología, la medicina y la termodinámica. Este recurso se evidencia a través de la transferencia léxica. Por ejemplo, y tal como lo constata el *Diccionario introductorio de psicoanálisis lacaniano* de Evans (1997), términos tales como *adaptación*, *alienación*, *alucinación*, *cura*, *fobia*, *modelo óptico*, *pulsión*, entre otros, son tomados de y reinterpretados en la nueva teoría.

Freud escribe de 1893 hasta su muerte, en 1939, pero, contrariamente a lo que se podría creer si se considerara la disciplina como un todo monolítico, los mismos significantes no poseen los mismos significados en la evolución de sus ideas. A este respecto, es útil citar las palabras del psicoanalista español Antonio García de la Hoz:

> un vocablo utilizado en 1900 y en 1915, aún con el mismo significante, es seguro que posee un significado más amplio. La "Entfernung" ("distanciamiento") de 1900 no es la misma que la "Entfernung" de 1915 [...]. Existe una tendencia a pensar que el todo-Freud estaba ya en sus orígenes. Es falso (García de la Hoz 1985: 7).

Por su lado, Jacques Lacan (1901–1981) se diferencia de Freud en cuanto importa conceptos de las "ciencias de la subjetividad" (en especial de la lingüística). Para Lacan, el psicoanálisis también tiene que ver con el discurso científico: "El psicoanálisis no es una religión. Procede a partir de las mismas condiciones que la ciencia", declara en su *Seminario 11* del año 1964 (Lacan 1964: 65; citado por Evans 1997) aunque años más tarde, en 1977, cambiará de opinión. Esta preocupación de Lacan por imprimir a su práctica rigor científico, tal como había querido hacer Freud, lo conduce a formalizar la teoría psicoanalítica en términos lingüísticos y matemáticos. De su recurso a estas disciplinas provienen términos como *grafo*, *lenguaje*, *letra*, *metalenguaje*, *metáfora*, *metonimia*, *nudo borromeo*, *palabra* y el neologismo *matema* —que Lacan hace derivar de la palabra *matemática*, probablemente por analogía con la palabra *mitema* utilizada por Claude Lévi-Strauss para designar los componentes básicos de los sistemas mitológicos, según consta en el diccionario de Evans.

Pero el paso de la teoría de Freud a la interpretación lacaniana no fue fácil. La lengua alemana de Freud plantea en francés problemas de traducción y de rigor conceptual. Por ejemplo, un término clave de la teoría psicoanalítica como *Verwerfung* que "Freud utiliza de diversos modos" (Evans 1997: 97), va a ser tomado por Lacan en uno de sus aspectos, a saber, como designación de un mecanismo de defensa específico, distinto de la represión (*Verdrängung*) en el cual "el yo rechaza la idea incompatible junto con su afecto y se comporta como si la idea nunca se le hubiere hecho presente al yo" (Freud 1894; citado por Evans 1997: 17). En 1956, luego de diversas tentativas (*rejet*, *refus*, *retranchement*), Lacan traduce *Verwerfung* por un término procedente del lenguaje jurídico, *forclusion*, propuesto como la mejor traducción del término alemán. *Forclusion* es definido en el lenguaje jurídico como "perte de la faculté de faire valoir un droit, par l'expiration d'un délai" (*Petit Larousse* 1995) y se traduce al español jurídico como *exclusión*, *prescripción* o *caducidad* (*Dictionnaire Français – Espagnol* 1967). Más adelante nos detendremos sobre este término al abordar los préstamos.

El edificio terminológico comenzado por Freud y Lacan incluye también a otros autores que escapan al presente trabajo: Mélanie Klein, Françoise Dolto, Ernest Jung, entre otros, quienes partieron de la terminología freudiana y lacaniana y la enriquecieron aún más. La multiplicidad de las teorías psicoanalíticas con su proliferación terminológica encuentra su explicación en estas palabras de Evans:

> Las teorías psicoanalíticas son lenguajes para discutir el tratamiento psicoanalítico. Hoy en día hay muchos de estos lenguajes, cada uno con su léxico y sintaxis particular. El hecho de que estos lenguajes tengan muchos términos en común, heredados de Freud, puede dar la impresión de que en realidad son dialectos de un mismo idioma. Pero esta impresión es errónea. Cada teoría psicoanalítica articula esos términos de un modo singular, y además introduce términos propios [...] (Evans 1997: 13).

5. La circulación en español de la enseñanza psicoanalítica: el papel de la traducción

Comencemos por las traducciones: existen dos versiones principales en español de los escritos de Freud, una versión española y una versión argentina. La primera de ellas, que consiste en 17 volúmenes de los escritos de Freud, fue publicada por la editorial Biblioteca Nueva entre 1922 y 1934, casi simultáneamente con la recopilación alemana de dichos escritos, y realizada por el traductor José Luis López Ballesteros. La segunda fue efectuada por José Luis Etcheverry entre 1978 y 1982 en Amorrortu Editores, directamente del alemán pero siguiendo la versión inglesa de la *Standard Edition* en cuanto a notas y prólogos. Según Antonio García de la Hoz, ambas traducciones han perdido algo de la escritura de Freud:

> [...] la falta de rigor (característica fundamental de la versión de Ballesteros) se opone al cuidado de la edición de Amorrortu por la pérdida de matices gramaticales y

> terminológicos. Mas la ganancia en rigor la perdemos por el lado del estilo. El estilo es muy importante a la hora de traducir un texto; el rigor por la literalidad no debe conllevar un empobrecimiento estilístico, y esto es lo que se ha producido con la versión de Etcheverry (no sabemos si debido a él o a los correctores y asesores de la traducción). Los modismos y giros propios del lenguaje del castellano hispanoamericano son frecuentes, pero esto es disculpable pues se trata de una editorial argentina. Así por ejemplo, 'sofocación' por 'supresión' ('Unterdrückung'), 'tramitar' por 'eliminar', 'denegar' por 'inhibir' ('versagen'), que están presentes a lo largo de los *Estudios sobre la histeria*. Aquí es donde el signo lingüístico es más arbitrario que nunca, valga la jocosa imagen. Efectivamente, López Ballesteros peca de falta de rigor al traducir por 'represión' indistintamente dos palabras alemanas (*Unterdrückung* y *Verdrängung*). El estudioso lee 'represión' cuando Freud utiliza dos lexemas distintos (García de la Hoz 1985: 5).

En cuanto a la teoría lacaniana, la necesidad de traducciones de los escritos de Lacan suele provocar la existencia de un mercado paralelo de "traducciones caseras", dado que existen aún muchos escritos de Lacan inéditos e incluso algunos ya publicados tienen reservados los derechos de traducción y no se han cedido hasta ahora. Creemos que esta situación es uno de los motivos por los cuales la estandarización de la terminología de esta disciplina encuentra su regulación en los diferentes y variados coloquios, debates, congresos y revistas de la especialidad, en una búsqueda de intercomprensión mediante los mismos usuarios de este discurso profesional. El papel de los diccionarios de la especialidad, elaborados por especialistas y no por lingüistas, es el de inventariar y explicar una noción en toda la complejidad de su dimensión diacrónica. A este respecto, cabe subrayar la opinión de Evans en el prólogo de su *Diccionario introductorio de psicoanálisis lacaniano*:

> Si bien muchos estudiosos han advertido el valor del diccionario como herramienta para explorar los lenguajes psicoanalíticos, no todos han tenido plena conciencia de los peligros involucrados. Un importante peligro consiste en que, al subrayar la estructura sincrónica del lenguaje, el diccionario puede oscurecer *la dimensión diacrónica*. Todos los idiomas, incluso los llamados, por otro nombre, "teorías psicoanalíticas", están en un continuo estado de flujo, puesto que cambian con el uso. Al pasar por alto esta dimensión, el diccionario puede crear la impresión errónea de que los idiomas son entidades fijas invariables. Este diccionario trata de evitar dicho peligro, incorporando información etimológica cuando resulte apropiado, y proporcionando algunas indicaciones sobre la evolución del discurso de Lacan a lo largo de su enseñanza (Evans 1997: 14).[6]

[6] La cursiva es nuestra.

6. Las vías de entrada de los términos al español y el fenómeno de la variación: síntesis de los resultados

Como resultado de nuestro análisis del corpus establecido, hemos escogido algunos términos que constituyen ejemplos de calcos y préstamos de la lengua francesa a la lengua castellana. Cabe observar que la presencia de tales términos en el discurso psicoanalítico está caracterizada por una fuerte variación, de la cual haremos un comentario más adelante. El lector notará por lo tanto la existencia de por lo menos dos términos que aparecen como equivalentes del término de la lengua original, en este caso el francés.

6.1. Calcos léxicos

En primer lugar, presentaremos aquellos términos que han entrado como calcos a la lengua castellana. Consideramos con García Yebra al calco como un mecanismo que, a diferencia del préstamo, "es traducción" (1982: 341).

Fantasme > fantasma, fantasía

Se trata de un concepto central en la obra de Freud, definido como la escena que se presenta a la imaginación y que dramatiza un deseo inconsciente (Freud 1919; citado por Evans 1987: 90). En la versión española del diccionario de Laplanche y Pontalis (1981) aparece el término *fantasma* como equivalente del término *fantasme* en francés, pero se aconseja el uso de *fantasía*. La *Asociación Freudiana Internacional* (2002) en su página web da como equivalente el término *fantasía* pero deja constancia de la existencia del término *fantasma*. Finalmente el diccionario de Evans (1997) dedica un largo artículo al término *fantasma* ya consagrado por el uso que los especialistas hacen del mismo, tal como hemos podido corroborar con las encuestas y con el corpus textual. En efecto, existe una diferencia nocional fundamental entre ambos términos. La palabra española *fantasma*, que comparte los mismos semas de *fantôme* en la lengua general, se ha especializado en la jerga psicoanalítica hasta convertirse en un concepto diferente del de *fantasía*. Incluso ha dado origen a derivados como el adjetivo *fantasmatizada* cuyo coocurrente es el término *escena (scène)* en una evidente metáfora teatral o cinematográfica. Este ejemplo sirve para subrayar la importancia del uso en el lenguaje especializado, un uso que termina imponiéndose y que es constatado finalmente en los diccionarios más recientes de la especialidad.

Demande* > *demanda, petición

Es un término que proviene del lenguaje jurídico pero que se ha divulgado en español con los matices del término psicoanalítico (p. ej. "un hijo o una madre muy demandantes", frase que se escucha comúnmente en la lengua general de Argentina). Este caso es similar al precedente dado que la palabra *demanda* ya existía en español. Pero, como lo explica Evans:

> [...] los términos franceses *demander* y *demande* no tienen las asociaciones de exigencia y urgencia que suscita la palabra *demanda*, y están quizá más cerca de *pedir* y *pedido*. No obstante, las traducciones de Lacan emplean la voz *demanda* para mantener la congruencia con el original francés (Evans 1997: 64).

Al respecto, la *Asociación Freudiana Internacional* (2002), en su página web, aconseja conservar el término *demanda* cuando se trata del concepto lacaniano y emplear *petición* (palabra casi equivalente a *demande*, pero no muy lograda en este contexto, en nuestra opinión, ya que se emplea más frecuentemente en el lenguaje jurídico) cuando no se hace referencia al término especializado.

Semblant* > *semblante, semblant

En lengua general, *semblant* en cualquiera de sus acepciones no se traduce jamás por *semblante*, pero este último término se ha consagrado en el psicoanálisis lacaniano de lengua española. Sin embargo, Guerrero / Hopen (1999), en un artículo titulado "Un semblant más semblant (que el verdadero) o traducir el Sens blanc", desaconsejan este calco y recomiendan, luego de trazar una reseña del concepto lacaniano y de los términos en francés y en castellano, conservar el préstamo. Pero el término *semblante* forma incluso parte del título de la obra de Jacques-Alain Miller (2002), yerno de Lacan y autoridad reconocida por los psicoanalistas en la materia: *De la naturaleza de los semblantes.*

Clivage* > *clivaje, escisión

El término *clivaje* ya existía en geología con el significado de 'escisión, fractura que afecta a minerales, cristales y rocas', por lo que deducimos que el término *clivaje* ha pasado al castellano como calco, si bien su sufijación es criticada.

La *Asociación Freudiana Internacional* (2002) aconseja utilizar *separación* o *escisión,* término este último que también señala Evans (1997: 79). Sin embargo, tanto del corpus analizado como de los especialistas consultados se desprende que el uso de *clivaje* está difundido entre los psicoanalistas.

6.2. *Préstamos*

En cuanto a los préstamos, contrariamente a lo esperado, hemos observado que, en el corpus textual sobre el que hemos trabajado, no son tan frecuentes como los calcos encontrados. De todos modos, esta afirmación requiere un estudio estadístico que nosotros no hemos realizado hasta el momento. Sí hemos esbozado una hipótesis respecto de este fenómeno, según la cual, al tratarse de dos lenguas emparentadas, la operación de calco del término de la lengua extranjera se ve facilitada por la similitud de la forma del significante. Por el contrario, cuando se trata de presentar una explicación del concepto (cf. el caso de *forclusión / Verwerfung*), hay una referencia continua a la palabra fuente en el idioma original, una necesidad de "condensar" (utilizando un término muy típico del psicoanálisis y que hemos encontrado particularmente interesante para nuestro trabajo) todos los semas pertinentes en el significante de la lengua en la cual ha nacido el concepto. Señalaremos cuatro casos específicos que sí son frecuentes, pero que coexisten con una variante generada por la propia lengua castellana:

après-coup > après-coup, mecanismo de retroacción

El préstamo *après-coup* es utilizado como sustantivo en francés y en español, aunque también hemos constatado la expresión *mecanismo de retroacción* como traducción del término francés (Evans 1997: 189). La *Asociación Freudiana Internacional* (2002) en su página web aconseja el empleo de *con posterioridad* o *a posteriori*, pero observamos que estas dos expresiones poseen la categoría gramatical de adverbios muy comunes en lengua general, lo cual no corresponde al sustantivo ni al concepto:

> [...] modo en que, en la psique, los acontecimientos presentes afectan a posteriori a los pasados, puesto que el pasado sólo existe en la psique como un conjunto de recuerdos constantemente reelaborados y reinterpretados a la luz de la experiencia presente (Evans 1997: 189).

Je > yo (je), yo (moi)

Este caso se planteó, según constata Evans en su explicación del término Yo, como un problema de traducción que Lacan logró solucionar gracias a su lectura de la obra de Jakobson sobre los *shifters* o conectores en 1957 (Evans 1997: 197):

> [...] desde muy pronto en su obra, Lacan juega con el hecho de que la palabra alemana que emplea Freud (*Ich*) puede traducirse al francés de dos modos: *moi* (que era la versión usual adoptada por los psicoanalistas franceses) y *je* [...]. En 1956, Lacan todavía seguía buscando un modo de distinguirlos claramente. Fue la publicación del trabajo de Jakobson sobre los shifters en 1957 lo que le permitió teorizar esta distinción con mayor nitidez; en 1960 Lacan se refiere al *je* como shifter, en tanto designa pero no significa al sujeto de la enunciación (Evans 1997: 197).

Esta diferencia entre designación y significación y el hecho de que en castellano sólo exista un pronombre equivalente ("yo") es lo que hace que en psicoanálisis se emplee el término "yo" pero seguido entre paréntesis ya sea de "moi" (el yo que significa) o de "je" (el yo que designa). Es decir que el significante freudiano en alemán ha pasado por el tamiz de Lacan y ha suscitado la variación en castellano.

Forclusion* > *forclusión, preclusión, abolición, repudio

El término *forclusion*, consagrado en francés por Jacques Lacan, no sin dificultades, tal como hemos visto anteriormente, proviene del lenguaje jurídico (cf. *ut supra*), pero en castellano el préstamo *forclusión* es inexistente fuera del campo psicoanalítico.

La *Asociación Freudiana Internacional* (2002) proscribe el término *forclusión* en castellano y aconseja en su lugar *preclusión*, término también procedente del lenguaje jurídico y cercano a la acepción legal de *forclusion* en francés, o *abolición* (cf. *ut supra*). La versión castellana del *Dictionnaire de la Psychanalyse* de Laplanche / Pontalis dedica un artículo de tres páginas al término *repudio*, dado como equivalente de *forclusion* (1981: 380–383). En cambio, Evans (1997: 96) constata el empleo de *forclusión* y le dedica un largo artículo que retoma justamente el concepto alemán de *Verwerfung* de Freud. Observamos, pues, una fuerte variación denominativa que podría ser fuente de incomprensión, según la respuesta de uno de nuestros encuestados.[7]

Finalmente, el retorno al significante alemán *Verwerfung* que figura como entrada entre paréntesis en los diccionarios del corpus (Laplanche / Pontalis

---

[7] Pregunta 2: ¿recuerda usted términos o expresiones de su especialidad que le hayan planteado dificultades de comprensión en ocasión de sus lecturas? A lo cual el encuestado respondió: "fantasma confundido con fantasía"; "forclusión traducida como preclusión"; "pulsión como instinto".

1981; Evans 1997) y en algunas revistas especializadas de nuestro corpus nos muestra cierta preocupación por abrevar en la fuente original, como si únicamente el significante original pudiera condensar el haz de nociones dispersas en los demás significantes.

Point de capiton > punto de capitón, punto de almohadillado

La expresión *point de capiton* proviene del lenguaje de la costura. En psicoanálisis corresponde al concepto introducido por Lacan de los "lugares en que se atan entre sí significante y significado" (Evans 1997: 160). Hemos verificado el empleo simultáneo de ambas expresiones, y lo que es curioso, en dos artículos dentro de la misma revista especializada que constituyó parte de nuestro corpus, a saber el *Boletín de la Cátedra de Psicopatología I* (1996), y cuyas frases transcribimos:

> Pueden distinguirse allí varios niveles o tiempos, a saber: vacío de significación primero, producto del defecto en el *punto de capitón* (Piazze / Carbone 1996: 62).

> La constitución del sujeto por la palabra es a partir del 'Tú eres... eso', función de *punto de almohadillado* que implica una designación y particularmente una predicación implícita... (Perdoni 1996: 28).[8]

7. Breve comentario sobre los calcos sintácticos

Esta presentación quedaría incompleta si no nos detuviéramos a exponer nuestro análisis de las construcciones sintácticas que caracterizan a este discurso. El análisis del corpus arroja una fuerte presencia de calcos sintácticos del francés. Las construcciones típicas del francés forman parte del sistema de la lengua francesa, pero pareciera que lo que es típico del sistema de la lengua extranjera se transforma en una especie de sociolecto en el castellano de esta especialidad. Por ejemplo, la abundancia de frases en forma negativa: "no hay todo sino acribillado pieza por pieza" (Donzis 1998: 55); la fuerte tematización: "Es así que Lacan postula la tesis que lo guía" (Alcuaz *et al.* 2002: 69); el régimen preposicional impropio en español y propio del francés: "la salida se establece a partir de la identificación al ideal materno" (Moreno 1996: 65). Pensamos con Bouveret y Gaudin que estos giros pueden representar las "palabras del saber" que:

> [...] sont spontanément perçus comme étant liés au savoir lui-même et comme engageant le rapport à la réalité. Pour de nombreux scientifiques, les vérités de leur

[8] La cursiva es nuestra.

> discipline ne sont corrrectement énoncées que si elles sont dites dans les mots du jargon. Le dire juste, c'est le dire technique (Bouveret / Gaudin 1997: 244).

Estos calcos sintácticos nos obligan, por su frecuencia y hasta su abuso, a adoptar una actitud más prescriptiva, sobre todo al constituirse como una fuente importante de incomprensión, tal como lo señalan los propios especialistas y en especial Pasternac:

> [...] la colección de mis observaciones derivan de mis propias dificultades en la lectura de los *Ecrits* en francés. Al buscar en la edición española la respuesta a esos aprietos, solía encontrarme con problemas irresueltos o mal resueltos [...] las fallas aparecían en ese texto del que depende en buena medida la producción psicoanalítica en nuestra lengua (Pasternac 2000: 3).

8. El vaivén entre lo propio y lo ajeno en la traducción: la palabra de los especialistas

De lo expuesto, podemos ilustrar la dinámica de la traducción de los términos psicoanalíticos presentados como un vaivén entre el intento de traducción, proceso entendido aquí como de apropiación, favorecido en este caso por la cercanía de los sistemas lingüísticos del castellano y del francés, y la preocupación por volver a la fuente, al término en su idioma original, más aún cuando el término proviene de un sistema lingüístico no tan cercano, como el alemán, al tratar de explicar una noción compleja, en un fenómeno que podemos denominar "de condensación". Esto se desprende de la encuesta llevada a cabo, cuyos resultados sintetizamos a continuación:

1. Debemos destacar que los resultados del análisis del corpus textual han sido consistentes con las respuestas de los especialistas encuestados.
2. Entre los términos clave del psicoanálisis, los especialistas mencionan *forclusión, fantasma, demanda* y *yo*, términos éstos que coexisten con otros, tal como hemos expuesto, y que dan lugar a malentendidos y debates (respuestas a las preguntas n° 1 a n° 4). Los términos se trabajan y son objeto de artículos enteros, tal el caso del artículo titulado "Forclusión", en el que su autor Karothy señala:

> [...] ese término [forclusión] no consiste en una simple traducción de la palabra alemana *Verwerfung*, usada por Freud, sino que se trata más bien de un concepto novedoso que requiere una minuciosa investigación (1998: 9).

El abismo entre el diccionario —aun el especializado— y el uso del especialista resulta evidente y torna muy complejo el estudio de este lenguaje con una óptica despojada de todo idealismo wüsteriano según el cual el término equivale a un concepto (Slodzian 1993: 228).

3. Frente a las dificultades de comprensión del discurso psicoanalítico traducido al castellano, los especialistas prefieren leer la obra teórica en su lengua original (respuesta casi unánime a la pregunta n° 5), lengua que sienten en sí misma como medio gracias al cual se han podido formalizar los conceptos teóricos (respuesta a la pregunta n° 6). Esto explicaría ese retorno al término original tanto en los diccionarios como en los artículos consultados.

Observamos pues que el vaivén que mencionábamos provoca una fuerte variación denominativa, por lo cual podemos pensar, retomando conceptos presentados en el marco teórico, que la estandarización del lenguaje del psicoanálisis obedece más a la necesidad de intercomprensión entre especialistas que a una actitud prescriptiva de normalización.

9. Conclusión

Lo propio y lo ajeno encuentran en toda la complejidad del discurso del psicoanálisis su dinamismo y su identidad.

Dentro de esta complejidad, la consideración de la historia de los términos resulta fundamental en este tipo de discursos. Los diccionarios constatan la inscripción de un término en la historia de la disciplina, así como numerosos artículos realizan un recorrido de un término o concepto en la evolución de una teoría. Como dijimos anteriormente, la evolución de una disciplina se observa claramente en la evolución de sus términos y conceptos. El problema es ser conscientes de ello y no desdeñar la dimensión diacrónica en todo lo que ésta pueda colaborar para la reflexión epistemológica y la tarea de traducir un texto científico-técnico. La consulta de diccionarios de la especialidad editados en diferentes años nos resulta de suma utilidad no sólo para reconstruir el camino de los términos y conceptos, sino también para comprender la coexistencia de variantes, sean éstas diacrónicas, diatópicas o propias de una comunidad lingüística (como puede ser, en este caso, de un grupo profesional) y su análisis a través de estudios más avanzados. En esta tarea no podemos limitarnos al trabajo de documentación bibliográfica sino que nos proponemos valorar la opinión y el uso que el especialista hace de su lenguaje, dimensión que para nosotros es imprescindible para abordar el problema en su real complejidad y, por qué no, en sus contradicciones.

Al decidir emprender esta investigación, nuestra actitud estaba determinada por una formación fuertemente prescriptiva en el campo de la terminología.

Nuestro malestar a la hora de "bajar" al terreno del uso y de las discusiones con los especialistas en el momento de la traducción de un texto de su especialidad nos hizo tomar conciencia poco a poco de la existencia de un campo interesantísimo de análisis de fenómenos lingüísticos, para lo cual era necesario una actitud mucho más realista, dinámica y descriptiva. El descubrimiento de las investigaciones realizadas desde la óptica socioterminológica afianzaron nuestras primeras intuiciones para convertirlas en convicciones.

Esta comunicación no ha tenido otra ambición que la de despertar el interés del lector por un enfoque hasta ahora bastante original en los estudios de los lenguajes de especialidad en castellano. La escasa investigación en este campo y desde esta perspectiva nos alientan a continuar en esta senda.

Bibliografía

Bibliografía del corpus

Alcuaz, C. *et al.* (2002). "El duelo: recorrido de un concepto". *Boletín de la Cátedra de Psicopatología I* (Facultad de Humanidades y Ciencias de la Educación, Universidad Nacional de La Plata, Argentina). La Plata: De La Campana n° 7, 63–75. 13 p.

Bleichmar, S. (1993). *La fundación de lo inconciente*. Buenos Aires: Amorrortu. 217 p.

Diccionario de la Lengua Española (1992). Madrid: Real Academia Española, XXI.

Donzis, L. (1998). *Psicoanálisis con niños*. Rosario: Homo Sapiens. 217 p.

Evans, D. (1997). *Diccionario introductorio de psicoanálisis lacaniano*. Buenos Aires: Paidós. 217 p.

http://www.evagiberti.com/articulos/erotica02.shtml

http://www.topia.com.ar/articulos/34Cheja.htm

Karothy, R (1998). *Contexto en psicoanálisis*. La Plata: De la Campana.

Laplanche, J.; Pontalis, J. B. (1981). *Diccionario de Psicoanálisis*. 3ª ed. revisada. Barcelona: Labor. 535 p.

Moreno, M. *et al.* (1996). "Juanito y Leonardo: metáfora desviada". *Boletín de la Cátedra de Psicopatología I* (Facultad de Humanidades y Ciencias de la Educación, Universidad Nacional de La Plata, Argentina). La Plata: De La Campana n° 6, 65–70. 6 p.

Perdoni, A. (1996). "El caso 'marrana' en las axiomáticas del Seminario 3". *Boletín de la Cátedra de Psicopatología I* (Facultad de Humanidades y Ciencias de la Educación, Universidad Nacional de La Plata, Argentina). La Plata: De La Campana n° 6, 21–28. 8 p.

Piazze, G.; Carbone, N. (1996). "Enigma y construcción delirante en la psicosis". *Boletín de la Cátedra de Psicopatología I* (Facultad de Humanidades y Ciencias de la Educación, Universidad Nacional de La Plata, Argentina). La Plata: De La Campana n° 6, 62–64. 3 p).

Temas 11. La cura del Psicoanálisis. Cátedra de Psicoterapia I. La Plata: De La Campana. (1993). 57 p.

Bibliografía general

Asociación Freudiana Internacional. (2002). = Association lacanienne internationale. Lacan en español. Traducir. Conceptos. Glosario. www.freud-lacan.com/lee/traducir/conceptos /glosario.

Boulanger, J.-C. (1995). "Compte-rendu de l'ouvrage de F. Gaudin" (cf. 1993a). *Meta* XL/1. 133–137.

Bouveret, M.; Gaudin, F. (1996). "Du flou dans les catégorisations: le cas de la bioinformatique". *Terminologie et Interdisciplinarité.* Bibliothèque des Cahiers de l'Institut de Linguistique de Louvain. 63–72.

Bouveret, M.; Gaudin, F. (1997). "Partage des noms, partage des notions? Approche sociolinguistique de difficultés terminologiques en situation interdisciplinaire". En Boisson, C.; Thoiron, Ph. (dir.) (1997). *Autour de la dénomination. Travaux du C.R.T.T.* Lyon: Presses Universitaires de Lyon. 241–267.

Dictionnaire Français – Espagnol. Par R. García-Pelayo y Gross et J. Testas. París: Larousse. (1967).

Freud, S. (1922–1934). *Obras completas.* Traducción directa del alemán de Luis López Ballesteros y de Torres. 17 vols. Madrid: Biblioteca Nueva.

—. (1978–1982). *Obras completas.* 30 vol. Sobre la versión castellana; texto de José Luis Etcheverry. Buenos Aires: Amorrortu.

Gambier, Y. (1987). "Problèmes terminologiques des pluies acides: pour une socio-terminologie". *Meta* XXXII/3. 314–320.

García de la Hoz, A. (1985). "Freud en castellano". *Libros (Revista de la Sociedad Española de Crítica de Libros)* 36. 2–9.

García Yebra, V. (1982). *Teoría y práctica de la traducción.* Prólogo de Dámaso Alonso. 2 vols. Madrid: Gredos.

Gaudin, F. (1993a). *Pour une socioterminologie, des problèmes sémantiques aux pratiques institutionnelles.* Rouen: Publications de l'Université de Rouen.

—. (1993b). "Socioterminologie: propos et propositions épistémologiques". *Le langage et l'homme* XXVIII/4. 247–257.

Gentile, A. M. (2003). "Les gallicismes dans le discours de la psychanalyse en langue espagnole: essai de description socioterminologique". *Cuadernos de Lenguas Modernas* (Facultad de Humanidades y Ciencias de la Educación, Universidad Nacional de La Plata) 4/4. 109–155.

Guerrero, O.; Hopen, C. (1999). "Un semblant más semblant (que el verdadero) o traducir el Sens blanc". En Association lacanienne internationale. (2003). *Articles.* www.freud-lacan.com/articles/oguerrero150999.php

Guespin, L. (1993). "Normaliser ou standardiser?". *Le langage et l'homme* XXVIII/ 4. 213–222.

Hermans, A. (1995). "Sociologie des discours scientifiques. Quelques réflexions". *Meta* XL/2. 224–228.

Jakobson, R. (1957). *Shifters, verbal categories, and the Russian verb.* Cambridge, Mass.: Harvard University Russian Language Project.

Miller, J.-A. (2002). *De la naturaleza de los semblantes.* Buenos Aires: Prometeo.

Napolitano, G. (2000). *Nacimiento de la psicopatología.* La Plata: De la Campana.

Pasternac, M. (2000). *1236 errores, erratas, omisiones y discrepancias en los* Escritos *de Lacan en español.* México: Oficio Analítico, EPEELE.

Perron-Borelli, M. (2001). *Les fantasmes.* Paris: Presses universitaires de France.

Petit Larousse (1995). Paris: Larousse.

Slodzian, M. (1993). "La V.G.T.T. (Vienna General theory of terminology) et la conception scientifique du monde". *Le langage et l'homme* XXVIII/4. 223–232.

Ovidi Carbonell i Cortés
Universidad de Salamanca / Universitat Politècnica de València

AMBIGÜEDAD Y CONTROL. LA ESTANDARIZACIÓN DE LA TERMINOLOGÍA ESPECIALIZADA EN EL ARTE CONTEMPORÁNEO[1]

La terminología empleada por el discurso artístico contemporáneo en inglés presenta una apreciable sistematización, fruto de su dependencia de corrientes de pensamiento muy establecidas que hallan expresión, sobre todo, en la lengua inglesa. No obstante, bajo dicha aparente homogeneidad, el discurso artístico presenta los mismos problemas de sistematización que podemos encontrar, en mayor o menor grado, en cualquier otra área de especialidad: inexactitud terminológica, impropiedad léxica, sinonimia, etc. La traducción al castellano refleja tales problemas a la vez que añade la cuestión sociolingüística de la aceptación de extranjerismos.

De forma paralela a tantas otras disciplinas, la aportación de conceptos y terminología procedente de textos en lengua inglesa se sitúa mayoritariamente en el último tercio del siglo XX. En dicho periodo comenzó a abrirse camino una gran cantidad de términos y conceptos en lengua inglesa, incorporados en gran parte como préstamos, a diferencia de los préstamos procedentes eminentemente del francés que caracterizaron el discurso artístico a principios del siglo XX (*cloissonisme, plein-air, art pompier, collage, frottage, objet trouvé, pastiche, trompe l'oeil, art brut, art autre, naïf, tachisme, fauve, tache, décollage*) o, en menor medida, del alemán (*konkrete Kunst, Jugendstil, Sezession, kitsch, Merz, entartete Kunst*) o italiano (*arte povera, graffitti, novecento, scapigliatura, stabile, umour, valori plastici, maculatura*), y que llegan hasta los 50.

[1] Este trabajo forma parte del Proyecto de Investigación *El lenguaje de las artes visuales: terminología, traducción y normalización*, financiado por la Dirección General de Enseñanza Superior e Investigación Científica (programa sectorial de promoción general del conocimiento, ref. PB98-0272), y dirigido por la Dra. África Vidal Claramonte, Universidad de Salamanca.

Ejemplos de términos en inglés utilizados en obras artísticas españolas (1960–1980):

body art	narrative art	shock
cool art	process art	shaped canvas
funk art	project art	assemblage
ep-art (epidermal art)	earthworks	combine painting
environmental art	shocker-pop	mixed media
mail art	action	styling
land art	happening	camp
mec-art	event	pattern
aerial art	underground	soft-edge
behaviour art	junk culture	mass-media
minimal art	proletcult	

Muchos de estos términos se utilizaron con bastante más frecuencia con su forma original que en traducción (así, *shocker pop* sólo rara vez se traduce como *pop destructivo* (Aguilera 1986: 480), muchas veces se prefiere *action* a *acción*, *styling* a *diseño* (de un producto, etc.). Por lo que respecta a los nombres de movimientos, muchos de ellos acabaron por ser traducidos como calco o mediante sufijación (*proyectismo* o *arte de proyecto*, *minimalismo* o *arte minimalista*, *arte de proceso* o *arte procesual* etc.), pero algunos se siguieron denominando mayoritariamente en inglés (*process art*, *pop art*).

Los términos que aparecen en la tabla son muy generales y podríamos decir que en su mayoría pertenecen al campo exclusivo del arte. No obstante, en esta ponencia me interesa indagar en la aceptación y normalización de términos procedentes de ámbitos interdisciplinares.

De hecho, una reflexión sobre la terminología en el discurso especializado del arte nos lleva de inmediato a una reflexión más general sobre la naturaleza del *discurso especializado* o *lengua de especialización* en sí. Efectivamente, la fijación de un espacio epistemológico concreto en el campo de estudio, la delimitación de un nicho y su ocupación, son características notables del discurso de los ensayos especializados, y no sólo determinan la macroestructura del género (Swales 1990; Alcaraz 2000: 140), sino que están también relacionadas con el tipo de saber que se está construyendo y con la manera como se está organizando la realidad. Así, el lenguaje de la ciencia *construye* el saber científico, y por ello, de acuerdo con Halliday / Martin (1993: 8),

> The language of science is, by its nature, a language in which theories are constructed; its special features are exactly those which make theoretical discourse possible. But this

> clearly means that the language is not passively reflecting some pre-existing conceptual structure; on the contrary, it is actively engaged in bringing such structures into being.

Del mismo modo que el discurso legal ayuda a construir el saber que comunica, o que el discurso periodístico ayuda a construir la realidad que presenta, los lenguajes de las ciencias humanas o incluso el lenguaje científico-técnico se valen de muy diversos recursos para constituir la ciencia y su objeto: el control de la ambigüedad, el uso particular de la metáfora, el uso de diversos grados de tenor discursivo (que cambian de una lengua a otra), la dimensión pragmática del intercambio científico; así, en casos como la interacción médico-paciente o docente-discente, el efecto perlocutivo (convencer) tiene una importancia crucial y determina de manera muy particular la construcción del discurso. Por ello, autores como Minna Vihla (1999: 12) prefieren hablar, en el lenguaje en general y el científico en particular, de *discurso* como *comunicación de creencias* (o de creencias en hechos, podríamos decir), más que de hechos *reales*, o bien como "interacción en situaciones reales" (van Dijk 1997), que en el discurso científico-técnico estarían determinadas por el contexto institucional igual que por el campo del discurso. O incluso más por el primero que por el segundo. En suma:

- Todo texto especializado se ha originado a partir de unas condiciones pragmáticas y semióticas concretas, que, en su conjunto, constituyen un *discurso*.
- Toda traducción desplaza dicho discurso a un nuevo contexto sociocultural con sus propias condiciones pragmáticas y semióticas, que son las que en parte han determinado la elección del texto de origen y constituyen su *skopos*, según la traductología alemana.
- Toda traducción ayuda a crear tanto el objeto de conocimiento (el saber científico o técnico transmitido) como el contexto social e institucional en el que se inscribe.
- La traducción de la terminología y fraseología especializada es un instrumento de primer orden para la transmisión del conocimiento, y para el establecimiento epistemológico del mismo en el contexto y lengua de destino.
- No cabe desdeñar tampoco, sobre todo en las ciencias humanas y especialmente en el campo del arte, de la filosofía y la sociología, el papel que juegan las estructuras terminológicas de la propia lengua de origen en la creación de nuevos conceptos (pensemos en el francés *différance* como variante de *difference*).

Aquí me acerco al relativismo lingüístico pero en ningún caso del modo radical que presupone que unas lenguas son más o menos adecuadas para comunicar determinadas ciencias. Simplemente cabe decir, pero con todas las consecuencias, que determinados conceptos y relaciones se han creado en determinadas lenguas porque las propias estructuras terminológicas de las mismas permitían la creación de contrastes (por medio de paralelismos, juegos de palabras, etc.) que no se darían en otras.

Estos aspectos permiten hablar de una *ideología* de la traducción, e inscriben nuestra aproximación dentro de la corriente teórica del *Critical Discourse Analysis* ya mencionada en varias ocasiones, y que se remonta a las consideraciones del segundo Wittgenstein sobre la identidad del significado del lenguaje con su uso. Por supuesto, estos puntos implican que el lenguaje especializado o científico-técnico, como instrumento de creación del conocimiento, cambiará sustancialmente dependiendo de qué conocimiento trate, y otro tanto ocurrirá con la traducción. Traducir la ciencia y la técnica, que "empieza en la palabra" como nos dice Bertha Gutiérrez (1998) tiene tanto que ver con los entresijos de la terminología, la documentación, el campo y la norma (que es el enfoque de Gutiérrez 1998 como de la mayoría de ensayos al respecto), como con el papel de los traductores en la creación del discurso científico-técnico y su contexto.

Cualquier propuesta de normalización en este sentido debe, sobre todo en las ciencias o disciplinas de "humanidades", advertir de antemano que los puntos anteriores limitan la posibilidad de una relación unívoca entre el término y su traducción. Los ejemplos que citaré, procedentes del ámbito "cultural" del arte, son interdisciplinares. De hecho, pertenecen a una disciplina *transversal* que no se entiende sin su aplicación a muchos ámbitos concretos. De ellos, el arte es precisamente uno de los que le ha dado génesis.

La historia del discurso artístico en el siglo XX y comienzos del XXI refleja y es reflejo a su vez de las distintas disciplinas que han conformado este ámbito genuinamente interdisciplinar. Así, por ejemplo, durante los años sesenta y setenta fue la *semiótica* uno de los campos que más términos aportaron al campo del arte, en gran parte a partir de las obras de Umberto Eco, pero también de otros semiólogos como Jacques Bertin, de gran influencia. De igual modo, el arte ha sido, para la semiótica, una de las fuentes primarias de conceptos y términos de los que se ha enriquecido enormemente. Así, como ejemplos de terminología semiótica aplicada al campo del arte y muy difundida entre los años 1970 y 1990, podemos citar:

información
invariante
componente
variable visual
dimensiones del plano
signo
signo visual
signo icónico
icono
índice / *index*
símbolo
iconicidad
código
mundo posible
espectador
semiótica
semiosis
semiótica planaria
isotopía
hipótesis
nebulosa de contenido
malla pictórica
doble articulación
texto visual
mensaje visual
iconema
colorema
sintactema
relación topofigurativa
relación de contacto
lateralidad
contigüidad
sema
topic
escripto-icónico.

En los años más recientes, los *estudios interculturales* han sido un filón de nuevos conceptos y términos, siendo tales estudios un cierto cajón de sastre en el cual podemos encontrar orientaciones muy heterogéneas, desde los llamados *estudios postcoloniales*, hasta el feminismo. Quisiera centrarme precisamente en la terminología proporcionada al discurso del arte por estos campos, en concreto, el que tiene que ver con la interculturalidad, el encuentro entre culturas, la hibridación y el trasvase cultural, que ha conocido un gran desarrollo en los últimos años. Para ello, tomaré un corpus que de momento no es demasiado extenso (consta de unas 150.000 palabras), consistente en artículos publicados sobre estos temas en la revista de arte y pensamiento aplicado al discurso artístico *Third Text* (1994–2002), una de las más prestigiosas y representativas en este campo, que contrastaré con artículos de tema artístico postcolonial / intercultural obtenidos en Internet y en la revista bilingüe *Trans > arts.cultures.media* (Nueva York: ECHO Communications), digital y en soporte papel. El criterio para la obtención de estos artículos paralelos ha sido que tratasen de un campo discursivo similar, para lo cual se efectuaron catas en Internet mediante buscadores, con los términos especializados más recurrentes cuya traducción no ofrecía dificultades (por ejemplo, *arte, discurso, postcolonial, hibridación, desterritorialización*, etc.).

Sigue una lista con los términos más recurrentes y sus colocaciones más usuales:

Lista de términos

abeyance
accessibility
accretic
accretion
agency
ambivalent
ambivalence
anxiety
appropriate
  appropriation
assimilate
  assimilationist
  neo-assimiliationist
border
  border culture
border experience
border identity
border zone condition
borderline
borderline art
borderline work of culture
borderline culture
borderline identity
capital
  cultural capital
centrifugal
centripetal
challenge
colonial
colonial complex
colonial structure
colonial modes
colonial prejudices
colonial agency
colonial experience
colonial discourse
  disavowal of ~
colonial identity
colonial machine
colonial rule
colonial encounter
colonial authority
colonialism
  cultural colonialism
neo-colonialism
neo-colonial
neo-colonialist
colonised subject
colonising project
colonisation
colonials
coloniser
configuration
confront
  confrontation
confronted
confronting
commodity
commodification
commodified sign
constituency
contest
contingent
contamination
contortion
contrapuntal
counterpoint
convolution
cooptation
counter
  counter-players
  counter-tendency
  counter-politics
creolisation
cronyism
culture
culture change
culture formation
culture industry
culture identity
culture technology
urban culture
cultural acceptance
cultural ancillaries
cultural appropriation
cultural archives
cultural areas
cultural articulations
cultural artifacts
cultural atavism
cultural biases
cultural borrowing
cultural boundaries
cultural capital
cultural categories
cultural centres
cultural compromise
cultural construction
cultural difference(s)
cultural discourse
cultural discriminations
cultural distinctiveness
cultural diversities
cultural diversity
cultural domains
cultural empowerment
cultural enclaves
cultural ethnicities
cultural exchange(s)
cultural flows
cultural formations
cultural frontiers
cultural gate
cultural globalisation
cultural heritage
cultural homogenisation
cultural hybrid
cultural hybridity
cultural identities
cultural identity
cultural idioms
cultural impact
cultural imperialism
cultural industries
cultural institutions
cultural interactions
cultural interventions
cultural language
cultural logic
cultural mixing
cultural multiplicity
cultural navigators

affirnative identity
alternative identity
articulated identity
borderline identity
border identity
essentialist identity
fluctuating identity
hyphenated identity
multiple identities
collective identity
emergent identities
'ethnic' identities
construct identity
indeterminacy
inscribe
  re-inscribe
  inscription
    identity inscription
integration
integrationist
integrationist discourse
intercultural
intercultural practices
intercultural practice
intercultural performance
intercultural theatre
intercultural exchange
intercultural encounters
interculturalism
interculturalist
interface
inter-ocular
interrupt
interruptive force
interruptive element
intersect
  intersection
  intersecting
interstice
interstitial
intersubjectivity
intervene
intervention
interventionist
introjection
juxtaposition
language
  eurocentric language
  language identity
  language of identity
  universal language
  language of authority
  language of hybridity
  monological language
  hegemonic language
  dominant language
  institutionalised language
  dissenting language
layer
layering
legitimacy
legitimise
liminal
limit
location
  location of culture
locus
localisation
mapping
margin
margin[empowered]
margin [appropriated]
marginal
marginalise
masquerade
masquerading
memory
  social memory
  sites of memory
  place of memory
metaphorise
micrological
migrant
  migration
mimicry
mimetic
mimicking
minority
minority sector
minority discourse
minority experience
minority culture
mobilising
mode
mode of knowledge
mode of perception
monological
multicultural
multicultural agenda
multicultural artists
multicultural normalisation
multicultural otherness
multicultural paradigm
multicultural policies
multicultural practices
multicultural society
inter-multicultural
multiculturalism
museumised
mutate
mutating
mutation
narrative
narrative of identity
narrative of the subject
narratives of origin
master narratives
arch-narrative
narrative discourses
dis-narrative
dominant Western narrative
narrative forms
new narratives
negotiate
negotiating
negotiation
negotiation of identity
negotiated identity
place of negotiation
non-negotiable
negotiator
renegotiating
neo-conceptual
  neo-conceptualist
opposition

poles of opposition
overcome the given
grounds of opposition
oppositions
opposing
opposite
oppositional
oppositional
potentiality
oppositional system
oppositional power
oppositional categories
oppositional structure
otherness
address otherness
passage
interstitial passage
periphery
peripheral
place
plural
pluralist
pluralist reading
pluralism
polarity
position
positioning
positional differences
subject positions
essentialist position
postcolonial
~ condition
~ societies
post-colonial world
post-colonial subject
post-colonial identity
post-colonial theory
post-colonial studies
post-colonial residue
post-colonial hybridity
post-colonial history
post-colonial agency
postcolonialism
potential
potential for insurrection
potential of différance
potential of [a] text
potentiality
power
power structure
power relations
imperial power
imperialist world / word power
mobilising power
oppositional power
power-based process
historical power
authorising power
signifying power
symbolic power
dominant power
practice
cultural practice(s)
intercultural practice(s)
artistic practice
transcultural practice(s)
contentious practice
discursive practice
multicultural practice(s)
monocultural practices
oppressive practices
racist practice
radical practice
spatial practices
visual practices
presence
idea of presence
bringing to presence
coming to presence
posit [of] presence
presence of authority
presencing
representing
primitivism
privilege
privileged
privileging
problematise
project
projecting
projected
projections
public
public culture
public sphere
diasporic public sphere
public space
public domain
public visibility
racialise
racialised
racialised body
radical
radicalisation
radicalising
reception
reception theory
recode
recoding
redemption
redemptive
reduce
reducible
reduction
reductionalism
referral
regrounding
re-invent
represent
represent an identity
representing
representation
cultural ~
cross-cultural ~
politics of ~
vacuum of ~
politics of ~
burden of ~
come into ~
gaps and slants of ~
representer
misrepresent
misrepresentation
repression
repressing
repressed

repressed referent
sexual repression
residue
residual
residually
resist
resistance
resistant
reterritorialisation
reverse
reversal
rupture
self
self-othering
semiosphere
sign
signify
signifying power
signification
simulacrum
site
siting
space
space 'between'
space of différance
space of translation
public space
third space
single space
spatiality
spatialisation
spectacularise
subaltern
subaltern art
subaltern content
subaltern history
subject
subjective
subjectivity
subvert
subversive
supplement
supplemented
supplementation
supplementarity
syncretism
temporality
temporisation
temporalisation
text
hybrid text
imported text
foreign text
textual
texture
tokenise
tradition
invention of tradition
epistemological
tradition
selective tradition
transferral
transferable
transgression
transgressive
translation
space of translation
cultural translation
act of translation
processes of translation
retranslation
not translatable
untranslatable
untranslatability
transnational
transparency
value
visibility

Puede observarse que *cultural* e *identity* constituyen los términos más recurrentes (con una frecuencia, además, excepcional). Los siguientes son los enlaces de *cultural* que aparecen más de cuatro veces en el corpus, ordenados de mayor a menor frecuencia:

cultural difference
cultural practices
cultural studies
cultural exchange
cultural identity
cultural construction
cultural practice
cultural resistance
cultural capital
cultural differences
cultural institutions
cultural politics
cultural representation

Observemos ahora las dificultades de traducción de algunos de los términos del corpus, comparando los resultados del corpus de *Third Text* con el corpus paralelo obtenido:

border	frente cultural
border culture	frontera
border experience	frontera cultural
	fronteras de los lugares
	fronteras de los espacios
	frontera espacial
	frontera temporal
border identity	identidad de frontera
border zone condition	
borderline	
borderline art	
borderline work of culture	obra fronteriza
borderline culture	
borderline identity	tierra fronteriza
	zona fronteriza

Border o *borderline* como *(de) frontera / fronterizo* apenas plantea dificultades en los textos paralelos que hemos utilizado. No obstante, los conceptos abstractos nuevos como *in-between* fuerzan en muchas ocasiones al anglicismo o al calco, este último con problemas conceptuales (no es lo mismo *in-between* que *intermediate*):

in-between	in-between
in-between space	el "in-between"
in-between time	espacio del "in-between"
	espacio de inbetween
	estatus de in-between
	elementos de in-between
	tiempo de in-between
	tiempo inbetween
	periodo de in-between
	actividades de in-between
	área de in-between
	estar in-between
	intermedio
	espacio "intermedio"
	punto intermedio
	estado intermedio

Si *in-between* puede significar "intermedio" en la lengua general, el uso particular postcolonial quiere ir más allá de designar únicamente un punto entre dos lugares, subrayando, en contraste, su extensión espacial y social, como lugar de creación de identidades, como lugar de experiencias peculiares, como transición con entidad propia. Los textos paralelos en español, aunque utilizan en ocasiones *intermedio*, se ven arrastrados en su mayoría a incorporar un préstamo tan integrado que no suele precisar ni de comillas ni de cursiva, es decir, de ninguna marca de extranjeridad. Recientemente hemos observado *espacio-entre* en otros textos distintos a los de nuestro corpus.

inscribe
  inscribe difference
re-inscribe
  inscription
    identity inscription
    double inscription
    locus of inscription
    inscription of cultural exchanges
inscribed relations of power
inscribed realities of subjection

inscribir
  inscribir la retórica
inscribirse
  inscribirse en la traslación
  inscribirse transmedialmente
  inscribirse la experiencia
  inscribirse en un sujeto
  inscribirse como instrumento de lucha
  inscripción
    inscripción cultural
    inscripción en un sujeto
    inscripción en la representación
    superficie de inscripción
    inscripción de la hibridez de la cultura
    inscripción de la hibridación de la cultura
inscrito
  objetos inscritos
  productos inscritos

introjection

"introyectar"
introyectados

Similar es la dificultad planteada por *inscribe / inscription* y *introjection*, que obligan a un calco que amplía el sentido del término castellano, en un caso, y a un neologismo en el otro.

locate
  delocate/delocalise
  relocate
localize
location
  sense of location
local
  local experience

localidad
  localidad cultural
  localidad extranjera
  localidades globales
  localidades específicas
  localidades periféricas
  localidades fijas
  localidad de un individuo

- local distinctiveness
- local/global
- glocal
- locality
- localisation / localization
- location of culture
- locus

- local
  - cultura(s) local(es)
  - historia(s) local(es)
  - discurso local
  - ámbito local
  - triángulo local-global-local
  - global-local
  - glocalización
  - experiencia local
  - procesos locales
- lo local
- localizar
  - localizar identidades
  - deslocalizar
  - relocalizar
- localización
- locación
  - localización discursiva
  - trans-localización discursiva
  - localización de identidades (culturales)
  - procesos de localización
  - localización del poder hegemónico
  - localización de la cultura
  - localización de la comunicación
- locus
  - locus enuntiationis
  - loci espacio-temporales

Local y sus derivados son un buen ejemplo de la confusión que hemos podido apreciar en nuestras catas terminológicas. La abundancia de compuestos en la columna española es circunstancial; en definitiva estamos tratando de textos paralelos y no de traducciones, por lo que nuestro corpus no nos permite sacar conclusiones de una mayor o menor expansión de colocaciones o derivados, que de momento no podemos sacar del campo del azar. No obstante, el hecho de que esta familia de conceptos sea tan productiva en los textos escogidos nos permite observar las dificultades de traducción y aun sus efectos con respecto a la normalización terminológica de este campo. En los textos ingleses, *localisation* y *location* son dos conceptos afines, pero diferentes. En castellano, como podemos observar en los ejemplos de más abajo, *localización* tiene los siguientes sentidos:

1. Generalmente opuesto a, o complementario de, *globalización*, se refiere a la concreción de la experiencia cultural en un ámbito determinado (a, e, f, h).

2. En discurso económico, análisis, adaptación y desarrollo de las condiciones espaciales (constituido ya en una rama de la mercadotecnia). La frase (g) hace referencia también a este contexto económico.

3. Sinónimo de *situación*, *emplazamiento* (c).

4. Diferente a la concreción de (1) arriba, *localización* puede indicar también la integración de la experiencia cultural de una manera *delimitada* (b, d).

Ejemplos:

a. Debería quedar claro que la globalización no es un proceso nebuloso y abstracto sino que se haya siempre localizado, es decir, que no existe ni puede existir con independencia de lo local.

b. Y todos estos actores se hallan localizados, es decir, forman parte de un espacio social específico desde el cual se integran (desigualmente) a los procesos de globalización y luchan por re-definir su identidad personal o colectiva.

c. A no ser que, dada la actual relación de fuerzas y la localización del poder hegemónico en el ámbito económico y militar, se entienda que la producción de conocimientos sólo pueda estar radicada en el hemisferio norte y, principalmente, en los EEUU [...].

d. [...] Tomando la teoría de la liminalidad de Víctor Turner como punto de partida, se exploran los aspectos liminales y liminoides de la globalización y la localización de las identidades culturales, especialmente en las denominadas "ciudades globales".

e. Aspira a explorar las particularidades postmodernas de estos espacios en los procesos de globalización y localización de la cultura y la comunicación.

f. La mezcla no se produce sólo entre culturas, sino también en lo que hemos calificado como lo global y lo local, o los procesos de globalización cultural y localización cultural.

g. En el estudio de la globalización y localización de identidades, el estudio de los alimentos es a buen seguro más interesante que el estudio de otros productos.

h. [...] El primero se puede relacionar con la globalización cultural, el segundo con la localización cultural y el tercero, con lo que algunos han llamado glocalización.

Ahora bien, el inglés *location* puede ser tanto un nombre verbal (equivalente a *localisation*), o un sustantivo (más bien equivalente a *locality*). En nuestro corpus aparece del siguiente modo (ejemplos seleccionados):

a. From the politics of my own location, I would acknowledge that while we have a vibrant cultural discourse in India on a plethora of identities—regional identity, caste identity, communal identity, national identity—there is almost no inscription of an 'Asian' identity in the emergent f.

b. Central to my discussion is the idea of hybridity which Homi Bhabha introduces in his recent book The Location of Culture.

c. Identity always presupposes a sense of location and a relationship with others and the representation of identity most often occurs precisely at the point when there has been a displacement.

Vemos que en (a) se utiliza un sentido figurado equivalente a *position*; (b) es el uso peculiar de la terminología de Homi Bhabha (fundamental en todo el vocabulario intercultural aquí visto), que seguidamente aclararé; (c) se acerca a *locality*. Como nominalización de *locate*, es un término activo: *situar, localizar, establecer en un lugar*. (cf. Bhabha 1994: 1: "It is the trope of our times to locate the question of culture in the realm of the *beyond*"). El término *location* es, pues, un término ambiguo y difuso.

Contrastémoslo con el término *site* y su traducción. *Site* no es equivalente a *place* ni a *location*, como nos recuerda el fastidioso aviso: *This site has moved to a new location*, cuando navegamos por Internet. *Site* puede ser "sitio, lugar", pero tiene una denotación arquitectónica: es un lugar construido, habitable —un museo es un *site* (a, c). También es un lugar en el que ocurren cosas, un espacio reservado o propicio para una *actividad* —unos grandes almacenes son un *consumerist site*. Puede hablarse, entonces, de *site of convergence*, *site of negotiation* o, al otro extremo, *an embattled site* o *sites of conflict and violence*. Este carácter activo hace que *site* sea un término utilizado con frecuencia en contextos de actuación o *agencia*:

a. The museum offers a particularly embattled site to study the tensions between the global and the local, the intercultural and the multicultural, 'Asia' in Asia and the 'Asia' supported by the increasingly privileged hegemonies of the disapora.

b. Take department stores, for instance, which are an extremely new up market phenomenon that are to be found almost exclusively in more prosperous metropolitan cities like Bangalore—how can this consumerist site, arguably a 'glocal' phenomenon, be related to the economic desuetude of Indian museums, which survive for the most part on meagre state subsidies?

c. If there is an agenda hidden in the possibility of erasing museums, it is surely tied up with a critique of capital whose stability in the museum context is ensured through the investment in a building (more extravagantly termed, 'the site') and a permanent art collection — the primary 'assets' of a museum, which invariably determine its structure, public relations, and marketing profile.

d. In the light of his anxiety not just to construct an alternative theory of identity, Bhabha makes it clear that his notion 28 of negotiation is an act of interrogation in which alterity is in the balance; it may be an interweaving but is it a site of convergence and therefore the origin of a new consciousness?

e. In a world where the metaphysical form dominates, the hybrid site as one of negotiation, rather than negation, must remain hypothetical; though we might recognise the 'interstitial space' of différance as the determinant process of meaning, we cannot hold meaning in abeyance, in a constant place of negotiation, fixe.

f. Can we now have the confidence that hybridity has been moved out from the loaded discourse of 'race', and situated 1 In T Complicities of within a more neutral zone of identity?

g. Shifting his attention away from the obvious sites of conflict and violence, Nandy focuses on the actual interfaces and processes of negotiation between opposing groups.

Se habrá observado que en estos ejemplos aparece también *place of negotiation*. Nuestro corpus ofrece varios casos. Podemos afirmar que ambos son cuasisinónimos, estando *place* desprovisto de la connotación de actividad que tiene *site*. Por ello, en contextos postcoloniales se prefiere el participio activo *siting* como más específico que *placing*: *siting the other, siting translation...*, más afín a *establecer* que a *colocar*.

Inglés		*Español*
situate		situar
site		
establish	↑	establecer
locate	│	localizar
localise	│	
place	↓	situar
position		posicionar

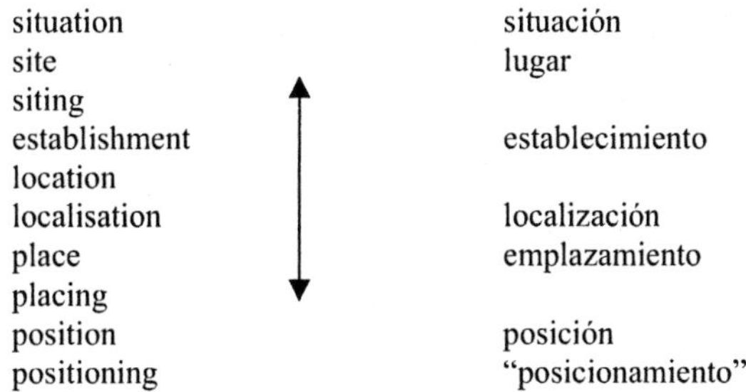

Si el inglés permite, además de una multiplicidad de matices y variaciones, una sistematización, una *normalización* de la terminología intercultural relacionada con la localización, el castellano obliga a jugar con menos medios, que además suelen ser bastante intercambiables. *Posicionar* y *posicionamiento*, que aparecen a menudo entrecomillados, es tanto equivalente a "postura", "adoptar una postura", como a "actitud activa":

> Lo político adopta irremediablemente un posicionamiento resistente y de denuncia, tal y como ya no es ni puede serlo el periodismo actual.

"Normalizar" estos términos en castellano o catalán implica la creación de un glosario-tesauro en el que se trate de solucionar la confusión e intercambiabilidad de términos tan frecuente en traducción —lo cual a menudo propicia que se les califique de "oscuros" o "vacíos". Evitar la polisemia obligará, en consonancia con los esfuerzos de los mismos teóricos, a forzar la lengua "tradicional" con recursos audaces más próximos al inglés.

Existe, además, un último aspecto que tiene que ver con la búsqueda consciente de la ambigüedad y la trascendencia de las limitaciones que sobre el sentido impone el uso habitual. El lugar expandido, ex-céntrico de la experiencia se aplica también al lenguaje. Lo vemos con las series de términos paralelos que en definitiva constituyen un todo, un compuesto; pero un todo que subraya su apertura, su naturaleza ambivalente y paradójica:

dissonant, even dissident	disonante, disidente
ambulant, ambivalent	ambulante, ambivalente
transition and trascendence	transición y trascendencia
native narrative	nativo narrativo / narrativa nativa
invention and intervention	invención e intervención
displacement and disjunction	desplazamiento y disyunción
transnational and translational	transnacional y translacional

Traducción, traslación, translativo, *¿translacional*? El paralelo nos obliga al anglicismo, a trascender el encorsetamiento de la lengua, si hemos de conservar la extensión y reto del término original, en consonancia con el principal postulado del campo de conocimiento que nos ocupa: la re-creación constante y sin fin de uno mismo y de su propio lenguaje.

Bibliografía

Aguilera Cerni, V. (1986). *Diccionario del Arte Moderno*. Valencia: Biblioteca Valenciana.

Alcaraz Varó, E. (2000). *El inglés profesional y académico*. Madrid: Alianza Editorial.

Bhabha, H. (1994). *The location of culture*. London; New York: Routledge.

Gutiérrez Rodilla, B. (1998). *La ciencia empieza en la palabra*. Barcelona: Península.

Halliday, M. A. K.; Martin, J. (1993). *Writing Science: Literacy and discursive power*. Londres: Falmer Press.

Swales, J. M. (1990). *Genre Analysis – English in Academic and Research Settings*. Cambridge: CUP.

Third Text. Third World Perspectives on Contemporary Art & Culture. London: Third Text, núms. 26 (Spring 1994) a 60 (September 2002).

Trans > arts.cultures.media. Nueva York: ECHO Communications

van Dijk, Teun A. (ed.) (1997). *Discourse as Social Interaction*. London: Sage.

Vihla, Minna (1999). *Medical Writing: Modality in Focus*. Amsterdam: Rodopi.